心一堂易學術數古籍整理叢刊

京氏易六親占法古籍校注系列

《斷易天機》校注

【明】劉世傑　原著

虎易　校注

書名：《新鍥纂集諸家全書大成斷易天機》校註
系列：心一堂易學術數古籍整理叢刊　京氏易六親占法古籍校注系列
原著：【明】劉世傑
校注：虎易
編輯：**陳劍聰**

出版：心一堂有限公司
通訊地址：香港九龍旺角彌敦道610號荷李活商業中心十八樓05-06室
深港讀者服務中心：中國深圳市羅湖區立新路六號羅湖商業大廈負一層008室
電話號碼：(852)90277110
網址：publish.sunyata.cc
電郵：sunyatabook@gmail.com
網店：http：//book.sunyata.cc
淘宝店地址：https：//sunyata.taobao.com
微店地址：https：//weidian.com/s/1212826297
臉書：https：//www.facebook.com/sunyatabook
讀者論壇：http：//bbs.sunyata.cc

版次：二零二二年五月初版

平裝

定價：港幣　六百八十八元正
新台幣　二千八百八十元正

國際書號　978-988-8582-77-8

香港發行：香港聯合書刊物流有限公司
地址：香港新界荃灣德士古道220～248號荃灣工業中心16樓
電話：(852) 2150 2100　傳真：(852) 2407 3062
電郵：info@suplogistics.com.hk
網址：http://www.suplogistics.com.hk

台灣發行：秀威資訊科技股份有限公司
地址：台灣台北市內湖區瑞光路七十六巷六十五號一樓
電話號碼：+886-2-2796-3638　傳真號碼：+886-2-2796-1377
網絡書店：www.bodbooks.com.tw
台灣秀威書店讀者服務中心：
地址：台灣台北市中山區松江路二〇九號1樓
電話號碼：+886-2-2518-0207
傳真號碼：+886-2-2518-0778
網址：www.govbooks.com.tw

中國大陸發行 零售：深圳心一堂文化傳播有限公司
地址：深圳市羅湖區立新路六號羅湖商業大廈負一層008室
電話號碼：(86)0755-82224934

心一堂微店二維碼

心一堂淘寶店二維碼

澤火革

䷰ 兌上離下，坎水四世，內卦伏藏。（坎宮第五卦）

爻位	卦　形	六親	納甲五行	世應	世下伏神
上六	▅▅　▅▅	官鬼	丁未土		
九五	▅▅▅▅▅	父母	丁酉金		
九四	▅▅▅▅▅	兄弟	丁亥水	世	戊申金
九三	▅▅▅▅▅	兄弟	己亥水		
六二	▅▅　▅▅	官鬼	己丑土		
初九	▅▅▅▅▅	子孫	己卯木	應	

二月卦：春凶，夏平，秋凶，冬吉。

評曰：革者，改也。改故就新，變易之道，交易其所，君子豹變。時有不遇，並宜改革，守舊則凶，從新則吉㊀。

此卦彭越①戰項王②絕糧時卜得之，遂承恩改革也。

解曰：一人把柿全，一人把柿不全。全者事新，不全者故。一兔虎，寅卯日見也。官人推車，車上一印。運轉求新，有印信也。大路。四通八達之象也。

豹變為虎之卦，改舊從新之象。

革：巳日乃孚，元亨，利貞，悔亡。

彖曰：革，水火相息，二女同居，其志不相得，曰革。巳日乃孚，革而信之。文明以說，大亨以正，革而當，其悔乃亡。天地革而四時成，湯武革命③，順乎天而應乎人。革之時大矣哉。

象曰：澤中有火，革。君子以治歷明時④。

朱子曰：變革之初，人未之信，故必巳日而後信。又以其內有文明之德，而外有和說之氣，故其占為有所更革，皆大亨而得其正，所革皆當，而所革之悔亡也。

注釋

①彭越：彭越字仲，昌邑人。楚漢戰爭時漢軍著名將領，西漢開國功臣，拜魏相國、建成侯，楚漢戰爭結束後又被封為梁王。與韓信、英布並稱漢初三大名將，後因被告發謀反，為劉邦所殺。參閱《漢書·韓彭英盧吳傳》。

②項王：項羽（西元前232年—西元前202年），名籍，字羽，秦末下相（今江蘇宿遷）人，楚國名將項燕之孫，他是中國軍事思想「兵形勢」代表人物（兵家四勢：兵形勢、兵權謀、兵陰陽、兵技

巧），堪稱中國歷史上最強的武將之一。項羽早年跟隨叔父項梁在吳中（今江蘇蘇州）起義，項梁陣亡後他率軍渡河救趙王歇，於巨鹿之戰擊破章邯、王離領導的秦軍主力。秦亡後稱西楚霸王。而後漢王劉邦從漢中出兵進攻項羽，項羽與其展開了歷時四年的楚漢戰爭，期間雖然屢屢大破劉邦，但項羽始終無法有固定的後方補給，糧草殆盡，又猜疑亞父范增，最後反被劉邦所滅。西元前202年，項羽兵敗垓下（今安徽靈壁南），突圍至烏江（今安徽和縣烏江鎮）邊自刎而死。參閱《史記・項羽本紀》。

③湯武革命：指商湯與周武王以武力推翻前朝的革命。商湯王起兵打敗夏桀王，一舉滅夏，因而史稱「商湯革命」。周武王推翻商紂王，建立西周。這兩次王朝更迭，合稱為「湯武革命」。

④治曆明時：指制定曆法，以明確時間季節變革的順序。治世的君子，取象於曆法，因時而革。如晝夜不同為一日之革，晦朔不同為一月之革，分至不同為一季之革，四時不同為一年之革等。

校勘記

㈠「時有不遇，並宜改革，守舊則凶，從新則吉」，原本作「特有不遇，並宜改革，不可守舊也」，疑誤，據《卜筮全書・卦爻呈象・澤火革》原文改。

六甲旬斷

甲子旬：世空，事反覆。

甲戌旬：父母空，身吉。

甲申旬：外官鬼空㊀，病吉。

甲午旬：病犯絕祀鬼。

甲辰旬：病犯墓殺。

甲寅旬：百事吉。

校勘記

㊀「外官鬼空」，原本作「鬼空官」，疑誤，據其卦理及文意改。

日六神斷

第四爻丁亥水，兄弟持世。

甲乙：騰蛇持世，怪夢，虛驚。

丙丁：白虎持世，遠行，或有憂病。

戊己：玄武持世，陰私，失脫。

己：青龍持世，求官職或婚姻㊀。
庚辛：朱雀㊁持世，防口舌㊂。
壬癸：勾陳持世，公事勾連。

虎易按：原本「青龍持世，求官職或婚姻」在「庚辛」後，按天干配六神的規則，《革》卦只有在「己」日，才可能是「青龍持世」。其「庚辛」日，應該是「朱雀持世」，提醒讀者注意分辨。後文遇此有異之處，不另說明。

校勘記

㊀「己：青龍持世，求官職或婚姻」，原本「青龍持世，求官職或婚姻」在「庚辛」之後，據天干配六神規則，調整至此。
㊁「朱雀」，原本作「青龍」，疑誤，據天干配六神規則改。
㊂「防口舌」，原本作「求官職或婚姻」，疑誤，按《水火既濟·日六神斷》行文體例改。

十干詩斷

甲丙戊庚壬：本是迍邅久，雖憂不用疑，取新宜守舊，方得兩相宜。
乙丁己辛癸：革故仍還新，施為利變更，東南為穩地，西北是深根。

六爻詩斷

初九：鞏用黃牛之革。【平】
象曰：鞏用黃牛，不可以有為也。
詩斷：堅小宜固守，不利有施為，切莫㈠輕更改，安中忽致危。
占斷：求財遂，望事成，尋人不見。
六二：巳日乃革之，征吉，无咎。【平】
象曰：巳日革之，行有嘉也。
詩斷：改革宜從緩，非宜遽變更，前程無阻隔，吉慶保元亨。
占斷：行人未動，訟失理，婚姻不成，諸事平。
九三：征凶，貞厲。革言三就，有孚。【平】
象曰：革言三就，又何之矣。
詩斷：燥進輕更革，攸行反致凶，當懷危懼志，正順以從公。
占斷：行人至，失物難尋，官事我弱，財不遂，望事亦難成。
九四：悔亡，有孚改命，吉。【吉】
象曰：改命之吉，信志也。
詩斷：利害粉紅際，方當更變時，事宜先有斷，閑語總成非。

占斷：訟有理。文書、望事成。婚和合，凡事平平。

九五：大人虎變，未占有孚。【大吉】

象曰：「大人虎變」，其文炳也。

詩斷：幸遇文明世，當今豹變時，所行無不當，何必問蓍龜①。

占斷：訟宜仔細，望事不成，求財未遂，凡事不宜也。

上六：君子豹變，小人革面，征凶，居貞吉。【吉】

象曰：君子豹變，其文蔚②也。小人革面，順以從君也。

詩斷：君子更新日，他人亦面從，但宜居正吉，征治反為凶。

占斷：訟宜和，求財無，望事先難後易之兆。

注釋

①蓍龜：古人以蓍草與龜甲占卜凶吉，因以指占卜。

②蔚（wèi）：有文采。

校勘記

㊀「莫」，原本作「博」字，疑誤，據其文意改。

分類占斷

占天時：久雨必晴，久晴必雨。

占求官：難成，有望，宜改求則可，卯戌月日見分曉。

占見貴：初阻後順，可以向前也。

占謀望：可成，有七分。

占家宅：屋下有赤石，主口舌。有穿破門房或穿心門不吉，改之吉。

占風水：後有石，前有屋，及有古井。如癸丁向，不宜改。

占婚姻：有二人為媒，內有草頭人，二十日見信，其婦人已剋一夫，不成可也。

占胎產：產母身動，不久當生，頭胎㊀雙生是貴子，若不然，則是第二胎。

占求財：不宜自求，與人同求則遂，可過二十一日方有五六分財。不然，前財反不成也。

占交易：初阻後成，密可為也，七日必有信。

占出行：主與二人同往，但防其人有失脫。途中不可同，恐有連累，口舌是非。

占行人：有破口患之人同行，不在原處，改變其身，二十日至，不至亦有信。

占尋人：其人過不得，在曲尺屋中，東北方可尋。

占遺失：在木下，二人得之，或得人家遮藏，或老人知端的。

占捕盜：遇巳亥方，見在東北方潛藏，巳亥日不見則改變。

占疾病：因往南北方，沖著土主、大王、五瘟神、山司、木下三㊁聖，攬去魂魄，入水鬼為禍。
主見寒熱，氣急上攻，咽喉腫痛，大小便不通，服藥無效。用設家先、土地、山司、木下三聖、傷亡，解呪咀，還舊願。小兒用設五路童子，床㊂公床母，鎖甲神，退土殺。
占詞訟：我用就於他人，有口字人為鬼，草頭人說，事可就。若無草頭人，則有二十位次人，在內用力，此是貴人。

校勘記

㊀「胎」，原本作「頂」，疑誤，據其文意改。
㊁「三」，原本作「二」，疑誤，據其文意改。
㊂「床」，原本作「宋」，疑誤，據其文意改。

雷火豐

䷶ 震上離下，坎水五世，內卦伏藏。（坎宮第六卦）

爻位	卦形	六親	納甲五行	世應	世下伏神
上六	⚋	官鬼	庚戌土		
六五	⚋	父母	庚申金	世	戊戌土
九四	⚊	妻財	庚午火		
九三	⚊	兄弟	己亥水		
六二	⚋	官鬼	己丑土	應	
初九	⚊	子孫	己卯木		

九月卦：春吉，夏平，秋凶，冬平。

評曰：豐者，大也。日中見斗㊀，幽而不明，此事適大，隱映其形。水中見日，無所取呈，求財未得，事卒難明。

此卦莊周說劍①臨行卜得之，果得劍也。

解曰：竹筒灰起，陽春動也。龍蛇交錯者，變化之象也。官人著衣裳立，見貴人也。一盒子，意合也。人吹笙竽，樂聲鳴也。腳踏虎，變在腳下也。

日麗中天之卦，背暗向明之象。

豐：亨，王假之，勿憂，宜日中。

象曰：豐，大也。明以動，故豐。王假之，尚大也。勿憂，宜日中，宜照天下也。日中則昃②，月盈則食，天地盈虛，與時消息，而況于人乎？況于鬼神乎？

象曰：雷電皆至，豐。君子以折獄③致刑。

朱子曰：豐，大也。以明而動，盛大之勢也，故其占有亨道焉。然王者至此，盛極當衰，則又有憂道焉。聖人以為徒憂無益，但能守常，不至於過盛則可矣。故戒以勿憂，宜日中也。

注釋

①莊周說劍：莊子，名周，戰國時代宋國蒙邑（今河南商丘一帶）人。大約生於西元前369年，卒於西元前286年。《莊子·說劍》屬於今本《莊子》雜篇範疇。參閱《莊子·說劍》。

②昃（zè）：太陽西斜。

③折獄：判決訴訟案件。

校勘記

㊀「日中見斗」，原本作「日月中暗」，疑誤，據《卜筮全書·卦爻呈象·雷火豐》原文改。

六甲旬斷

甲子旬：貴人顯，病吉。
甲戌旬：世空，事不遂。
甲申旬：財空，病犯產魂。
甲午旬：財吉，旺㈠象。
甲辰旬：本宮墓。
甲寅旬：應空，他人㈡反覆。

校勘記

㈠「旺」，原本作「畏」字，疑誤，據其文意改。
㈡「他人」，原本作「求財」，疑誤，據《水雷屯•六甲旬斷》行文體例改。

日六神斷

第五爻庚申金，父母持世。
甲乙：白虎持世，父母主驚。
丙丁：玄武持世，凡事不利。

戊己：青龍持世，福德扶身。
庚辛：勾陳持世，凡事吉利。
壬癸：騰蛇持世，憂人口離。

十干詩斷

甲丙戊庚壬：進退意沉吟，心疑事未成，若逢凶險退，百事盡安寧。
乙丁己辛癸：有約還如夢，已祿人阻程，若求亨泰處，須用見寅辰。

六爻詩斷

初九：遇其配主，雖旬无咎，往有尚。【吉】
象曰：雖旬无咎，過旬災也。
詩斷：上下反相遇，和平福有來，相資成事業，求財反為災。
占斷：婚成，求財遂，見貴吉。行人、尋人不利。
六二：豐其蔀①，日中見斗，往得疑疾，有孚發若，吉。【平】
象曰：有孚發若，信以發志也。
詩斷：遇貴得此日，須防鬼賊傷，但存誠信念，災眚②化為祥㊀。

占斷：行人至，訟病凶，餘皆不吉。
九三：豐其沛③，日中見沫④；折其右肱⑤，无咎。【平】
象曰：豐其沛，不可大事也。折其右肱，終不可用也。
詩斷：日中何見法，明極反成昏，遇事無成事，如人折右肱⑥。
占斷：訟吉，餘皆不利。
九四：豐其蔀，日中見鬥，遇其夷主，吉。【先凶後吉】
象曰：豐其蔀，位不當也。日中見斗，幽不明也。遇其夷主，吉行也。
詩斷：出明還遇暗，凶暗事非常，若得心同友，依然自吉祥㈡。
占斷：求財不遂，餘皆吉。
六五：來章，有慶譽，吉。【大吉】
象曰：六五之吉，有慶也。
詩斷：衆口皆歸譽，何事不稱情，最宜文字喜，從此大光榮。
占斷：不宜求財、望事。諸事吉。
上六：豐其屋，蔀其家，窺其戶，闃⑦其无人，三歲不覿⑧，凶。【大吉】
象曰：豐其屋，天際翔也。窺其戶，闃其无人，自藏也。
詩斷：時當豐盛世，退縮卻為凶，大展經綸手，施為大有功。

占斷：占文書，成就吉。訟散，病安，婚姻合，謀事成。

注釋

① 蔀（bù）：覆蓋於棚架上以遮蔽陽光的草席。
② 災眚（shěng）：災殃，禍患。
③ 沛（pèi）：通「旆」。旗，幡。古代旗末端狀如燕尾的垂旒（liú）。
④ 沫（mò）：朱熹注：為小星。
⑤ 肱（gōng）：上臂，手臂由肘到肩的部分。後多引伸泛指洛膊。
⑥ 右肱（gōng）：右胳膊。
⑦ 闃（qù）：空虛。
⑧ 覿（dí）：見，相見。

校勘記

㈠「祥」，原本作「佯」，疑誤，據其文意改。
㈡「祥」，原本作「洋」，疑誤，據其文意改。

分類占斷

占天時：主晴後有雨，占水漸散，只是先有損人間，不宜九三爻動。

占求官：文書印信皆動，寅未日有信，有口字姓人為力。

占見貴：申子辰日可見，吉。

占謀望：終成，但先難後易。遇他人相尋問，求事必遂。用口字人，在內，可以向前。

占家宅：高山下，或有兩尖峰，左右前後之間，是其原所居也。主出入有頭無尾，好歌唱，有喜吉，無凶。

占風水：甲庚向，左右有外墓及古穴。如九三爻動，土後有水。

占婚姻：其婦必剋頭夫，身體中有破相，乃是淫蕩之女，媒人說話無憑，有口無心，用口字人說方成。

占胎產：是頭胎，不然必額面不成，或產母驚恐。六五爻動子俱亡，若得吉神保合，方許無難。或是女兒，不然亦有虛驚也。

占求財：財如山高，亦難入手。

占交易：人清合①，有人打合②，利在寅午未申丑日。

占田蠶：大熟。

占出行：阻隔，未可急動，有口字姓人同行吉。

占行人：有阻隔，久後方回。信息皆虛，為他人所誤，是以難見也。

占尋人：難得見，亦不濟事，此人正憂中，豈可言順。

占遺失：死物在泥土中，生物在山頭，在東方，好歌舞人見。

占疾病：因往東南方，沖著刀兵、無頭傷亡、木下三聖，攬去魂魄。又山間邊遇無頭鬼、五瘟神，小鬼打一棒。主腰腳痛，行動不得㊀。主見寒熱往來，頭痛、昏悶、肚痛。用設家先、灶司、絕戶傷亡，還舊願，退土殺，送星辰，送白虎㊁。小兒用設前生父母、五路童子、床公床母，送白虎，退土殺，送星辰，方可安痊，無事則吉。

占詞訟：先吉後凶，小事成大，反覆多疑。如初見官，則有大驚，後必解和。如事久方見，官事難脫。

注釋

①清合：形容人的性情，清靜和平。

②打合：融合，撮合。

校勘記

㈠「又山間邊遇無頭鬼、五瘟神，小鬼打一棒。主腰腳痛，行動不得」，原本在「主見寒熱往來，頭痛、昏悶、肚痛」後，據其文意，調整至此。

㈡「用設家先、灶司、絕戶傷亡，還舊願，退土殺，送星辰，送白虎」，原本作「用設灶司，送星辰。設家先、絕戶傷亡，還舊願，退土殺，送白虎」，疑誤，據本卷占疾病行文體例改。

地火明夷					
䷣坤上離下，坎水遊魂，內卦伏藏。（坎宮遊魂卦）					
爻位	卦　形	六親	納甲五行	世應	世下伏神
上六	▅▅　▅▅	父母	癸酉金		
六五	▅▅　▅▅	兄弟	癸亥水		
六四	▅▅　▅▅	官鬼	癸丑土	世	庚午火
九三	▅▅▅▅▅	兄弟	己亥水		
六二	▅▅　▅▅	官鬼	己丑土		
初九	▅▅▅▅▅	子孫	己卯木	應	

八月卦：春平，夏凶，秋凶，冬吉。

評曰：明夷者，傷也。日入地中，掩傷明德，君子在厄，三日不食。文王之難，困于叢棘，凡百有事，且宜止㊀息。

此卦是文王囚羑里①，見子不至卜得之，後果子沒免困也。

解曰：婦人在井中，陷也。虎在井上，又防傷也。錢缺，乃破，乃無信，財不可望也。人逐其鹿。乃逐其祿不能及也，占者得此，最為凶兆也。

鳳凰垂㊁翼之卦，出明入暗之象。

明夷：利艱貞。

彖曰：明入地中，明夷。內文明而外柔順，以蒙大難，文王以之。利艱貞，晦②其明也。內難而能正其志，箕子以之。

象曰：明入地中，明夷。君子以蒞③眾，用晦而明。

朱子曰：夷，傷也。為卦下離上坤，日入地中，明而見傷之象，故為明夷。又其上六為暗之主，六五近之，故占者利於艱難以守正，而自晦其明也。

注釋

①文王囚羑（yǒu）里：周文王為周族首領，西周奠基者。姬姓，名昌。商紂王時封為西伯，亦稱西伯昌。為崇侯虎所譖，被商紂囚於羑里（河南湯陰北）。相傳他被囚羑里時，曾演《周易》，探求天人之理。周武王滅商後，追尊為文王。參閱《史記・周本紀》。

②晦（huì）：隱藏。

③蒞（lì）：治理；統治；管理。

校勘記

㊀「止」，原本作「體」，疑誤，據《卜

筮全書·卦爻呈象·地火明夷》原文改。
㊁「垂」，原本作「重」，疑誤，據《卜筮全書·卦爻呈象·地火明夷》原文改。

六甲旬斷

甲子旬：身旺，財吉。
甲戌旬：財吉，本旬吉。
甲申旬：本宮長生。
甲午旬：財旺，生世㊀。
甲辰旬：應空亡，他人反覆㊁。
甲寅旬：世空，求謀反覆㊀。

校勘記

㊀「財旺，生世」，原本作「鬼衰，病不妨」，疑誤，據其卦理及文意改。
㊁「他人反覆」，原本作「事不成」，疑誤，據《水雷屯·六甲旬斷》行文體例改。
㊂「求謀反覆」，原本作「暗昧」，疑誤，據《乾為天·六甲旬斷》行文體例改。

日六神斷

遊魂，第四爻癸丑土㊀，官鬼持世。
甲乙：騰蛇持世，青龍臨子孫，訟不成。
丙丁：白虎持世，主驚。
戊己：玄武持世，為事多憂，主陰私，賊盜。
庚辛：朱雀持世，文書喜。
壬癸：勾陳持世，與官鬼合，凶。

校勘記

㊀「癸丑土」，原本脫漏，據本卦納甲五行補入。

十干詩斷

甲丙戊庚壬：火入地中伏，明夷事必傷，陰人須保救，疾病恐難康。
乙丁己辛癸：驚垂損失兩重翼，謹密須防暗內來，虎尾蛇頭知度得，身安猶自恐傷財。

六爻詩斷

初九：明夷于飛，垂其翼。君子于行，三日不食，有攸往，主人有言。【後吉】
象曰：君子于行，義不食也。
詩斷：水中撈明月，費力更勞心，遠迍防傷害，事久可重新。
占斷：婚成，求財遂。出入、望事、官事俱吉。病安。
六二：明夷，夷于左股，用拯①馬壯，吉。【吉】
象曰：六二之吉，順以則也。
詩斷：所傷厄未甚，速可救援之，待得春光至，災消福自隨。
占斷：訟凶，行人至，病謝安，求財不遂，望事難成之兆也。
九三：明夷于南狩②，得其大首，不可疾貞。【平】
象曰：南狩之志，乃大得也。
詩斷：向明為得地，大利有施為，凡事須當省，輕狂恐致危。
占斷：出往凶。官、病不散。求財無，婚不成。
六四：入于左腹，獲明夷之心，于出門庭。【吉】
象曰：入于左腹，獲心意也。
詩斷：陰責相隨遇，憂危已脫身，更官將進用，多利得從心。

占斷：望事成，訟失理，婚成，失物在。求財、行人俱出往吉也。

六五：箕子之明夷，利貞。【吉】

象曰：箕子之貞，明不可息也。

詩斷：遇時方暗昧，當且晦亡明，自守常自在，正直能吉亨。

占斷：訟凶，病不痊，求謀遲，行人至，婚姻否。

上六：不明晦，初登于天，後入于地。【凶】

象曰：初登于天，照四國也。後入于地，失則也。

詩斷：始自登于天，終須入其地，傷人還及己，福去 相隨。

占斷：求財、謀事遂。失物在，行人未至，訟勝，病癒。

注釋

①拯（zhěng）：援救，救助。

②南狩（shòu）：猶南巡。

力。

分類占斷

占天時：主雲霧濛濛，二三日雨水，不晴。

占求官：有兩職，只是印，應不是。卻忌初九爻動，反因職上官司之兆。

占見貴：未遂。若然①，應申子辰日。

占謀望：不離身，用心方成。若幹公事，必有阻滯，時方向前則吉。

占家宅：如人在網中，常有困氣，多憂多慮。門首有樹木，是住處前有半路，不得家先

占風水：水入墓中，後無山勢。若初爻動，有樹根穿墓，葬後傷人口。

占婚姻：喜不離其身，反覆終成。媒人無，實用陰人說，無阻礙其婦。

占胎產：生女，產母有驚，逢午戌動。如四、五爻俱動，子母不利，可作福保。

占求財：終得遂，但遲慢，不可與人同求。

占交易：難成，有阻，用謀方成就。

占田蠶：半收。

占出行：身不離宅，縱動，到中途亦阻隔。抑則安，動則險。

占尋人：其人藏避難見，但只見信。並他人問之，則可見也。

占遺失：死物在人身上，或是衣裳，亦未離身。生物亦有孕之物，或是人。向東南方去

尋，如遇女人、小兒問之，亦見信。

占捕盜：盜賊難逃，其人只陷在近地，亦未便見。久後只捕得一人，過申酉日即敗也。

占疾病：因往南北方，沖著山神、社司、五瘟神，攪去魂魄。主見寒熱往來，四肢沉重，飲食不進，眼白昏迷。用設家先、南方廟司大王、社司、土神、五道神，退土殺、墓殺、騰蛇、白虎，送星辰，還舊願，謝灶司。小兒用設家先、床公床母、退土殺、五路童子、半天午酉神，送星辰。

占詞訟：人在羅網中，見官亦難脫，逃走亦難，三四次未得明，終無分曉。

注釋

①若然：如果這樣。

校勘記

㊀「遂」，原本作「然」，疑誤，據其文意改。

地水師					
䷆坤上坎下，坎水歸魂，內卦出現。（坎宮歸魂卦）					
爻位	卦　形	六親	納甲五行	世應	世下伏神
上六	▅▅　▅▅	父母	癸酉金	應	
六五	▅▅　▅▅	兄弟	癸亥水		
六四	▅▅　▅▅	官鬼	癸丑土		
六三	▅▅　▅▅	妻財	戊午火	世	己亥水
九二	▅▅▅▅▅	官鬼	戊辰土		
初六	▅▅　▅▅	子孫	戊寅木		

七月卦：春平，夏凶，秋凶，冬吉。

評曰：師者，眾也。獨行越師，最不宜動，君子有命，小人勿用。共相剋伐，改道成訟。

此卦周亞夫①將欲排陣卜得之，果獲勝也。

解曰：虎馬羊者，乃寅午未之位也。將軍臺上立，掌兵權也。執印者，待信也。人膝跪於臺上。乃受功賞也。凡百遇此，得人提攜之兆，占者吉。

天馬出群之卦，以寡服眾之象。

師：貞，丈人吉，无咎。

彖曰：師，眾也。貞，正也。能以眾正，可以王矣。剛中而應，行險而順，以此毒天下，而民從之，吉又何咎矣。

象曰：地中有水，師。君子以容民畜眾。

朱子曰：師，兵眾也。為人君命將出師之象，故其卦之名曰師。丈人、長老之稱用師之道，利於得正，而任老成之人，乃得吉而无咎。

注釋

①周亞夫：周亞夫（前199年－前143年），沛郡豐邑（今江蘇豐縣）人，西漢時期的軍事家、丞相。他是名將絳侯周勃的次子，軍事才華卓越，在吳楚七國之亂中，他統帥漢軍，三個月平定了叛軍，拯救了漢室江山。後被冤下獄，閉食自盡。參閱《史記•絳侯周勃世家》。

六甲旬斷

甲子旬：鬼旺，財吉。
甲戌旬：應空，他人反覆。
甲申旬：世空，事不成。
甲午旬：財旺，吉。
甲辰旬：訟、病不利。
甲寅旬：外㊀鬼空，宅無氣。

校勘記

㈠「外」，原本脫漏，據其卦理及文意補入。

日六神斷

歸魂，第三爻戊午火，妻財持世。
甲乙：勾陳持世，福德扶持，退鬼。
丙丁：騰蛇持世，口舌，憂怪。
戊己：白虎持世，主喧爭。
庚辛：青龍持世，主財喜。
壬癸：朱雀持世，因財爭競。

十干詩斷

甲丙戊庚壬：衆力推拽處，無心遂有權，雖然煩與冗，利祿勝當年。
乙丁己辛癸：凶至終成吉，功成未便亨，日高安樂處，莫戀百花生。

六爻詩斷

初六：師出以律，否臧①，凶。【平】
象曰：師出以律，失律凶也。
詩斷：凡百事當謀，善始可成終，師道宜和眾，何憂失律凶。
占斷：訟有理，病癒，諸事成，出往吉，求財遂，婚成。
九二：在師中，吉，无咎。王三錫命。【上吉】
象曰：在師中，吉，承天寵②也。王三錫命，懷萬邦也。
詩斷：財去堪夥眾，方遇貴人持，別有非常喜，乘龍到王墀。
占斷：官事勝。求財、謀事，諸事吉。文書成，病患安，婚姻成，大吉。
六三：師或輿屍，凶。【平】
象曰：師或輿屍，大无功也。
詩斷：二主原不定，雖吉亦成凶，若也去專一，終當立大功。
占斷：此節與九二同。
六四：師左次，无咎。【大吉】
象曰：左次无咎，未失常也。
詩斷：守常方是吉，進用卻為災，退處悠游地，安然福自來。

占斷：婚不成。官事，他求我和。求㊂財、謀事遂。宜尋人。

六五：田有禽，利執言，无咎㊀。長子帥師，弟子輿屍，貞凶。【平】

象曰：長子帥師，以中行也。弟子輿師，使不當也。

詩斷：求勝初無意，惟成獲捕功，任人必專一，二四定為凶。

占斷：問病凶，訟無理，求財少，行人至，失物空，婚姻否。

上六：大君有命，開國承家，小人勿用。【大吉】

象曰：大君有命，以正功也。小人勿用，必亂邦也。

詩斷：吉事逢時泰，承家日漸豐，小人當此象，得志反成凶。

占斷：官事勝，宜求財，行人不至，婚不成。

注釋

①否臧（pǐ zāng）：否，惡。臧，善。朱子曰：「否臧，謂不善也」。

②寵（chǒng）：榮耀。

校勘記

㊀「田有禽，利執言，无咎」，原本在「長子帥師，弟子輿屍，貞凶」之後，據《周易

本義•師•六五》原文調整至此。

㈡「悠」，原本作「優」，疑誤，據其文意改。

㈢「求」，原本作「未」，疑誤，據其文意改。

分類占斷

占天時：雲收雨散，必當晴明。如六五爻動，主日中有雨，清早散。

占求官：文書信遠，有貴人用力，主有上品之官，自無憂慮也。

占謀望：成就，但是自疑，向前無慮。用通市井中，見貴人故㈠遂。

占家宅：用三等人同居，有些病，身旺宜作福。

占風水：墓有石，丁癸向，不可改變。久後出人一品貴，生二三子孫。

占婚姻：乃市井中女，或手藝人為媒，貴人得合則可，眾人議㈡㈡論，事必和合。不然，必難成也。

占胎產：生女，產母有難。初六日，五爻動，喜中有憂，利其子，不利其母。上六爻動，利母不利子，壬日見生也。

占求財：先難後易之兆。

占交易：求斑㈢面人方成，應在寅午戌日方成。

占田蠶：中平之兆。
占出行：欲行不行，途中便回去，不成也。獨行，宮靜不宜動，與衆人同行宜遲，不宜速。
占行人：雖反覆，亦當動至在途，與追來人同行。亦有財喜，亥日見信。
占尋人：不在家，或有公事阻隔，難見之兆。
占遺失：雖在屋籬內，當回原處。若不見，或只在井灶所可尋，亦恐難尋之兆。
占捕盜：必得問得他人資訊，便可捕捉，卻有一驚，不為大害。
占疾病：因往南北方古跡神壇，沖著南方廟司大王、邪魅兵馬，遇見四腳物、赤小鬼，攪去魂魄。或自縊鬼、無頭鬼為禍。
主見寒熱，心腹疼痛，日久留連。
用設家先、古跡神主、邪師、五道神、游奕瘟神、鎖甲神、伏㊃屍神、退土殺、墓殺，送星辰。
小兒用設半天午酉神、白虎、鎖甲神、五路童子、前生父母、床公床母，送星辰吉。
占詞訟：有貴人為福，他人無氣，先有憂危，後有財食。若內有婦人，不宜進步。

校勘記

㊀「故」，原本作「古」，疑誤，據其文意改。

㊁「議」，原本作「謙」，疑誤，據其文意改。

㊂「斑」，原本作「班」，疑誤，據《火地晉・占見貴》用字體例改。後文遇此字，均依此例改作，不另作校勘說明。

㊃「伏」，原本作「傳」，疑誤，據《水雷屯・占疾病》用字體例改。

艮為山

䷳艮上艮下，艮土八純，內外出現。（六沖）（艮宮首卦）

爻位	卦　形	六親	納甲五行	世應	世下伏神
上九	▅▅▅▅▅	官鬼	丙寅木	世	丁未土
六五	▅▅　▅▅	妻財	丙子水		
六四	▅▅　▅▅	兄弟	丙戌土		
九三	▅▅▅▅▅	子孫	丙申金	應	
六二	▅▅　▅▅	父母	丙午火		
初六	▅▅　▅▅	兄弟	丙辰土		

四月卦：春凶，夏吉，秋凶，冬吉。

評曰：艮者，止也。純艮危危，安靜無虧，時止即止，時移即移。錢財散失，失在小兒，尋求不得，東北宜之。

此卦是漢高祖困滎陽①時卜得之，只宜守舊也。

解曰：堠②上東北字，向利方行也。猴執文書，所求文字用申未見。官吏執鏡，官清如鏡也。三人繩相繫縛。事相于連，必遇貴人得解脫也。

遊魚避網之卦，積小成高之象。

艮：艮其背，不獲其身；行其庭，不見其人，无咎。

象曰：艮，止也。時止則止，時行則行，動靜不失其時，其道光明。艮其止，止其所也。上下敵應，不相與也。是以不獲其身，行其庭，不見其人，无咎也。

象曰：兼山，艮。君子以思不出其位。

朱子曰：蓋艮其背而不獲其身者，止而止也。行其庭而不見其人者，行而止也。動靜各止其所，而皆主夫靜焉，所以得无咎也。

注釋

①漢高祖困滎陽：項羽自封西楚霸王，封劉邦為漢王，統治巴蜀地及漢中一帶。漢中地荒位偏，人稀物罕，項羽又不准劉邦離開，想以此困死劉邦。劉邦發動楚漢戰爭，四月，大敗於彭城（今江蘇徐州）。其後，親率主力扼守戰略要地滎陽（今河南滎陽東北）、成皋（今滎陽西北），與項羽抗爭兩年餘。參閱《史記·高祖本紀》。

②堠（hòu）：古代瞭望敵情的土堡。

六甲旬斷

甲子旬：財主有㊀利，公事吉。
甲戌旬：應空，求人反覆。
甲申旬：財吉。
甲午旬：病留連。
甲辰旬：世空，事不成。
甲寅旬：財空亡。

校勘記

㊀「有」，原本作「不」，疑誤，據其卦理及文意改。

日六神斷

八純，第六爻丙寅木，官鬼持世。
甲乙：玄武持世，主陰私，盜賊。
丙丁：青龍持世，主婚姻成。
戊己：朱雀持世，見貴求謀有信至㊀。

庚辛：騰蛇持世，主病。

壬癸：白虎持世，損財不宜財，病。

校勘記

㈠「見貴求謀有信至」，原本作「見求謀親憂驚至」，疑誤，據其卦理及文意改。

十干詩斷

甲丙戊庚壬：抱玉懷珠久琢磨，近來名利尚蹉跎，不須嗟恨成功晚，必待陽和措力多。

乙丁己辛癸：征行趨北又趨東，干祿①求財事兩通，去就朝天今有路，不惟成始又成終。

六爻詩斷

初六：艮其趾，无咎，利永貞。【吉】

象曰：艮其趾，未失正也。

詩斷：艮趾須當止，前途未可行，中心宜守正，他日自光榮。

占斷：行人至，訟無氣，餘並不吉之兆。

六二：艮其腓②，不拯其隨，其心不快。【吉】

象曰：不拯其隨，未退聽也。
詩斷：燥進輕施用，時間未快心，陽春回暖律，東北㊀遇知音。
占斷：訟，我弱他強。望事不成，婚不合，病凶。
九三：艮其限，列其夤③，厲熏心。【平】
象曰：艮其限，危熏心也。
詩斷：憂在蕭牆④內，將來必見傷，預防於未兆，可羨相為祥。
虎易按：此節無占斷內容。
六四：艮其身，无咎。【吉】
象曰：艮其身，止諸躬⑤也。
詩斷：所為无悔吝，惟是反諸身，若遇豬雞貴，春來喜事新。
占斷：婚成，失物在。謀事、求財、出入吉。訟平。
六五：艮其輔，言有序，悔亡。【吉】
象曰：艮其輔，以中正也。
詩斷：言皆中正道，悔吝自然亡，莫嗟成功晚，春來福祿昌。
占斷：訟，我強他弱。病不死，只是未安。出入不順，宜求財，行人不至也。
上九：敦艮，吉。【大吉】
象曰：敦艮之吉，以厚終也。

詩斷：敦厚真君子，淹留⑥未濟間，忽逢通泰運，爵祿喜高遷。

占斷：婚不合，病宜保，求財無，諸事中平之兆也。

注釋

①干祿：求祿位，求仕進。

②腓（féi）：脛骨後的肉，即腿肚子。

③夤（yín）：夾脊肉。朱熹注：「夤，膂也」。膂：指脊樑骨。

④蕭牆：古代宮室內作為屏障的矮牆。借指內部。

⑤躬（gōng）：身體。彎下身體。

⑥淹留：羈留，逗留。

校勘記

㊀「北」，原本作「比」，疑誤，據其文意改。

分類占斷

占天時：有連日之雨，欲晴不晴，須用大風起方晴也。

占求官：遲遁終得遷職，卻不改本路，有待亥子月日方分曉。

占見貴：目下未遂，用再求方可。

占謀望：退悔，用三五次方就。亦宜草頭、口字人在內，必遂。

占家宅：路不正，門有反，皆破相，主家長不安，男女啾唧①，是為不寧之兆。

占風水：穴低山高，有斜路，案山低遠，後有重山高低，左肋有小原水出。

占婚姻：雖有長士為媒，亦難成。其婦性無定，有人在內說破，用兩三人為媒方成，宜速。一媒決不成。

占胎產：生男。初六、六四㊀爻動，主喪母，有災。

占求財：不可出外求，恐有難求事也。

占交易：可成，有些小是非，無妨，巳酉丑日成也。

占田蠶：少收。

占出行：去不成，退悔多疑，去必有危險。

占行人：未至，若未申日占，得實信。登山涉水，反覆多憂，不妨。九三爻動，午未日回。

占尋人：必反背，在西南方，人身無定，不可指望。

占遺失：金銀死物在門庭，要婦人邊尋取。生物要問僧道人，即得見。近東、北二方，水石敗屋之中可尋也。

占捕盜：在西南方獨宿，居高之所，前後皆有路，其逃不遠。到中途遇一人，長小口，多面赤者，此是知情同事之人，可見。

占疾病：因往東北方山岩、石洞、大樹下，古跡神廟前，沖著木下三聖、自縊鬼，攪去魂魄，或女鬼為禍。

主見頭痛身熱，浮腫，氣腫脹悶。

用設外姓家先、送山司、木下三聖、邪妖女、傷亡、古跡神主、竹木二殺、退土㊁殺，開鎖甲神。

小兒用設前生父母、五路童子，送星辰。

占詞訟：因小成大，後用草頭、口字人和勸。忌姓張人，為鬼賊也。

注釋

①啾唧（jiū jī）：猶小病。

校勘記

㊀「四」，原本作「三」，疑誤，據其卦理及文意改。

㊁「土」，原本脫漏，據《天山遯•占疾病》行文體例補入。

山火賁

䷕艮上離下，艮土一世，外卦出現。（六合）（艮宮第二卦）

爻位	卦　形	六親	納甲五行	世應	世下伏神
上九	▅▅▅▅▅	官鬼	丙寅木		
六五	▅▅　▅▅	妻財	丙子水		
六四	▅▅　▅▅	兄弟	丙戌土	應	
九三	▅▅▅▅▅	妻財	己亥水		
六二	▅▅　▅▅	兄弟	己丑土		
初九	▅▅▅▅▅	官鬼	己卯木	世	丙辰土

十一月卦：春平，夏凶，秋吉，冬平。

評曰：賁者，飾也。光彩烜赫①，火色含丹，文章交錯，應雜其間。進退榮益，束帛戔戔②。

此卦管鮑③卜得，後果獲金，彼此相遜④，終顯名義也。

解曰：雨下，潤澤也。車行路，有運轉也。舟張帆在江中，遇順風也。官人著公服登梯，乃足躡雲梯，手攀月桂也。仙女雲中執桂。乃嫦娥愛少年也。

猛虎靠岩之卦，光明通泰之象。

賁：亨。小利有攸往。

彖曰：賁，亨，柔來而文剛，故亨。分剛上而文柔，故小利有攸往，天文也。文明以止，人文也。觀乎天文，以察時變，觀乎人文，以化成天下。

象曰：山下有火，賁。君子以明庶政⑤，无敢折獄。

朱子曰：陽得陰助，而離明於內，故為亨。以其剛上文柔，而艮止於外，故小利有攸往。

注釋

①烜（xuǎn）赫：昭著，顯赫。

②束帛戔戔（shù bó jiān jiān）：捆為一束的五匹帛稱為束帛。朱熹《周易本義》曰：「戔戔，淺小之意」。

③管鮑：指管仲和鮑叔牙。參閱《史記•管晏列傳》。

④彼此相遜：互相謙讓。

⑤庶政：各種政務。

六甲旬斷

甲子旬：求財吉。
甲戌旬：家宅平安。
甲申旬：身吉，財吉，父母空亡。
甲午旬：官、病不妨。
甲辰旬：世空，訟、病吉。
甲寅旬：官、病留連。

日六神斷

初爻己卯木，官鬼持世。
甲乙：青龍持世，喜至。玄鬼合門戶，主驚恐，不須防。
丙丁：朱雀持世，謀，憂至也。
戊己：勾陳持世，病犯伏屍、傷亡，不妨。
庚辛：白虎持世，損財。
壬癸：玄武持世，門戶不寧。

十干詩斷

甲丙戊庚壬：行舟無阻險，輕泛自通津①，雨露從天降，求謀事漸新。
乙丁己辛癸：祿從天上降，喜至不須求，昔日憂愁事，逢祥始見周。

六爻詩斷

初九：賁其趾，舍車而徒。【吉】
象曰：舍車而徒，義弗乘也。
詩斷：去偽從誠實，徒行卻舍車，不煩增賁飾，簡儉是良圖。
占斷：訟凶，婚不成。不宜求財，望事。病凶，行人至。
六二：賁其須。【吉】
象曰：賁其須，與上興也。
詩斷：攀龍②無有分，獨用竟難成，遇鼠逢牛日，因人為發明。
占斷：此即同上爻斷。
九三：賁如濡如，永貞吉。【上吉】
象曰：永貞之吉，終莫之陵也。
詩斷：門庭多喜慶，潤色更增光，待到蛇迎虎，金皆姓字香。

占斷：求財遂，官事成，病不死，婚成，凡事皆吉。

六四：賁如皤如③，白馬翰如，匪寇婚媾。【平】

象曰：六四，當位疑也。匪寇婚媾，終无尤也。

詩斷：中心雖欲速，其事卻遲延，守正無憂患，居安福自天。

占斷：出往吉，求財遂，官事得理，婚姻成，行人至，尋人見，謀事成。

六五：賁于丘園④，束帛戔戔，吝，終吉。【大吉】

象曰：六五之吉，有喜也。

詩斷：福祿自天降，門中喜氣新，去奢從儉約，終保大光亨。

占斷：宜求財、望事、出往。官事有理，失物在，行人至，婚姻成並吉。

上九：白賁，无咎。【吉】

象曰：白賁无咎，上得志也。

詩斷：務事歸誠實，何須更飾兆，春風依舊到，花發去年時。

占斷：病癒，不宜出往，望事用求他人方好。

注釋

①通津：四通八達之津渡。

②攀龍：傳說黃帝鑄鼎於荊山下，鼎成，有龍下迎，黃帝乘之升天，群臣後宮從上者七十餘人。餘小臣不得上龍身，乃持龍髯，而龍髯拔落，並墮黃帝之弓。百姓遂抱其弓與龍髯而號哭。事見《史記•封禪書》。後用為追隨皇帝或哀悼皇帝去世的典故。

③賁如皤（pó）如：皤，白色。集解：「白素之貌」。

④丘園：家園，鄉村。《易•賁》曰：「六五，賁于丘園，束帛戔戔」。王肅注：「失位無應，隱處丘園」。孔穎達疏：「丘謂丘墟，園謂園圃。唯草木所生，是質素之所」。後以「丘園」指隱居之處。

分類占斷

占天時：久雨，陰未晴之象，待久後方是晴也。

占求官：初與人同求，只是印信未遂，久後得聲名之職。

占見貴：宜向前方順，應亥未卯日。

占謀望：他人無心也，必要與他人同謀，宜遲不宜早，待他人信至方可。

占家宅：不是祖居，乃孤獨成立也。若非手藝，則為軍卒之後。家先無力，不安之兆。

占風水：前山近，後山高，遇路兩處水相交，甲庚向，宜守常也。

占婚姻：必成，其婦有疾病，恐有破相，久後相離別，須要用外人為媒。

占胎產：生男，主子母俱亡，空歡喜之象。始生女，則有險無傷也。
占求財：不宜買賣中求，只宜空手，有貴人中求之，應在東南方也。
占交易：成就，但防破碎。有貴人，應在申子辰日可成。
占田蠶：大熟。
占出行：欲行不行，漸可進，自心中反覆不定之事。
占行人：去不遠，動用有阻，不與他人同去，乃獨行。辰卯日占得此卦，便見端的。
占尋人：四、六爻動難尋，如不動，必得見。
占遺失：喜中有失，非是偷盜。近水邊尋。六五爻動，在於水井邊尋。生物在內，加緊尋也。
占捕盜：盜未遠，在東北方相識人家逃避，此人難走。卻不宜六四爻動，若此果動，必主見遲也。
占疾病：因往東南方，山林、墳墓前，沖著南方廟司大王、木下三聖、山神，攬去魂魄為禍。主見寒熱往來，頭痛，手腳無力，飲食不下，服藥無效。用設家先、土地、南方廟司大王、木下三聖、山神，解呪咀，謝社司，退土殺，送星辰。小兒塚墓有犯，用設前生父母、五路童子、半天午酉神、送星辰吉。
占詞訟：喜中成訟，先喜中憂，未久和。虛險，不動，點水、草頭人是貴人也。

山天大畜

䷙艮上乾下，艮土二世，外卦出現。（艮宮第三卦）

爻位	卦　形	六親	納甲五行	世應	世下伏神
上九	⚊	官鬼	丙寅木		
六五	⚋	妻財	丙子水	應	
六四	⚋	兄弟	丙戌土		
九三	⚊	兄弟	甲辰土		
九二	⚊	官鬼	甲寅木	世	丙午火
初九	⚊	妻財	甲子水		

十二月卦：春吉，夏凶，秋凶，冬平。

評曰：大畜者，聚也㊀。剛健篤實①㊁，積聚豐隆㊂，居官食祿，建立其功㊃。論訟有益，道理亨通㊄，利涉大川，初吉後凶。

此卦昔神堯②卜得之，後果登天位也。

解曰：一鹿一馬者，祿馬並如意也。月下有文書，明且貴也。官人憑欄，乃清閒貴人也。欄內花發茂盛，乃是西淩判花之職也，此卦最利求官。

龍潛大壑③之卦，積小成大之象。

大畜：利貞。不家食吉，利涉大川。

彖曰：大畜，剛健篤實輝光，日新其德。剛上而尚賢，能止健，大正也。不家食吉，養賢也。利涉大川，應乎天也。

象曰：天在山中，大畜。君子以多識前言往行，以畜其德。

朱子曰：以艮畜乾，又畜之大者也。又以內乾剛健，外艮篤實輝光，是以能日新其德，而為畜之大也。故其占為利貞，而不家食吉也。故其占又為利涉大川也。不家食，謂食祿於朝，不食於家也。

注釋

①篤（dǔ）實：純厚樸實，忠誠老實。

②神堯：姓伊祁，名放勳，古唐國人，中國上古時期部落聯盟首領，為人簡樸，吃粗米飯，喝野菜湯，得到人民的廣泛愛戴，被後世儒家奉為聖明君主的典型。帝嚳之子，母為陳鋒氏，「五帝」之一。十三歲輔佐兄長帝摯，封於陶地。十五歲改封於唐地，號為陶唐氏。十八歲，堯代摯為天子，定都平陽。參閱《史記·五帝本紀》。

③大壑（hè）：大海。

校勘記

㈠「大畜者，聚也」，原本作「大畜」，疑誤，據《卜筮全書•卦爻呈象•山天大畜》原文改。

㈡「剛健篤實」，原本作「剛健」，疑誤，據《卜筮全書•卦爻呈象•山天大畜》原文改。

㈢「積聚豐隆」，原本作「積聚不通」，疑誤，據《卜筮全書•卦爻呈象•山天大畜》原文改。

㈣「建立其功」，原本作「正立勳功」，疑誤，據《卜筮全書•卦爻呈象•山天大畜》原文改。

㈤「論訟有益，道理亨通」，原本作「訟有益道，理不終窮」，疑誤，據《卜筮全書•卦爻呈象•山天大畜》原文改。

六甲旬斷

甲子旬：財旺㈠，病不妨。

甲戌旬：本宮旺㈡，病出旬瘥。

甲申旬：財有氣，病瘥。

甲午旬：文書旺㊂，病出旬瘥。
甲辰旬：世空，鬼空，求謀反覆㊃。
甲寅旬：鬼旺，訟、病留連㊄。

校勘記

㊀「財旺」，原本作「本宮身旺」，疑誤，據其卦理及文意改。
㊁「本宮旺」，原本作「財吉」，疑誤，據其卦理及文意改。
㊂「文書旺」，原本作「財吉」，疑誤，據其卦理及文意改。
㊃「世空，鬼空，求謀反覆」，原本作「訟、病留連」，疑誤，據其卦理及文意改。
㊄「鬼旺，訟、病留連」，原本作「財不利，訟旺」，疑誤，據其卦理及文意改。

日六神斷

第二爻甲寅木，官鬼持世。
甲乙：朱雀持世，主文書。
丙丁：勾陳持世，外喜至。
戊己：騰蛇持世，主怪夢，虛驚。

庚辛：玄武持世，防有失脫。
壬癸：青龍持世，文字、官職喜。

十干詩斷

甲丙戊庚壬：大明初出處，萬里見光輝，尤喜塵中客，麻衣換錦衣。
乙丁己辛癸：目前多蹇滯，換歲始亨通，霜雪凋零後，青青獨孤松。

六爻詩斷

初九：有厲，利已。【吉】
象曰：有厲利已，不犯災也。
詩斷：凶中能獲吉，危處可平安，藹①盡春將至，憂愁煩解顏。
占斷：婚合。求財、出往吉。訟平，謀事成，病不危。
九二：輿說，輹②。【平】
象曰：輿說，輹，中无尤也。
詩斷：如車脫輪輻，前進被淹留，因 翻成福，遲屯免悔尤。
占斷：求財、望事俱利。失物在，官事有理，病癒，婚不成。

九三：良馬逐，利艱貞，曰閑輿衛，利有攸往。【吉】
象曰：利有攸往，上合志也。
詩斷：否極復通泰，前途路漸亨，攸行多喜慶，從此振嘉宣。
占斷：訟宜和。求財、望事先難後易。婚姻遂成。
六四：童牛之牿③，元吉。【大吉】
象曰：六四元吉，有喜也。
詩斷：柔能制強暴，事體在乘時，所向皆誠服，安然吉慶隨。
占斷：求財有，望事遂，婚不成，官事有理，行人未至。
六五：豶豕④之牙，吉。【吉】
象曰：六五之吉，有慶也。
詩斷：抑強於未發，消患不萌時，變翻成福，門庭喜氣隨。
占斷：訟未分曉，求財無，望事不成，病凶，婚成。
上九：何天之衢⑤，亨。【上吉】
象曰：何天之衢，道大行也。
詩斷：畜極方通達，功深快壯圖，前程九萬里，得志在天衢。
占斷：訟，我強他弱。婚不成，求財有，病凶，行人不至。

注釋

①藹（ǎi）：雲氣。

②輹（fù）：古代在車軸下面束縛車軸的東西，也叫伏兔，輹用於大車。車伏兔，即墊在車箱和車軸之間的木塊。上面承載車箱，下面呈弧形，架在軸上。

③牿（gù）：綁在牛角上使其不能觸人的橫木。

④豶（fén）豕：閹過的公豬。

⑤衢（qú）：四通八達的道路。

分類占斷

占天時：每有二三日雨，方見晴明也。

占求官：即遂意，榮顯之兆。

占見貴：吉用，看三七日後，及戌亥日吉也。即遂意，光顯之兆也。

占家宅：近井田，是安居之所。香火無力，六畜猶不上卦，平平之兆也。

占風水：近田角，荒野之所，似有兩條路。主出人有心氣，腹足之疾，亦主富貴。

占婚姻：須用口字人說方合，用兩人說，及婚士大夫女。不然，士大夫為婚成也。

占胎產：生女，春冬二季生男，亦未能成喜。冬至節得此卦，主生貴子，用求高真香火保佑吉。
占求財：不宜自求，只宜隔手求之，或有貴人主手也。
占交易：用商音人就，說必成也。
占田蠶：大熟。
占出行：有一人阻，反覆典，陰人不足，遲可動也。
占行人：財喜稱意，凡事順便。一人往，有二人同還。丑戌亥月見，只恐同行有阻。
占尋人：一人等待，必有處所去尋，當得自上而行。但有口舌，有疑慮，途中虛驚，亥子日動也。
占遺失：藏在芳草處，及田園池塘處，有女人見，可問。
占捕盜：在東北方水邊，或車、碓、橋邊尋。如勾陳不動，則難捉。
占疾病：因往東北方，田水畔，有廟堂、社司處，沖著南方廟司大王、五道神，攪去魂魄。或婦人鬼為禍，或上下不安，有哭聲，有怪物。
主見寒熱，心腹浮脹，飲食不進，日輕夜重，服藥無效。
用設家先、土地、謝南方廟司大王、五道神、木下三聖、自縊鬼、退土殺。
小兒用設前生父母、五路童子、退墓殺、化公化婆、午酉神、送星辰。
占詞訟：多因田土之事，有頭無尾也。多要破財係累，忌亥卯未日，見士大夫方得散。

山澤損

䷨ 艮上兌下，艮土三世，外卦出現。（艮宮第四卦）

爻位	卦　形	六親	納甲五行	世應	世下伏神
上九	▅▅▅▅▅	官鬼	丙寅木	應	
六五	▅▅　▅▅	妻財	丙子水		
六四	▅▅　▅▅	兄弟	丙戌土		
六三	▅▅　▅▅	兄弟	丁丑土	世	丙申金
九二	▅▅▅▅▅	官鬼	丁卯木		
初九	▅▅▅▅▅	父母	丁巳火		

七月卦：春平，夏吉，秋吉，冬平。

評曰：損者，益也。損下益上，後易先難，本非走失，事主憂官。必損而已，何以為安。

此卦薛仁貴①將收燕卜得之，大破燕軍也。

解曰：二人對酌，歡飲也。酒瓶倒案上，瓶空無指望也。毬在地上，所求未得上手也。文書二策，有再告二字。主再求方吉，事宜重犯也。

鑿石見玉之卦，握土為山之象。

損：有孚，元吉、无咎、可貞，利有攸往。曷②之用？二簋可用享。

彖曰：損，損下益上，其道上行。損而有孚，元吉，无咎，可貞，利有攸往。曷之用？二簋可用享。二簋應有時，損剛益柔有時，損益盈虛，與時偕行。

象曰：山下有澤，損。君子以懲忿窒欲③。

朱子曰：損兌澤之深，益艮山之高，損下益

上，損內益外，剝民奉君之象，所以為損也。損所當損，而有孚信，則其占當有此下四者之應矣。

注釋

①薛仁貴：薛仁貴（614 年 -683 年），絳州龍門（今山西河津）人，是南北朝時期名將薛安都的後代，屬於河東薛氏家族，但是到他的一輩已經沒落。父親薛軌早喪，雖自幼家貧，但是習文練武，刻苦努力，天生臂力過人，後來成為唐太宗、唐高宗時期名將。參閱《舊唐書・列傳第三十三・薛仁貴》。

②曷（hé）：何；什麼；為什麼。

③懲忿窒（zhì）欲：謂克制憤怒，杜塞情欲。

六甲旬斷

甲子旬：財旺㈠，病吉。
甲戌旬：福德空㈡，凡事不利。
甲申旬：財吉，訟不利。
甲午旬：福德無氣。
甲辰旬：應空，求人反覆。
甲寅旬：世空，財空。

校勘記

㈠「財旺」，原本作「本宮旺」，疑誤，據其卦理及文意改。
㈡「福德空」，原本作「世空」，疑誤，據其卦理及文意改。

日六神斷

第三爻丁丑土，兄弟持世。
甲乙：勾陳持世，鬼合剋世㈠，小災。
丙丁：騰蛇持世，主虛驚。

戊己：白虎持世，兄弟持世，剋退財。
庚辛：青龍福德持世，剋退鬼吉。
壬癸：朱雀持世㊂，財合世，得財。

校勘記

㊀「勾陳持世，鬼合剋世」，原本作「鬼合青龍，勾陳持世」，疑誤，據《日六神斷》行文體例、卦理及文意改。
㊁「朱雀持世」，原本脱漏，據其行文體例補入。

十干詩斷

甲丙戊庚壬：望斷浮雲事轉虛，相逢陌上意皆殊，當時許我平生事，及到終時不似初。
乙丁己辛癸：月下歡欣事，翻成夢一場，晴雲初散處，日暮始光亨。

六爻詩斷

初九：已事遄①往，无咎，酌損之。【吉】
象曰：已事遄往，尚合志也。

詩斷：損人須損己，事濟便相休，斟酌行中道，毋貽過後羞。

占斷：求婚、文書不遂。求財吉，詞訟有理。

九二：利貞，征凶，弗損益之。【平】

象曰：九二利貞，中以為志也。

詩斷：勿益方無損，交情戒妄求，居貞無有吉，燥進反生憂。

占斷：訟宜和，婚成，望事就，求財得，病安。

六三：三人行，則損一人；一人行，則得其友。【吉】

象曰：一人行，三則疑也。

詩斷：致志當專一，過三則有疑，中心有定見，切戒妄依隨。

占斷：此節同九二爻動。

六四：損其疾，使遄有喜，无咎。【吉】

象曰：損其疾，亦可喜也。

詩斷：窒欲兼懲忿，攻心疾乃除，急須無執滯，喜氣自相扶。

占斷：望事成，求財遂，婚成，病吉。

六五：或益之十朋之龜，弗剋違，元吉。【大吉】

象曰：六五元吉，自上佑也。

詩斷：江湖居在下，百谷水皆歸，自損終元吉，龜占弗剋違。
占斷：官事勝，婚不成，求財獲，謀事遂，病安，出往吉。
上九：弗損益之，无咎，貞吉，利有攸往，得臣无家。【大吉】
象曰：弗損益之，大得志也。
詩斷：事而無所費，酌酒得其宜，人樂來歸己，安然福祿隨。
占斷：訟、病凶。婚不成，求財無，不宜出往，吉。

注釋

①遄（chuán）：快，疾速。

分類占斷

占天時：雨漸止，午未日當晴。如初九爻動，晴後風起。
占求官：先損後益，先難後易，文書、印信漸動，但遲。五、六爻動，文書未動，破財方得，成就之兆也。
占見貴：終遂，亦有反覆之事。
占謀望：用重重破財後有就，宜與他人同求可。應在酉日，有信之兆。

占家宅：屋有兩頭，不然，則主家中有井在左右，宜防人侵算。

占風水：後山高，左邊當有倒樹木，久㊀遠不朽。丁癸向，主先損人口，後發，莫散遏也。

占婚姻：先用破財，虛言難信，再求方就。男剋二妻，女就二夫，再婚之女。

占胎產：生男，長胎有剋，第二子方可許。三、四爻動，產母難保。上六爻動，不足言喜，未產亦凶。

占求財：先當破酒食，後得完備，要用力求之，只有六分。

占交易：近音人方成，有兩三打合，有比重疊。

占田蠶：中平，或用草頭人養。

占出行：雖同行人，亦不可去，恐途中有人侵算，自行則亦有失。若與他人同行，必有一人不足之兆。

占行人：似有爭鬥，或被軍卒侵算。得一大人及刀口人為福，有失不足，亥子日見。

占尋人：當在市井相尋，難得見。若說信，用草頭、口字人方見。

占遺失：難尋，有相識同事人待見。生㊁物近井邊可尋，皆在西北㊂方。

占捕盜：在東北山下，有小澗邊躲避，可捉也。

占疾病：因往東南方，沖著木下三聖、山司、自縊、刀兵傷亡，攪去魂魄。主見寒熱往來，四肢沉重，嘔吐，心腹疼痛，腳手一半不遂。

用設家先、社司、木下三聖、自縊、刀兵傷亡、古塚、伏屍鬼、游瘟神，退土墓殺，謝灶司。

小兒用設先亡家先、五路童子、化公化母、前生父母、開鎖甲神、半天午酉神，謝土主，退土殺。

占詞訟：乃爭鬥之事，先損他人，用破些財方有理，或申未日。

校勘記

㊀「久」，原本作「求」，疑誤，據其文意改。

㊁「生」，原本作「姓」，疑誤，據其文意改。

㊂「北」，原本作「此」，疑誤，據其文意改。

火澤睽

䷥ 離上兌下，艮土四世，內卦伏藏。（艮宮第五卦）

爻位	卦　形	六親	納甲五行	世應	世下伏神
上九	▬▬▬	父母	己巳火		
六五	▬　▬	兄弟	己未土		
九四	▬▬▬	子孫	己酉金	世	丙戌土
六三	▬　▬	兄弟	丁丑土		
九二	▬▬▬	官鬼	丁卯木		
初九	▬▬▬	父母	丁巳火	應	

二月卦：春吉，夏平，秋平，冬凶。

評曰：睽者，背也。兩情相違，大事非吉，小事無違，口舌相伴。財散人離，病者難痊，行者不歸。

此卦武則天①聘尚賈至精魅成，卜此除之。

虎易按：「武則天聘尚賈至精魅成」，此句人物名難以確定。考《舊唐書》和《新唐書》，無「尚賈」或「尚賈至」之人。雖有禮部侍郎賈至的記錄，但其已經是唐代宗時期的人物了。另外，兩書也無關於「精魅」的記錄，此事正史無記載，或為民間傳說。

解曰：人執斧在手，把權柄也。文書半破，不全也。牛鼠，子丑位見喜也。桃開，春至花開。門掩，人來歸也。飛鳥鳴。乃傳信也，占行人有音信。

猛虎陷阱之卦，二女同居之象。

睽：小事吉。

象曰：睽，火動而上，澤動而下，二女同居，其志不同行。說而麗乎明，柔進而上行，得中而應乎剛，是以小事吉。天地睽，而其事同也；男女睽，而其志通也；萬物睽，而其事類也。睽之時用大矣哉。

象曰：上火下澤，睽。君子以同而異。

朱子曰：睽，乖異也。以卦體言之，則六五得中，而下應九二之剛。是以其占不可大事，而小事尚有吉之道也。

注釋

①武則天：武則天（624—705）名曌（zhào）。她是中國歷史上唯一的一個女皇帝，其在位時間長達十幾年。是繼位年齡最大的皇帝（67歲繼位），也

是壽命最長的皇帝之一（終年82歲）。她本是唐太宗李世民的才人，唐高宗時為皇后（655—683）、唐中宗時為皇太后（683—690），後自立為武周皇帝（690—705），705年退位。中宗復位不久後病死。是歷史上第一位女皇帝。參閱《舊唐書•本紀第六•則天皇後》。

六甲旬斷

甲子旬：財旺。
甲戌旬：世空，事不利。
甲申旬：財吉，事吉。
甲午旬：應空，他人㊀反覆。
甲辰旬：鬼空，病吉。
甲寅旬：不宜公事。

校勘記

㊀「他人」，原本作「謀事」，疑誤，據《水雷屯•六甲旬斷》行文體例改。

日六神斷

第四爻己酉金，子孫持世。

甲乙：騰蛇持世，求事多得失。

丙丁：白虎持世，憂胎孕。

戊己：玄武持世，防失脫。

庚辛：朱雀持世，憂孕育，宜作福。

壬癸：勾陳持世，生世生身，百事無憂㊀。

校勘記

㊀「生世生身，百事無憂」，原本作「卦空亡，百事不利」，疑誤，據其卦理及文意改。

十干詩斷

甲丙戊庚壬：劉郎別後路滔滔，鴻雁來傳有信牢，欲問故園當日事，東風依舊綻紅桃。

乙丁己辛癸：同類須防反目時，從來相好變乖暌，堂前貫朽空存月，江上萋萋草正齊。

六爻詩斷

初九：悔亡。喪馬，勿逐，自復。見惡人，无咎。【次吉】
象曰：見惡人，以辟咎也。
詩斷：悔吝事雖有，時乖道正窮，惡人難害己，終是不為凶。
占斷：行人至，失物在，謀事成，訟亦有理，病者安。
九二：遇主于巷，无咎。【吉】
象曰：遇主于巷，未失道也。
詩斷：特節方乖戾，前程事未諧，急須求貴拔，方可免凶災。
占斷：訟、病凶。謀事不成，婚不就，百事不利也。
六三：見輿曳，其牛掣①；其人天且劓②，无初有終。【平】
象曰：見輿曳，位不當也。无初有終，遇剛也。
詩斷：天災防不測，上下更攻離，合該常理順，无初卻有終。
占斷：訟宜和，婚成，求財有，謀事遂，病亦安。
九四：睽孤，遇元夫，交孚，厲无咎。【平】
象曰：交孚无咎，志行也。
詩斷：獨立雖無援，相逢有故知，同懷憂懼志，亦可免災危。

占斷：訟，他求我和。婚成，行人至，求財遂。

六五：悔亡，厥宗噬膚，往何咎？【吉】

象曰：厥宗噬膚，往有慶也。

詩斷：憂悶俱消散，先離後合時，所行无不利，吉慶亦相隨。

占斷：婚成，財不遂，謀事不成。訟，他人有氣也。

上九：睽孤，見豕負塗，載鬼一車。先張之弧，後說之弧，匪寇婚媾，往遇雨則吉。【吉】

象曰：遇雨之吉，群疑亡也。

詩斷：詭切無為有，中心自欲疑，忽然疑慮決，會合免睽違。

占斷：不宜出往，官事自身無氣。求財、望事、婚成。

注釋

①掣（chè）：牽引，拉。

②劓（yì）：劓刑。割鼻的刑罰，古代五刑之一。

分類占斷

占天時：時雨時陰，須有晴一日，再兩三日方晴。

占求官：重重反覆難成，若有姓吳人及木字人，斡之方遂。
占見貴：鬼多，難見也。
占家宅：似有暗昧，異姓同居，人口不和，六畜皆空，作事有頭無尾。必籬壁倒敗，香火無氣，修門改戶，碓㊀、灶亦破，宜急補之吉。
占風水：當有兩墓。初九爻動，有改。左右有小路，山遠水亦遠。
占婚姻：乃不明之妻，不然先奸後娶，亦非頭婚。
占胎產：生男，有兩喜，十日後方見。產母多驚，用福保佑之。
占求財：二人同求，方有三四分，不宜獨求。有不明之財，須見過口舌方得。用草頭人，及姓吳人同謀。
占交易：人事反覆，不可進步。若成，久後必有是非也。
占田蠶：不利也。
占出行：動則利，回則難，用二人行，前程亦有喜。身有虛驚，無害。
占行人：未回，有信皆虛，難尋此人。若非過房子，則有破相在身。惟有甲子旬占得此卦，難望其歸。
占尋人：等候方見，不等候必至反背，其人難見。待他人信，方可尋。
占遺失：難尋，有帶口人得見，在西北方，堂居牆之下。

占捕盜：待其人再回可捉。如是急，則反有所傷。逢亥子日可散。

占疾病：因往東南方山岩處，沖著山㊂司、木下三聖，竹木二奴出遊，攬去魂魄，打去石井中。及暗身自縊鬼為禍，灶司不安。主見手足寒熱，心腹疼痛，進退留連。用設家先、灶司、山司、木下三聖、傷亡、遊魂神、自縊鬼，退土殺，送星辰。小兒用設前生父母、五路童子、半天午酉神、床公床母。

占詞訟：宜和，鬼賊侵算反成無理，人來說合，皆是非言。

校勘記

㊀「碓」，原本作「雖」，疑誤，據其文意改。

㊁「山」，原本作「三」，疑誤，據其文意改。

天澤履

䷉乾上兌下，艮土五世，內卦伏藏。（艮宮第六卦）

爻位	卦　形	六親	納甲五行	世應	世下伏神
上九	▅▅▅▅▅	兄弟	壬戌土		
九五	▅▅▅▅▅	子孫	壬申金	世	丙子水
九四	▅▅▅▅▅	父母	壬午火		
六三	▅▅　▅▅	兄弟	丁丑土		
九二	▅▅▅▅▅	官鬼	丁卯木	應	
初九	▅▅▅▅▅	父母	丁巳火		

三月卦：春凶，夏平，秋凶，冬吉。

評曰：履者，禮也。如履虎尾，防慮宜深，堅冰之患，戒慎兢兢①。安中防危㊀，憂中望喜，眇②而能視，跛③而能履。

此卦是子路④出行卜得之，後遇虎，拔其尾也。

解曰：笠子，乃成立也。文書破，用去損也。女子，乃好也。在傘，有所庇蓋也。卓旗官人邊坐，門旗也。堠土有千里字。乃坐鎮千里候伯之任也。

如履虎尾之卦，安中防危之象。

履：履虎尾，不咥⑤人，亨。

彖曰：履，柔履剛也。說而應乎乾，是以履虎尾，不咥人，亨。剛中正，履帝位而不疚⑥，光明也。

象曰：上天下澤，履。君子以辨上下，定民志。

朱子曰：有履虎尾而不見傷之象，故其卦為履，而占如是也，人能如是，則處危而不傷矣。

注釋

①戒慎兢兢（jiè shèn jīng jīng）：警惕謹慎，小心謹慎。

②眇（miǎo）：一隻眼小。引申眼睛失明，或一目失明。

③跛（bǒ）：瘸，腿或腳有毛病。

④子路：仲由（前542～前480），字子路，又字季路，漢族，春秋末魯國卞人。是孔子的著名弟子，孔門十哲之一，少孔子九歲，也是弟子中侍奉孔子最久者。亦為《二十四孝》中為親負米的主角。參閱《史記仲尼弟子列傳》、《論語》。

⑤咥（dié）：咬；齧（niè）。

⑥不疚（jiù）：不愧。

校勘記

㈠「如履虎尾，防慮宜深，堅冰之患，戒慎兢兢。安中防危」，原本作「如履虎尾，不示其心，兢兢戒懼，視之若冰。安中慮危」，疑誤，據《卜筮全書•卦爻呈象•天澤履》原文改。

六甲旬斷

甲子旬：財旺，福德旺，事成。
甲戌旬：世空，事不成。
甲申旬：財生，病吉。
甲午旬：不利小口。
甲辰旬：鬼空，財吉。
甲寅旬：不宜訟。

日六神斷

第五爻壬申金，子孫持世。剋應。
甲乙：白虎持世，騰蛇剋世，主憂空亡。
丙丁：玄武持世，防小口災，動主失。

戊己：青龍持世，喜中有剋。
庚辛：勾陳持世，主田園爭競。
壬癸：騰蛇持世，先憂後喜。

十干詩斷

甲丙戊庚壬：見立未安身，傳此用破心，幾回驚險處，方得遇知音。
乙丁己辛癸：逢山須涉險，遇水亦當憂，得到鄉關①日，方知一尾生。

注釋

①鄉關：猶故鄉。

六爻詩斷

初九：素履，往，无咎。【吉】
象曰：素履之往，獨行願也。
詩斷：素來由正道，務實去浮囂，獨守常行理，他人莫動搖。
占斷：官事有理，謀事成，求財遂，出往吉，婚姻宜再成。

九二：履道坦坦，幽人貞吉。【吉】
象曰：幽人貞吉，中不自亂也。
詩斷：幽人能獨守，喜慶自來臨，常切提防處，他人暗地侵。
占斷：婚成，謀事宜向前，失物在，病安，訟事散。
六三：眇能視，跛能履，履虎尾，咥人凶。武人為于大君。【凶】
象曰：眇能視，不足以有明也。跛能履，不足以與行也。咥人之凶，位不當也。武人為于大君，志剛也。
詩斷：視履皆非正，乘危必見傷，有為皆不利，切戒用剛強。
占斷：不宜出往，訟宜和，謀事成，婚姻就。
九四：履虎尾，愬愬①，終吉。【吉】
象曰：愬愬終吉，志行也。
詩斷：上謹能憂懼，雖危不見傷，前程消息好，得志待春陽。
占斷：行人至。訟，用求貴人。婚不成，謀事遲。
九五：夬履，貞厲。【平】
象曰：夬履貞厲，位正當也。
詩斷：戒意無疑滯，前程速著鞭，登山並涉險，莫放馬蹄閑。

占斷：訟，他人無氣。婚必成。謀事、求財獲利也。
上九：視履考祥，其旋元吉。【大吉】
象曰：元吉在上，大有慶也。
詩斷：處事須中正，終當無後災，周旋皆中祀，百福自然來。
占斷：訟和，求財有，凡事俱吉。

注釋

①愬愬（shuò）：恐懼貌。

分類占斷

占天時：無雲無雨，其暗必久。雖有雨，乃一時之雨便晴。
占求官：求官反覆，遂而不遂，官印又未動，其事費力難。
占見貴：久望佳㊀音至，重重信又回，要求明鏡事，須待馬羊來。
占謀望：先難後易，議久再得成就。用二人，或更改求望，憂中有喜也。
占家宅：有伏屍鬼，不安。止四五人上卦，一人身欲動，路不相順。屋後有物，不潔。
占風水：有二墓上卦，一墓左畔有香火，前有路，及他人古墓在左近。有一墓低水，山是他人之山。

占婚姻：乃三四次出嫁之女，主反覆。其婦孤剋，身體長瘦，其媒婦人再說，亦可成也。

占胎產：生男，未產必生女子。秋占生男，利子不利母。

占求財：財動方有，財靜則無。用三四人同求，用木字、點水人，財食方稱遂。

占交易：事難成，牛馬猴月日方成，仍防是非口舌之事。

占田蠶：半收。

占出行：有兩處去，心下無定。大利遠行，近則有失。鬼賊相侵，仔㈡細則可。

占行人：身動，至中途又有阻，虛驚勞苦之事也。

占尋人：縱尋也不見。如要去，久成憂悶。人不來，有信亦虛，過旬未申日可行也。

占遺失：生物可尋，有小兒及帶疾人見，死物難尋。

占捕盜：盜賊易捉，在西方破古屋處可尋。

占疾病：因往西方近廟處，沖著山司、木下三聖、自縊、傷亡，攬去魂魄，或伏屍鬼為禍。

主見寒熱，心腹疼痛，行動不得，進退留連。

用設家先、木下三聖、刀兵、自縊鬼、伏屍、暗昧、傷亡、鎖甲神、五瘟神、西方土殺。

小兒用設家先、土地、五路童子、前生父母、化公化婆、鎖甲神、五瘟神、半天午酉神，送星辰。

占詞訟：乃他人來侵我，主虛，有頭無尾。

校勘記

㊀「佳」，原本作「[illegible]」，疑誤，據其文意改。

㊁「仔」，原本作「子」，疑誤，據其文意改。

風澤中孚

䷼ 巽上兌下，艮土遊魂，內卦伏藏。（艮宮遊魂卦）

爻位	卦　形	六親	納甲五行	世應	世下伏神
上九	▅▅▅▅▅	官鬼	辛卯木		
九五	▅▅▅▅▅	父母	辛巳火		
六四	▅▅　▅▅	兄弟	辛未土	世	壬午火
六三	▅▅　▅▅	兄弟	丁丑土		
九二	▅▅▅▅▅	官鬼	丁卯木		
初九	▅▅▅▅▅	父母	丁巳火	應	

八月卦：春平，夏平，秋吉，冬吉。

評曰：中孚，信也。天地養育，萬物安居，澤被草木，信及豚魚①。利涉大川，厄難消除。

此卦辛君屯邊卜得之，遂果得梅妃之信也。

解曰：望子上文書，誠心可望也。人擊拆，當預防也。貴人用繩牽鹿，保守則祿來在手也。雁銜書。主有喜信至，占者得之，大抵宜求財望事也。

鶴鳴子和之卦，事有定期之象。

中孚：豚魚吉，利涉大川，利貞。

彖曰：中孚，柔在內而剛得中，說而巽，孚乃化邦也。豚魚吉，信及豚魚也。利涉大川，乘木舟虛也。中孚以利貞，乃應乎天也。

象曰：澤上有風，中孚。君子以議獄緩死。

朱子曰：至信可感豚魚，涉險難，而不可以失其貞，故占者能致豚魚之應則吉。而利涉大川，又必利于貞也。

注釋

①豚（tún）魚：豚和魚。多比喻微賤之物。

六甲旬斷

甲子旬：財旺㊀，百事吉。

甲戌旬：內卦空，不利。

甲申旬：世空，事不成。

甲午旬：應空，他人反覆㊁。

甲辰旬：鬼空，官、病吉。

甲寅旬：不宜訟。

虎易按：「內卦空」，大約指內卦《兌》屬金，本旬申酉金空。

校勘記

㊀「財旺」，原本作「本宮旺」，疑誤，據其卦理及文意改。

㈡「他人反覆」，原本作「人口災」，疑誤，據《水雷屯・六甲旬斷》行文體例改。

日六神斷

遊魂，第四爻辛未土，兄弟持世。
甲乙：螣蛇持世，鬼合，病因酒食。
丙丁：白虎持世，病犯女鬼空亡。
戊己：玄武持世，不利財，防失脫，己日空亡。
庚辛：朱雀持世，遠信至。
壬癸：勾陳持世，留連，動損財。

十干詩斷

甲丙戊庚壬：鶴鳴和子本誠心，千里相逢自有音，所望須成圖必遂，兩重喜事在秋深。
乙丁己辛癸：預備到頭能謹備，有危終是保無危，一心常作存亡計，富貴安能事不基。

六爻詩斷

初九：虞①吉，有他不燕。【平】

象曰：初九虞吉，志未變也。
詩斷：人能專一志，吉慶萃門欄，設若有他意，終須不兼安。
占斷：謀事成，求財遂，婚成。官事，他人無氣。
九二：鳴鶴在陰，其子和之。我有好爵，吾與爾靡②之。【上吉】
象曰：其子和之，中心願也。
詩斷：千載風雲會，明良際遇③時，忠誠貫金石，君爵亦羈靡④。
占斷：訟宜和，婚姻合，病癒，謀事先破後成，求財無。
六三：得敵，或鼓、或罷、或泣、或歌。【凶】
象曰：或鼓或罷，位不當也。
詩斷：進退無誠實，悲歡亦不同，誰能知鴆毒，生向燕安⑤中。
占斷：出入不和，官事宜和，婚姻成，求財宜遲。
六四：月幾望，馬匹亡，无咎。【吉】
象曰：馬匹亡，絕類上也。
詩斷：德業將成日，聲名迥出群，風雲相際遇，一舉入青雲⑥。
占斷：官事有氣，婚成，財遂，病安，諸事吉。
九五：有孚攣⑦如，无咎。【吉】

象曰：有孚攣如，位正當也。

詩斷：上下相交係，唯當言乃孚，施為或不利，凡事保無危。

占斷：官、病凶。行人至，財不遂，失物難尋，謀事不利。

上九：翰音⑧登于天，貞凶。【平】

象曰：翰音登于天，何可長也。

詩斷：享衢方得志，聲在九霄中，知進不知退，將來反致凶。

占斷：婚成，失物在，官事有氣。

注釋

①虞（yú）：通「娛」。

②靡（mí）：共飲；共用。

③際遇：遭遇，機遇。

④羈靡（jī mí）：繫聯。

⑤燕安：安寧太平。

⑥青云：喻高官顯爵。

⑦攣（luán）：維繫，牽繫。

⑧翰（hàn）音：飛向高空的聲音。比喻徒有虛聲。

分類占斷

占天時：天色常晴不雨，卻有風，是風晴。遇亥日，恐有陰雨。

占求官：必遷高職，當有信。初九爻動，即遂之兆。

占見貴：用力可見也。

占謀望：宜木字人，或陰人，李姓者，謀之必遂。用見信方可，求之可也。

占家宅：出一異姓子，宜近竹林安居。若親生，只得一子，新添香火得力。

占風水：有兩穴在邊，有樹木、死木，亦有路，但水少。一穴乙㈠辛向，一穴丁癸向，出人主浪子也。

占婚姻：有信必真，用向前遂。有人破說，此婦有子帶來，不可信其說破者。

占胎產：本主孤獨，但得神佛上所求之子，生男，更用求福，無謀而有虛驚。上九爻動，主生女也。

占求財：卦本無財，求得且遲，亦淺薄。

占交易：宜速不宜遲。

占田蠶：半收。

占出行：必遇他人資訊可動，若再遇資訊可向前，凡事順便。

占行人：當有兩信，一信是實，一信偶然說也，亦非行人與他說。

占尋人：自身動，必有信，過初九日，其人難見，等候必自來。
占遺失：難尋，須有信息，而無分曉。如應爻動，後有真信，亦不見其物。
占捕盜：盜自當敗，亦有動，見信即堪捕捉。今在東方廟宇之處，戌亥日見。
占疾病：男吉女凶。因往東南方山林、大樹下，沖著山石樹木下神出遊，沖著馬頭，攪去魂魄。
主見寒熱往來，腹中膨脹，四肢留連。
用設家先、木下神、自縊鬼、傷亡、妖魅，解冤家呪咀，退土殺。
小兒用設五路童子、化公化婆、鎖甲神、前生父母、退土墓殺。
占詞訟：主飛來之事，宜急幹無妨，遲則有傷。用犯人主之，更防盜粘帶。

校勘記

㊀「乙」，原本脫漏，據「二十四山向」體例補入。

風山漸

☴☶ 巽上艮下，艮土歸魂，內卦出現。（艮宮歸魂卦）					
爻位	卦　形	六親	納甲五行	世應	世下伏神
上九	▅▅▅	官鬼	辛卯木	應	
九五	▅▅▅	父母	辛巳火		
六四	▅ ▅	兄弟	辛未土		
九三	▅▅▅	子孫	丙申金	世	丁丑土
六二	▅ ▅	父母	丙午火		
初六	▅ ▅	兄弟	丙辰土		

正月卦：春吉，夏吉，秋吉，冬不利。

評曰：漸者，進也。漸進之義，動靜皆宜㊀，食無求飽，款曲施為。婚姻必得，行人必歸，即日相見，開門待之。

此卦齊晏子①應舉卜得之，後果為宰相也。

虎易按：「晏子應舉」，中國的科舉制度，是始于隋唐時期的，此說有誤，供讀者參考。

解曰：一望竿在爽高處，乃求望達也。藥爐在地，預防有患也。一官人登梯，乃步雲梯也。一枝花在地上。乃下第未達之兆。

高山植木之卦，積小成大之象。

漸：女歸吉，利貞。

象曰：漸之進也，女歸吉也。進得位，往有功也。進以正，可以正邦也。其位，剛得中也。止而巽，動不窮也。

象曰：山上有木，漸。君子以居賢德善俗。

朱子曰：漸，漸進也。為卦止於下而巽於上，為不遽進之義，有女歸之象焉。又自二至五，位皆得正，故其占為女歸吉，而又戒以利貞也。

注釋

①晏子：晏嬰，字仲，謚平，也稱晏子。春秋時齊國夷維（山東高密）人，齊國大夫。西元前556年，其父晏弱死後，繼任齊卿，歷任靈公、莊公、景公三世。是春秋後期一位重要的政治家、思想家、外交家。傳世有《晏子春秋》一書。參閱《史記·管晏列傳》。

校勘記

㊀「動靜皆宜」，原本作「觸事進宜」，疑誤，據《卜筮全書·卦爻呈象·風山漸》原文改。

六甲旬斷

甲子旬：主凡事漸進。
甲戌旬：世空，謀事未成。
甲申旬：有氣，財吉。
甲午旬：病犯木下傷亡。
甲辰旬：鬼空，官、病不妨。
甲寅旬：病犯堆木之土。

日六神斷

歸魂，第三爻丙申金，子孫持世。
甲乙：勾陳持世，兄弟合，剋退財。
丙丁：螣蛇持世，主人憂。
戊己：白虎持世，憂產婦。
庚辛：青龍持世，喜中有憂。
壬癸：朱雀持世，防口舌。

十干詩斷

甲丙戊庚壬：已達平安地，前途好進程，綠楊芳草地，風快馬蹄輕。
乙丁己辛癸：已渡江邊釣，遊魚未上鉤，瀟湘一片錦，得意快心頭。

六爻詩斷

初六：鴻漸于干，小子厲，有言，无咎。【平】
象曰：小子之厲，義无咎也。
詩斷：養志在林泉，休聽諫佞言，如雲遮白日，君子道彌堅。
占斷：問官事，他有貴人。婚不成，行人至，求財無。
六二：鴻漸于磐，飲食衎衎①，吉。【吉】
象曰：飲食衎衎，不素飽也。
詩斷：淹延②鴻鵠志，今日始知安，得順扶搖便，雲程九萬傳。
占斷：此節與初六爻斷同。
九三：鴻漸于陸，夫征不復，婦孕不育，凶。利禦寇。【凶】
象曰：夫征不復，離群醜也。婦孕不育，失其道也。利用禦寇，順相保也。
詩斷：進身先大道，適出卻南轅，內外心相背，凶災不可言。

占斷：財有，官事有理，百事吉。
六四：鴻漸于木，或得其桷③，无咎。【吉】
象曰：或得其桷，順以巽也。
詩斷：已達平安地，前途可進身，木邊消息好，得意馬蹄輕。
占斷：婚，破後成。訟有氣。求財、望事吉。
九五：鴻漸于陵，婦三歲不孕，終莫之勝，吉。【吉】
象曰：終莫之勝吉，得所願也。
詩斷：久杳人通泰，前途漸坦，終須償素願，折取最高枝。
占斷：官事他勝，婚不成，謀事遂，行人至。
上九：鴻漸于陸，其羽可用為儀，吉。【上吉】
象曰：其羽可用為儀吉，不可亂也。
詩斷：人人清遠至，脫跡離塵埃，萬里人扶上，終為廊廟④材。
占斷：婚成，謀事遂，失物在，文書利，病亦安痊也。

注釋

①衎衎（kàn）：和樂貌。

②淹延：拖延。

③桷（jué）：指横平可作桷的樹枝。

④廊廟：殿下屋和太廟。指朝廷。

分類占斷

占天時：雨有三五日，雨後又晴，三旬内再雨也。

占求官：必成，宜進不宜退，文書動，印信未動㊀。如上九爻動，則易就。

占見貴：用力向前則可疑，防姓水邊、口邊之人。主口舌是非，雖有亦無妨。

占謀望：宜進不宜退，或必不遂。目下多疑，漸遂，利私不利衆。

占家宅：居上不足，用近水車邊住好，無水車則屋邊有水，人口漸有增益，未可變動，香火供養最有力，更宜作福，保家平安。

占風水：當近水，車、橋路，香火之處，或近水坑圳，前山高，進人口。

占婚姻：親事在近有二，未可相就，忌軍吏，破後成。防婦人、親戚是非，宜改舊從新，再娶則吉。

占胎産：秋生男，春夏生女，用家先、土地上求福保安。九三爻動，子母無危，若遇亥卯未日，則子母並皆亡也。

占求財：難遂，宜西北方，口字、點水人可就。
占交易：阻多，遇戊之日有三人打合。
占田蠶：平平。
占行人：漸近不遠，率舊得新，不久有信。三人中有一人先去，逢三五則圓合㊁也。
占尋人：在鄉村中有竹林、水車處。此人本身疑慮，如東西不足，亦似醉人。
占遺失：有女人得知。如生物，車、碓邊，水坑邊可尋。死物，在西南方上尋。
占捕盜：走不遠，捕者近之則見，或墳墓之所。
占疾病：因往東南方，近木、碓邊，沖者木下三聖、無頭傷亡，攬去魂魄。主見寒熱，四肢沉重，身疾頭痛，日輕夜重，留連。用設家先、山司、木下三聖、自縊、刀兵、落水傷亡、游瘟神、金神、七殺，退土煞、墓煞。小兒用設土地、前生父母、五路童子、半天午酉神、鎖甲神。
占詞訟：宜進不宜退，退則輸，進則勝。一件未散又一件，防軍卒及屠卒買賣。亥卯未日過，申酉日自身有氣。

校勘記

㊀「動」，原本脱漏，據其文意補入。
㊁「圓合」，原本作「員合」，疑誤，據其文意改。

震為雷

䷲ 震上震下，震木八純，內外出現。（六沖）（震宮首卦）

爻位	卦　形	六親	納甲五行	世應	世下伏神
上六	▅▅　▅▅	妻財	庚戌土	世	辛卯木
六五	▅▅　▅▅	官鬼	庚申金		
九四	▅▅▅▅▅	子孫	庚午火		
六三	▅▅　▅▅	妻財	庚辰土	應	
六二	▅▅　▅▅	兄弟	庚寅木		
初九	▅▅▅▅▅	父母	庚子水		

十月卦：春旺，夏平，秋平，冬半吉。

評曰：震者，動也。重雷發響，百里飛聲，無事之者，愕然①而驚。求謀未遂，官爵難成，空聞其響，不見其形。

此卦是李靖②㊀天師遇龍母借宿，替龍行雨③卜得，官至僕射④。

解曰：人在岩上立，要防險難也。一樹花開，一文書，當春之月，文字有氣。一人推車，上有文字，文字動念也。一堆錢財者。獲厚利祿之兆也。

震驚百里之卦，有聲無形之象。

震：亨。震來虩虩⑤，笑言啞啞。震驚百里，不喪匕鬯⑥。

象曰：震，亨。震來虩虩，恐致福也。笑言啞啞，後有則也。震驚百里，驚遠而懼邇⑦也。出可以守宗廟社稷，以為祭主也。

象曰：洊雷⑧，震。君子以恐懼修省。

朱子曰：震有亨道。震來，當震之來時也。虩虩，恐懼驚顧之貌。震驚百里，以雷言。不喪匕鬯，以長子言也。此卦之占，為能恐懼則致福而不失其所主之重。

注釋

①愕（è）然：驚訝貌。

②李靖：衛國景武公李靖（571年－649年7月2日），字藥師，漢族，雍州三原（今陝西三原縣東北）人。隋末唐初將領，後封衛國公，世稱李衛公。參閱《舊唐書•列傳第十七•李靖》。

③替龍行雨：典出《續玄怪錄》，參閱《太平廣記》。

④僕射：官名。秦始置，漢以後因之。漢成帝建始四年，初置尚書五人，一人為僕射，位僅次尚書令，職權漸重。漢獻

帝建安四年，置左右僕射。唐宋左右僕射為宰相之職。

⑤虩虩（xì）：恐懼貌。

⑥匕鬯（bǐ chàng）：王弼注：「匕，所以載鼎實；鬯，香酒。奉宗廟之盛也」。後因代指宗廟祭祀。

⑦邇（ěr）：近。

⑧洊（jiàn）雷：相繼而作的雷。

校勘記

㈠「靖」，原本作「靜」，疑誤，據其典故人物姓名改。

六甲旬斷

甲子旬：本宮有㈠氣。財旺，世空，謀未成，病出旬亦安。

甲戌旬：鬼空，官、病不妨。財吉利，謀望成。

甲申旬：福㈡空，財不利。

甲午旬：　應空，他人反覆㈢。

甲辰旬：財庫，不宜訟。

甲寅旬：家宅虛驚。

校勘記

㊀「有」，原本作「死」，疑誤，據其卦理及文意改。
㊁「福」，原本作「印」，疑誤，據其卦理及文意改。
㊂「應空，他人反覆」，原本脫漏，據《水雷屯•六甲旬斷》行文體例補入。

日六神斷

第六爻庚戌土，妻財持世。
甲乙：玄武持世，防失財。
丙丁：青龍持世，婚成。
戊己：朱雀持世，靜為文書，動為公訟。
庚辛：騰蛇持世，動主憂病。
壬癸：白虎持世，憂妻妾病。

十干詩斷

甲丙戊庚壬：紫府門欄特地開，恩波初逐一陽來，乘豬跨鼠當年月，從此亨光綴王階。
乙丁己辛癸：先時招悔後時震，搖乘春華始得中，鶯語來時花爛漫，後前相約自相逢。

六爻詩斷

初九：震來虩虩，後笑言啞啞，吉。【吉】
象曰：震來虩虩，恐致福也。笑言啞啞，後有則也。
詩斷：虩虩方驚慎，周旋去謹防，笑言還自適，災禍變為祥。
占斷：婚不成，病死，官事凶，行人至，失物在。
六二：震來厲，億喪貝，躋①于九陵，勿逐七日得。【平】
象曰：震來厲，乘剛也。
詩斷：震動方驚恐，資財恐有亡，升高宜遠避，事過後如常。
占斷：訟事有驚，病進。婚、謀俱成。失物亦在。
六三：震蘇蘇，震行无眚②。【平】
象曰：震蘇蘇，位不當也。
詩斷：蘇蘇如有失，心下未安寧，變動宜行遠，災消於有形。
占斷：求財遂，謀事吉，官事勝，病癒。
九四：震遂泥。【凶】
象曰：震遂泥，未光也。
詩斷：滯泥方多懼，求安事未平，中心思奮動，前路未光亨。
占斷：訟，用求他人。婚不就，求財有，出入吉。

六五：震往來厲，億无喪有事。【平】
象曰：震往來厲，危行也。其事在中，大无喪也。
詩斷：進退皆危厲，中心細忖量，治人先治己，無災亦無殃。
占斷：訟和，謀事成，失物在，遷移吉。
上六：震索索，視矍矍③，征凶。震不于其躬，于其鄰，无咎。婚媾有言。【平】
象曰：震索索，中未得也。雖凶无咎，畏鄰戒也。
詩斷：災害㊀將及己，前進卻為難，修省雖无咎，婚姻亦有言。
占斷：病不死，求財有，訟有理，行人亦至。

注釋

①躋（jī）：升，登。
②眚（shěng）：過錯，災難。
③矍矍（jué）：驚懼四顧貌。

校勘記

㊀「害」，原本作「愛」，疑誤，據其文意改。

分類占斷

占天時：當有雷鳴。初九爻動，主黑雲大雨。六三爻動，主有風雨。

占求官：春夏得之，必遷高品。秋冬得之，則難求，亦有名無聲之兆。

占見貴：應午未日可見。

占謀望：難成。遇辰巳日見，得此卦方遂，用力可成。

占家宅：東南廟寺邊，或近㊀溪處可居，有古跡靈壇相近，宅內有驚。防災，忌六畜，宜遷動，只有香火得力。

占風水：當近田水，近路。如不近水田邊，則近井地之所。乙辛㊁向，四山低。

占婚姻：有兩處說，西北方成，東南方不就。其婦紫色，性沉毒，心狠㊂剋夫。

占胎產：生男，應辰巳月，生時有驚恐。六三爻動，產母有難。初六爻動，主傷子。

占求財：動有靜無，宜速不宜遲，應申酉日見。

占交易：應午未日成，宜與人共，方免是非。

占田蠶：大熟。

占行人：身難動，亦未便見。辰卯日占此卦，必有信至。二三人在途，遇同伴亦多，無凶險也。

占尋人：內外身皆動，可向東方，中途遇見，有和合，有商量，有吉無凶。

占遺失：東西二方尋之，卯酉戌日見。

占捕盜：西南方可捉，但有一驚，其盜常動，終得見，無妨。
占疾病：因往西南方庵廟前，沖著刀兵傷亡、南方廟司大王、草野①五道、木下三聖、山司，攬去魂魄。或古墓伏屍，或路中得驚成病。
主見寒熱，骨節疼痛，血氣攻上，血脈不調。
用設家先、刀兵傷亡、木下三聖、南方廟司大王、五道神、游瘟神、鎖甲神、騰蛇、白虎。
小兒用設前生父母、五路童子、化公化婆、半天午酉神、退土殺。
占詞訟：唇吻中有驚，和勸亦反覆，無大害。用兩口、木字姓為貴人。

注釋

①草野：荒野。鄉野、民間。

校勘記

㊀「近」，原本作「點」，疑誤，據其文意改。
㊁「辛」，原本作「庚」，疑誤，據「二十四山向」體例改。
㊂「狠」，原本作「散」，疑誤，據其文意改

雷地豫

䷏震上坤下，震木一世，外卦出現。（六合）（震宮第二卦）					
爻位	卦　形	六親	納甲五行	世應	世下伏神
上六	▅▅　▅▅	妻財	庚戌土		
六五	▅▅　▅▅	官鬼	庚申金		
九四	▅▅▅▅▅	子孫	庚午火	應	
六三	▅▅　▅▅	兄弟	乙卯木		
六二	▅▅　▅▅	子孫	乙巳火		
初六	▅▅　▅▅	妻財	乙未土	世	庚子水

五月卦：春平，夏吉，秋吉，冬凶。

評曰：豫者，悅也。雷出於地，開蟄鼓翼，天地順動，日時不忒。先王制禮，殷薦崇德，凡事無疑，上下悅懌①。

此卦諸葛孔明②討南蠻③卜得之，便知必勝也。

解曰：兩重山，乃出也。官人在中，出求貴也。一祿一馬，乃祿馬運動也。金銀數錠，錢一堆者。乃厚獲錢鈔無數也。占者得之，求財遇貴之兆。

鸞鳳生雛④之卦，萬物發榮之象。

豫：利建侯行師。

象曰：豫，剛應而志行，順以動，豫。豫順以動，故天地如之，而況建侯行師乎？天地以順動，故日月不過，而四時不忒。聖人以順動，則刑罰清而民服。豫之時義大矣哉。

象曰：雷出地奮，豫。先王以作樂崇德，

殷薦之上帝，以配祖考。

朱子曰：豫，和樂也。人心和樂，以應其上也。又以坤遇震，為順以動，故其卦為豫，而其占利以立君用師也。

注釋

①悅懌（yuè yì）：歡樂，愉快。

②諸葛孔明：諸葛亮（181—234），字孔明，號臥龍，琅邪陽都人。三國時期蜀漢丞相。參閱《三國誌・蜀書五・諸葛亮傳》。

③南蠻：古稱南方的民族及其居住的地方。

④鸞（luán）鳳生雛（chú）：鸞鳥與鳳凰所生幼小的鳥。

六甲旬斷

甲子旬：內財臨世外財空，身無氣，病吉。

甲戌旬：鬼空，病寅午戌日退。
甲申旬：世空，病忌巳酉丑日進不安。
甲午旬：世應旺合，百事大吉㈠。
甲辰旬：兄弟空，財吉，訟不利。
甲寅旬：官無氣㈡，病吉，財不利。

校勘記

㈠「世應旺合，百事大吉」，原本作「財空，事反覆」，疑誤，據其卦理及文意改。
㈡「官無氣」，原本作「官」，疑誤，據其卦理及文意改。

日六神斷

初爻乙未土，妻財持世。
甲乙：青龍持世，婚姻、財喜。
丙丁：朱雀持世，爭財得理。
戊己：勾陳持世，靜主為事留連。
庚辛：白虎持世，並吉破財，並凶主孝服。
壬癸：玄武持世，動主逃亡、失財之憂。

十干詩斷

甲丙戊庚壬：任穩心休息，身安務見機，門前有暴客①，早備不宜遲。

乙丁己辛癸：一卷文書未得圓，翻來覆去致淹延，未迎貴客如開眼，方得從初事再全。

注釋

①暴客：盜賊。

六爻詩斷

初六：鳴豫，凶。【凶】

象曰：初六鳴豫，志窮凶也。

詩斷：多言成口過，凶禍必相臨，得寵不思辱，無防暴客侵。

占斷：求財、望事吉。行人不至，訟勝，失物在。

六二：介于石，不終日，貞吉。【吉】

象曰：不終日，貞吉，以中正也。

詩斷：悅豫防耽戀，虧因滿所招，知幾①堅守正，思不待終朝。

占斷：謀事、求財宜進前。官事，求他人方散。

六三：盱②豫，悔，遲有悔。【平】
象曰：盱豫有悔，位不當也。
詩斷：謀望無所遂，須當亟改圖，莫懷猶豫志，无悔亦無災。
占斷：詞訟凶，行人至，出往不利，求財無，謀不成。
九四：由豫，大有得。勿疑，朋盍簪③。【吉】
象曰：由豫大有得，志大行也。
詩斷：文字重重喜，聲名漸漸高，推誠遇知己，提挈出塵埃。
占斷：官事他有氣，婚成，謀事遂，疾病留連。
六五：貞疾，恒不死。【凶】
象曰：六五貞疾，乘剛也。恒不死，中未亡也。
詩斷：宴安附逸豫，鴆毒已中藏，懦弱不能振，因循幸未亡。
占斷：官事宜和，婚姻宜進步方成，求財必利，謀望必得之兆。
上六：冥豫④，成有渝，无咎。【平】
象曰：冥豫在上，何可長也？
詩斷：逸豫方耽樂，昏冥致敗亡，幡然能改志，遷喜獲休祥。
占斷：官事有頭無尾，行人立待而至之兆也。

注釋

①知幾：謂有預見，看出事物發生變化的隱微徵兆。
②盱（xū）：睜大眼睛。
③盍簪（hé zān）：孔穎達疏：「群朋合聚而疾來也」。後以指士人聚會。
④冥豫（míng yù）：謂耽於逸樂。

分類占斷

占天時：當晴無雨。如六二爻動，則主風晴。六爻俱動，亦無雨。
占求官：可進步求之，但目下無。文書無氣，用遲可成。
占見貴：不必更躊躇，高人託不虛，雙雲足下起，指日駕金車。只宜速行。
占謀望：成。亦主他就我，我不要就他，他自著緊。
占家宅：或有茅屋、竹門扇處，破損難補，不久當改。
占風水：近人家有水火，或無水，不近人家，亦有香火之所，出人必能手藝。
占婚姻：成就，但傷夫主，其婦有子隨嫁。
占胎產：生女之兆，夏則生男，產母恐有小災為禍。
占求財：逢四五則吉，有兩重財。更有他人用力，財雖難入手，亦穩。

占交易：宜秋成，貴人得力，午未日見。
占田蠶：熟。蠶用西方有孝服人家取種吉。
占出行：身未動，必久有人來，方可出往。不可與體弱、破相人同事，當有不足。
占行人：不久便回，略有失，甲戌日占此斷。他日占，失中有驚。若申酉日，則見行人在外吉。
占尋人：他人自來相尋，有好事利己身，先見信，後和合，不須疑。
占遺失：或小屋、或亭舍，間有奴婢人見，問小兒得知，其物多青白色也。
占疾病：因往東南方旺處回歸，沖著山司、木下神、東方山神、土地、攬去魂魄為禍。主見咽喉痛，氣急咳嗽，骨節疼痛，外冷內熱。用設家先、送外姓家先、刀兵傷亡、草野五通神①、半天午酉神、暗身鬼、本里神，謝灶司。小兒用設家先、五路童子、傷亡鬼、半天午酉神，退土煞吉。
占詞訟：有頭無尾，不見官，只是破財，亦主有別人連累。逢己丑日，有舉動驚恐。

注釋

①五通神：舊時江南民間供奉的邪神。傳說為兄弟五人。其別稱甚多，有「五通」、「五聖」、「五顯靈公」、「五郎神」、「五猖」等。唐宋時即有之。

雷水解

䷧震上坎下，震木二世，外卦出現。（震宮第三卦）

爻位	卦　形	六親	納甲五行	世應	世下伏神
上六	▅▅　▅▅	妻財	庚戌土		
六五	▅▅　▅▅	官鬼	庚申金	應	
九四	▅▅▅▅▅	子孫	庚午火		
六三	▅▅　▅▅	子孫	戊午火		
九二	▅▅▅▅▅	妻財	戊辰土	世	庚寅木
初六	▅▅　▅▅	兄弟	戊寅木		

十二月卦：春平，夏吉，秋凶，冬不利。

評曰：解者，散也。出於險難，惡事消散，獄訟可釋㊀，共相歌贊。婚不和諧，人如隔面，久患在床，今當冰泮①㊁。

此卦項羽受困垓下②㊂卜得之，後果士卒潰散也。

解曰：旗上提字，乃奏功也。一刀插地，演武也。一兔走，無疑也。貴人雲中，步雲梯。一雞在邊鳴，聲聞遠也。道士手指門，身入天門也。道人獻書。因上表章，得功勳之兆。

春雷行雨之卦，憂散喜生之象㊃。

解：利西南。無所往，其來復吉。有攸往，夙③吉。

彖曰：解，險以動，動而免乎險，解。解利西南，往得眾也。其來復吉，乃得中也。有攸往夙吉，往有功也。天地解而雷雨作，雷雨作而百果草木皆甲坼④，解之時大矣哉。

象曰：雷雨作，解。君子以赦過宥罪⑤。

朱子曰：解，難之散也。居險能動，則出於險之外矣，解之象也。難之即解，利於平易安靜，不欲久為煩擾。且其卦自《升》來，三往居四，入於坤體，二居其所，而又得中，故利於西南平易之地，若無所往，則宜來復其所而安靜。若尚有所往，則宜早往復，不可久煩擾也。

注釋

①冰泮（bīng pàn）：指冰開始融解，也比喻瓦解、消失。

②項羽受困垓（gāi）下：參見「項王」注釋。參閱《史記·項羽本紀》。

③夙（sù）：早。

④甲坼（chè）：謂草木發芽時種子外皮裂開。

⑤赦（shè）過宥（yòu）罪：謂赦免過錯，寬恕罪行。

校勘記

㈠「獄訟可釋」，原本作「獄訟無休」，疑誤，據《卜筮全書·卦爻呈象·雷水解》原文改。

㈡「婚不和諧，人如隔面，久患在床，今當冰泮」，原本作「憂財不集，人有隔面，久在床枕，今無病患」，疑誤，據《卜筮全書·卦爻呈象·雷水解》原文改。

㈢「垓下」，原本作「垓心」，疑誤，據其典故地名改。

㈣「春雷行雨之卦，憂散喜生之象」，原本脫漏，據《卜筮全書·卦爻呈象·雷水解》原文補入。

六甲旬斷

甲子旬：外財空㈠，謀望空，病午戌日瘥。

甲戌旬：鬼空亡，財吉。

甲申旬：福德空亡，鬼旺。

甲午旬：世空，失財。

甲辰旬：兄弟空，財吉㈡。

甲寅旬：身有氣，謀遂，病不妨。

校勘記

㈠「外財空」，原本作「外財吉」，疑誤，據其卦理及文意改。

㈡「兄弟空，財吉」，原本作「本宮空」，疑誤，據其文意改。

日六神斷

第二爻戊辰土，妻財持世。

甲乙：朱雀持世，並吉文字占，並凶主口舌、公事。

丙丁：勾陳持世，靜主財遲，動主口舌。

戊己：螣蛇持世，多憂驚。

庚辛：玄武持世，防盜。

壬癸：青龍持世，身吉，謀成。

十干詩斷

甲丙戊庚壬：本是龍門客①，年來始跨鯨，瀛洲②㈠留不住，金殿作公卿。

乙丁己辛癸：謝家台館久荒涼，一日東君信又還，攜手幾人同賞外，笙歌鼎沸不教閑。

注釋

①龍門客：據南朝宋劉義慶《世說新語·德行》載，李膺不妄交接，有被其容接者為登龍門。後因稱高門上客為「龍門客」。

②瀛洲（yíng）：傳說中的仙山。

校勘記

㊀「瀛州」，原本作「贏洲」，疑誤，據其地名改。

六爻詩斷

初六：无咎。【吉】

象曰：剛柔之際，義无咎也。

詩斷：患難方初解，安寧無事時，貴人相應接，无咎得其宜。

占斷：婚不成，失物在，出往吉，官事無氣。

九二：田獲三狐，得黃矢，貞吉。【吉】

象曰：九二貞吉，得中道也。

詩斷：奸邪能害正，媚惑信如孤，中直行其道，安然吉有餘。

占斷：官事我有氣，病患安，文書成就。
六三：負且乘，致寇至，貞吝。【吉】
象曰：負且乘，亦可丑也。自我致戎，又誰咎也。
詩斷：小人當負荷，乘馬反為憂，自我招戎寇，雖貞亦可羞。
占斷：婚進前，謀事成，財有，出往吉，訟宜求他。
九四：解而拇①，朋至斯孚。【平】
象曰：解而拇，未當位也。
詩斷：解散奸邪党，朋來正直人，信誠相應接，災散福來臻。
占斷：病不死，宜尋人。婚姻、求財、望事皆吉。
六五：君子維有解，吉，有孚于小人。【吉】
象曰：君子有解，小人退也。
詩斷：險難今消散，雲開見日明，自然無阻滯，何事不光亨。
占斷：官事漸散，病無大凶，婚必成，求財必利。
上六：公用射隼②于高墉③之上，獲之，无不利。【吉】
象曰：公用射隼，以解悖④也。
詩斷：射隼高墉上，從今獲大功，待時而後動，盡在指揮中。
占斷：望事順。訟，他必求我，終和。婚必成，出往吉。

注釋

①拇（mǔ）：手大指。
②射隼（sǔn）：隼，一種兇猛的鳥。後即以「射隼」為待機殲敵之喻。
③高墉（yōng）：城牆，高牆。
④解悖（bèi）：解決叛亂。

分類占斷

占天時：主有連日之雨，更主人口有風雷驚恐，風方住，又雨下。
占求官：用三五次求方可，亦有仕人阻隔，有兩貴人為主，帶口者得力，應在巳酉日。
占見貴：即可遂也。
占謀望：未遂，鬼賊阻隔，因多口，被人說破。
占家宅：人離，宜改換，再得和合。
占風水：主古墳有損人口，甲庚向，若非崩敗，即當改了再葬，左邊有碎石。
占婚姻：難成，久後有破相人說。有鬼賊，不為害，宜向前無阻，逢申酉日，則必然遂也。
占胎產：生男，又主雙生之兆。

占求財：向西北方三次求，亦先自破二三分，後方得七八分，五日宜求。
占交易：有些阻隔，終久成也。
占田蠶：蠶用屠戶、造酒人家求種。
占出行：雖遲亦順，一去頗利，其身財少，中途防人算，免口舌。
占行人：欲回不回，似有災也。或知識人相留，又有喜。失財，有阻難回。
占尋人：不利本身，他人亦有隱藏，別託一人方見，自尋有阻。
占遺失：在籬壁下，有四足物遮藏，未得見。如生物，可去荒丘、古墓、枯樹下尋，見亦不全也。
占捕盜：難捉，縱捉得又被他走。如庚辛日占之，方許走了再又捉得之兆。
占疾病：因往西北方，沖著刀兵傷亡、草野五通，攬去魂魄。主見寒熱胸膛，咽喉咳嗽，嘔吐不利。用設家先、刀兵傷亡、草野五通、竹木二奴、五瘟神，退土墓殺。小兒用設前生父母、五路童子、半天午酉神、床公床母，送星辰，退土殺。
占詞訟：雖不成事，亦主留連，欲散不散，見官無事，三五次變動亦不害。須用過丑未日，方有分明。他人亦有連累，忌四八月。

雷風恒

䷟震上巽下，震木三世，外卦出現。（震宮第四卦）					
爻位	卦　形	六親	納甲五行	世應	世下伏神
上六	▅▅　▅▅	妻財	庚戌土	應	
六五	▅▅　▅▅	官鬼	庚申金		
九四	▅▅▅▅▅	子孫	庚午火		
九三	▅▅▅▅▅	官鬼	辛酉金	世	庚辰土
九二	▅▅▅▅▅	父母	辛亥水		
初六	▅▅　▅▅	妻財	辛丑土		

正月卦：春吉，夏凶，秋失財，冬平。

評曰：恒者，久也。恒久安靜，不動為良，四時變化，天道之常。日月運轉，普照其光，君子以立，不易其方。

此卦宋王奪韓憑㊀妻①卜得之。

解曰：日在雲中，太陽正照也。鳳銜書，詔書也。官人行路，遇貴人也。道士手指門，身入天門也。鼠下兩口。主子月日時官人回，可立待也。

日月常明之卦，四時不忒②㊁之象。

恒：亨，无咎，利貞，利有攸往。

彖曰：恒，久也。剛上而柔下，雷風相與。巽而動，剛柔皆應，恒。恒，亨，无咎，利貞，久于其道也。天地之道，恒久而不已也。利有攸往，終則有始也。日月得天而能久照，四時變化而能久成。聖人久于其道，而天下化成。觀其所恒，而天地萬物之情可見矣。

象曰：雷風恒，君子以立不易方。

朱子曰：恒，常久也。其占為能久于其道，則亨而无咎。然又必利於守貞，則乃為得所常久之道，而利有所往也。

注釋

①宋王奪韓朋妻：相傳戰國時宋康王見舍人韓憑的妻子何氏美貌，就把何氏霸占過來，為此韓憑夫婦雙雙殉情自殺。參閱《搜神記》。

②四時不忒（tè）：指春夏秋冬四時沒有變更，沒有差錯。

校勘記

㊀「憑」，原本作「朋」，疑誤，據其典故人物姓名改。

㊁「忒」，原本作「沒」，疑誤，據《卜筮全書·卦爻呈象·雷風恒》原文改。

六甲旬斷

甲子旬：應㊀空，求人反覆，財旺。
甲戌旬：世空，事不成。
甲申旬：福德空，病，家先有願。
甲午旬：身旺，病、訟吉。
甲辰旬：財入庫，吉。
甲寅旬：內㊁財空亡，病不妨。

校勘記

㊀「應」，原本作「印」，疑誤，據其卦理及文意改。後文遇此字，均依此例改作，不另作校勘說明。
㊁「內」，原本脫漏，據其卦理及文意補入。

日六神斷

第三爻辛酉金，官鬼持世。
甲乙：勾陳持世，有田園官事。

丙丁：騰蛇持世，怪異驚恐，先憂後吉。
戊己：白虎持世，動主外服。
庚辛：青龍持世，婚姻成。
壬癸：朱雀持世，官事勝。

十干詩斷

甲丙戊庚壬：貴人相接引，不久到天關，險難從茲脫，榮華出等閒。
乙丁己辛癸：鳳引雛飛入九霄，羨從雲路去迢迢，翱翔得遇西風便，從此升騰總不勞。

六爻詩斷

初六：浚恒①，貞凶无攸利。【平】
象曰：浚恒之凶，始求深也。
詩斷：平勢相交際，旗臨萬仞②淵，求深凶更甚，退避可安然。
占斷：婚成。訟，我強他弱。求財、望事皆遂。
九二：悔亡。【平】
象曰：九二悔亡，能久中也。
詩斷：人存中正德，守己自安常，久久行其道，終身悔吝亡。

占斷：求財順，望事成，婚不就，病者癡。
九三：不恒其德，或承之羞，貞吝。【凶】
象曰：不恒其德，无所容也。
詩斷：往北元無益，依南卻未安，居貞圖久計，盡可利盤桓。
占斷：訟，他有理。病凶，婚不成，求望不利。
九四：田无禽。【凶】
象曰：久非其位，安得禽也？
詩斷：畋㊀獵猶無獲，求謀盡未通，枉勞心計較，雖久亦無綜。
占斷：此節依前初六爻同斷。
六五：恒其德，貞。婦人吉，夫子凶。【平】
象曰：婦人貞吉，從一而終也。夫子制義，從婦凶也。
詩斷：婦道宜貞一，恒能善順從，丈夫當果決，柔順反為凶。
占斷：官事可和，婚成，失物在，求財有。
上六：振恒，凶。【凶】
象曰：振恒在上，大无功也。
詩斷：處恒宜靜守，振作大無功，操動多更變，將來反變凶。
占斷：訟事我有氣，婚姻成，求財大吉，行人亦至也。

注釋

①浚（jùn）恒：謂求之太過，超出恒常。

②仞（rèn）：古代長度單位。周製八尺，漢製七尺。

校勘記

㈠「畋」，原本作「田」，疑誤，據其文意改。

分類占斷

占天時：久雨，逢巳午日方晴。

占求官：必遂，亦當其職久遠之，此處卻自有些阻，無慮，應寅卯日。

占見貴：文書宜和，防人反覆不足，午酉日成。

占謀望：利小得大，望大得小。主口舌、市井、公門中可許，遇貴向前。鬼賊有，不為災。

占家宅：有水處是，或市井居，只宜守舊。

占風水：墓前有水及人家，如無水，亦主升騰有路。

占婚姻：初婚口舌，長婚則成。此婦身矮，得一小兒婦，或是孝服後嫁，只宜娶市井中女為妻。

舌之兆。

占胎產：生男，孕婦有難不得安。出門，如酉日占之，免驚。

占求財：市井中求則易，鄉村下求難。或就手藝人處求之，可許五分，勞心費力，有口

占交易：貴人得力扶持，不久即成。

占田蠶：大熟。

占出行：不利，恐有口舌，粘帶破財，只宜間道行，亦防侵算。

占行人：從小路來，入於市井。有口舌，只得貴人和解。

占尋人：宜緩著，免煩惱，若欲速，可同二人去方好。

占遺失：其物出於外，在西南方小林，亦有小口得見。如生氣物，在林野之中。

占捕盜：難捉，要過三日，遠則三年，方有分曉。

占疾病：因往西北方，沖著刀兵傷亡、自縊鬼，攪去魂魄，賣與半天午酉神。主見先寒後熱，四肢沉重，腹中翻吐。若正、五月占，主血膿之災。用設家先、刀兵、自縊、血光神、半天午酉神、鎖甲神，謝灶司，還舊願，送白虎，喪門、弔客。

小兒用設前生父母、五路童子、化公化婆、半天午酉神、鎖甲神及退土殺。

占詞訟：因小可口舌起，有驚無害，得口字姓貴人力，忌西南人為鬼。

地風升

䷭ 坤上巽下，震木四世，內卦伏藏。（震宮第五卦）

爻位	卦　形	六親	納甲五行	世應	世下伏神
上六	▅▅　▅▅	官鬼	癸酉金		
六五	▅▅　▅▅	父母	癸亥水		
六四	▅▅　▅▅	妻財	癸丑土	世	庚午火
九三	▅▅▅▅▅	官鬼	辛酉金		
九二	▅▅▅▅▅	父母	辛亥水		
初六	▅▅　▅▅	妻財	辛丑土	應	

八月卦：春吉，夏吉，秋平，冬平。

評曰：升者，進也。木生於土，萌芽漸長，積小成大，升進而上。宜見王公，利有攸往，出暗向明，亨通之象。

此卦房玄齡①去蓬萊採藥未回卜得之，知主不怪也。

虎易按：「房玄齡去蓬萊採藥」，史書無記載，或為民間傳說。

解曰：雲中雨點下，恩澤霑沛也。太匠下墨解木，須憑雕刻方成器也。一人磨鏡，乃有漸漸分明之象。一架子有鏡。乃無瑕疵，無垢穢也。

靈鳥翱翔之卦，顯達光明之象㈠。

升：元亨，用見大人，勿恤，南征吉。

象曰：柔以時升，巽而順，剛中而應，是以大亨。用見大人，勿恤，有慶也。南征吉，志行也。

象曰：地中生木，升。君子以順德，積小以高大。

朱子曰：升，進而上也。卦自解來，柔上居四，內巽外順，九二剛中而五應之，是以其占如此。南征，前進也。

注釋

①房玄齡：房玄齡（579年－648年8月18日），名喬，字玄齡。唐代齊州臨淄（今山東濟南）子。唐朝初年名相。房玄齡18歲時本州舉進士，授羽騎尉。在渭北投秦王李世民後，為秦王參謀劃策，典管書記，是秦王得力的謀士之一。唐武德九年（626年），他參與玄武門之變，與杜如晦、長孫無忌、尉遲敬德、侯君集五人並功第一。唐太宗李世民即位後，房玄齡為中書令；貞觀

三年（629年）二月為尚書左僕射，貞觀十一年（637年）封梁國公，貞觀十六年（642年）七月進位司空，仍綜理朝政。貞觀二十二年七月廿四癸卯日（648年8月18日），房玄齡病逝，諡文昭。參閱《舊唐書•列傳第十六•房玄齡》。

校勘記

㈠「靈鳥翱翔之卦，顯達光明之象」，原本作「高山植木之卦，積小成大之象」，疑誤，據《卜筮全書•卦爻呈象•地風升》原文改。

六甲旬斷

甲子旬：父母空，鬼衰，財旺，病出旬瘥。

甲戌旬：鬼空，官、病吉。

甲申旬：本宮絕。

甲午旬：本宮死，病不妨，財吉。

甲辰旬：財吉，病吉。

甲寅旬：財世應㈠空亡，人事反覆。

校勘記

㈠「應」，原本脫漏，據其卦理及文意補入。

日六神斷

第四爻癸丑土，妻財持世。

甲乙：騰蛇持世，怪憂，驚憂，防婦人口舌。

丙丁：白虎持世，女人凶。

戊己：玄武持世，陰私，財物吉，舍主盜賊。

庚辛：朱雀持世，吉為文字，凶致爭。

壬癸：勾陳持世，財物淹滯。

十干詩斷

甲丙戊庚壬：自下升高必自梯，因人借力更無疑，鼠牛若到逢龍地，獨把絲綸亦未遲。

乙丁己辛癸：攸往利東南，青天日正明，命亨實自去，名利自然成。

六爻詩斷

初六：允升，大吉。【吉】
象曰：允升大吉，上合志也。
詩斷：同志相資助，惟當順聽從，前途無空礙，吉慶大亨通。
占斷：官事他無氣，婚成，求財遂。
九二：孚乃利用禴，无咎。【吉】
象曰：九二之孚，有喜也。
詩斷：處事無虛誕，常存誠敬心，非惟災可免，隨有喜來臨。
占斷：謀事成，求財順，官事散，病癒，出入吉利。
九三：升虛邑。【吉】
象曰：升虛邑，无所疑也。
詩斷：上下相交接，前程事事宜，自然無阻滯，吉慶更何疑。
占斷：訟凶，求財不遂，望事不成，行人至，婚不利。
六四：王用亨于岐山，吉，无咎。【吉】
象曰：王用亨于岐山，順事也。
詩斷：順下兼親上，謙恭德有容，所為無過咎，吉慶每相隨。

占斷：求財、望事遂。婚不成，訟事有理，病無凶。
六五：貞吉，升階。【吉】
象曰：貞吉升階，大得志也。
詩斷：與人同用事，貞固足相憑，得志行其道，如階可進身。
占斷：訟未散，病未安，婚不成。求財、望事不利。
上六：冥升，利于不息之貞。【平】
象曰：冥升在上，消不富也。
詩斷：冥升如不止，雖富亦消亡，知進當知退，臨危不致殃。
占斷：訟喜剋他人，行人至，婚不成，望事不遂。

分類占斷

占天時：雲漸收，雨將止，應在辰子日大晴也。
占求官：宜用力進步，巳卯日得就。其餘日占之，不宜進步。
占見貴：可進不可退，必有榮順之兆。
占謀望：時下未遂，終得成就。兩人幹事，待一人身動方可，心急事遲。
占家宅：有井水處可居，人口添進，破瓶鐵器為怪。

占風水：有水處，乙辛向，前有大路，後有石橋木也。
占婚姻：乃是兩婚，可向前。用改一女，別有說方成就。用過二十後，三十前方備。
占胎產：生女，胎動。宅居不宜修，必有犯，致傷產母。
占求財：小求大得，用久遠方遂。一人求，二人望，三人等，財有兩處，無慮。
占交易：多有利，宜應亥卯未日。
占田蠶：平平。
占出行：說動不動，久方得行。利北方，宜進不宜退，凡事遂意也。
占行人：身當動，不從大路歸，亥子日見。
占尋人：身動則見，但恐自身有阻，與他人同去則可，宜向西北方。
占遺失：在西南方。死物在房中，宜向西北方床凳下尋。生物在園籬中木處。
占捕盜：宜急捉方得見，子丑日敗，在西南方，人煙旺處可尋。
占疾病：因往西北方旺處寺邊，十字路頭，沖著刀兵傷亡、草野五通，攪去魄魂。
主見頭痛嘔吐。
用設家先、刀兵傷亡、草野五通、山神、土地、古跡靈壇、伏屍鬼、鎖甲神，還舊願，謝灶司。
小兒用設前生父母、五路童子、鎖甲神、半天午酉神、五瘟神、年王月將，用送星辰方痊。
占詞訟：宜進不宜退，終無大害，但防草木姓人為鬼。

水風井

䷯ 坎上巽下，震木五世，內卦伏藏。（震宮第六卦）

爻位	卦形	六親	納甲五行	世應	世下伏神
上六	▅▅ ▅▅	父母	戊子水		
九五	▅▅▅▅▅	妻財	戊戌土	世	庚申金
六四	▅▅ ▅▅	官鬼	戊申金		
九三	▅▅▅▅▅	官鬼	辛酉金		
九二	▅▅▅▅▅	父母	辛亥水	應	
初六	▅▅ ▅▅	妻財	辛丑土		

三月卦：春凶，夏災，秋吉，冬有氣。

評曰：井者，靜㊀也。邑乃可改，井不可移，安身勿動，守道無虧。所作於人，且宜修之，逃亡難得，應沒還期。

此卦楊貴妃①私與安祿山②為事卜得之，反受其害也。

解曰：金甲神執符，隆瑞也。女子抱合，好合也。錢寶有光起，錢財有氣也。人落井中，乃遭陷也。官人用繩引出。乃遇貴人，得脫險難，離災厄也。

珠藏深淵之卦，守靜安常之象。

井：改邑不改井，無喪無得，往來井井。汔③至，亦未繘④井，羸其瓶凶。

彖曰：巽乎水而上水，井。井養而不窮也。改邑不改井，乃以剛中也。汔至，亦未繘井，未有功也。羸其瓶，是以凶也。

象曰：木上有水井，君子以勞民勸相。

朱子曰：井者，穴地出水之處。以巽木入乎坎水之下，而上出其水，故為井。改邑不改井，故無喪無得。而往者來者，皆並其井也。

注釋

①楊貴妃：楊玉環（西元719年－西元756年）：號太真。被後世譽為中國古代四大美女之一。她先為唐玄宗兒子壽王李瑁王妃，受令出家後，又被公爹唐玄宗冊封為貴妃。天寶中，范陽節度使安祿山大立邊功，上深寵之。祿山來朝，帝令貴妃姊妹與祿山結為兄弟。天寶十五載（756年），安祿山發動叛亂，隨李隆基流亡蜀中，途經馬嵬驛，於六月十四日，在馬嵬驛死於亂軍之中，香消玉殞。參閱《舊唐書·列傳第一·後妃上》。

②安祿山：營州（今遼寧朝陽）人，營州柳

城雜種胡人也，本無姓氏，名軋犖山。少孤，年十餘歲，遂與安思順等約為兄弟，從此即冒姓安氏，名祿山。安祿山是唐代藩鎮割據勢力之一的最初建立者，也是安史之亂的禍首之一，並建立燕政權，年號聖武。參閱《舊唐書・列傳第一百五十・安祿山》。

③汔（qì）：水乾涸。

④繘（jú）：井上汲水的繩索。

校勘記

㊀「靜」，原本作「盡」，疑誤，據《卜筮全書・卦爻呈象・水風井》原文改。

六甲旬斷

甲子旬：外財空，求財費力，本宮無氣。

甲戌旬：鬼空，官、病不為害。

甲申旬：鬼旺，病不利㊀。

甲午旬：福德旺，病瘥㊁。

甲辰旬：財旺，病謝神吉㊂。

甲寅旬：內㊃財空亡。

校勘記

㊀「鬼旺，病不利」，原本作「福德旺，病瘥」，疑誤，據其卦理及文意改。
㊁「甲午旬：福德旺，病瘥」，原本脫漏，據其卦理及文意補入。
㊂「吉」，原本作「旺」字，疑誤，據其文意改。
㊃「內」，原本脫漏，據其卦理及文意補入。

日六神斷

第五爻戌土，妻財持世。
甲乙：白虎持世，第四爻動，防口舌、公訟。
丙丁：玄武持世，病者吉。
戊己：青龍持世，主孕，喜事。
庚辛：勾陳持世，凡事未利。
壬癸：螣蛇持世，動憂驚。

十干詩斷

甲丙戊庚壬：九仞①功成後，千山步不勞，要逢歡樂地，先必見英豪。
乙丁己辛癸：暗中為陷阱，江上近風波，汲水如逢貴，亨通出網羅。

注釋

①九仞：周製六十三尺。漢製七十二尺。常用以形容極高或極深。

六爻詩斷

初六：井泥不食，舊井无禽。【凶】

象曰：井泥不食，下也。舊井无禽，時舍也。

詩斷：下流歸眾惡，舊習絕新功，時舍人皆棄，修藏免致凶。

占斷：官事，我剋他。求財、望事皆利。行人未至之兆。

九二：井谷射鮒①，甕②敝③漏。【凶】

象曰：井谷射鮒，无與也。

詩斷：居貞無應接，困辱更何危，井以清為貴，人當戒妄求。

占斷：訟有理，病不死。宜求財、望事，破而後成之兆。

九三：井渫不食④，為我心惻。可用汲，王明，並受其福。【吉】

象曰：井渫不食，行惻也。求王明，受福也。

詩斷：有財能濟用，時未利施為，一旦㊀逢知己，求為福慶基。

占斷：訟凶，求財無，行人至，謀事難成，失物空。

六四：井甃⑤，无咎。【吉】

象曰：井甃无咎，修井也。

詩斷：井甃為自治，潔己待時來，自守安天命，終焉无咎災。

占斷：訟，他有氣。出入吉，凡事平。

九五：井洌⑥，寒泉食。【吉】

象曰：寒泉之食，中正也。

詩斷：能存清儉德，天必降休祥，人自求諸己，施為萬事昌。

占斷：求財遂，望事宜遲。訟，他人有氣。

上六：井收勿幕，有孚元吉。【吉】

象曰：元吉在上，大成也。

詩斷：博施無慳吝，中心貴信機，有常無厭倦，元吉大亨通。

占斷：出往吉，謀事成，求財十分。訟，我無氣。病不死。

注釋

①鮒（fù）：蛤蟆。

②甕（wèng）：汲水罐。

③敝（bì）：破舊。
④渫（xiè）：淘，淘去泥汙。
⑤井甃（zhòu）：修井。
⑥冽（liè）：寒冷。王弼注：冽，潔也。

校勘記

㊀「旦」，原本作「且」，疑誤，據其文意改。

分類占斷

占天時：風雨同行，二十日後不晴，更在四十日過，得大晴也。
占求官：求不遂，空勞力，主見破財口舌。
占見貴：恐有阻之兆。
占謀望：用二人，只是見信，亦不來。後雖成，虛多實少。
占家宅：山在屋頭，溝水不流，或左右更有小屋，前有塘園、水溝，在宅不安，人口有虛驚，卻無大事。五人上卦，一人空亡。
占風水：在園中，只有一二根樹，坤艮向。本出五人，遇空亡，只有二子也。

占婚姻：久說方成，開而再合，用換一人為媒方成。就親戚家門首有井處，則是事務遲也。
占胎產：生男。欲產不產，防產母災，祈福保之可免。
占求財：逢卯酉日得。不然，用過二十日方遂。要二人用心求，不可獨望。
占交易：未就，後雖成，不長久也。
占田蠶：大熟。
占出行：動必不遠，遠必難動，近則利。有憂心，掛兩頭，未可望高。
占行人：未歸。寅卯日，有信亦不實。申酉日占，有的信之兆。
占尋人：未見人，只見信。有井及香火處，偶遇則可，亦用人同去問信。
占遺失：在山林、枯木、古井之處。死物就水溝、石岩處尋之。
占捕盜：其盜如在井中，見影不見人。先當反背，後又三次，方且捉得他也。
占疾病：因往西南方，過井窟邊回歸，沖著木下三聖、半天午酉神，攪去魂魄。主見寒熱，或內熱外冷，四肢沉重，氣沖心上，血攻口中，飲食嘔吐，坐臥不安。用設家先、土地、西方刀兵傷亡、南方廟司大王、半天午酉神、草野五通、社司、板木，替主人孝服，二十日災住。小兒用設家先、半天午酉神、鎖甲神、退土殺、床公床母，送星辰。
占詞訟：有三四人，來去留連，若非粘帶，則有田土之事。

澤風大過

䷛兌上巽下，震木遊魂，內卦伏藏。（震宮遊魂卦）

爻位	卦　形	六親	納甲五行	世應	世下伏神
上六	▅▅　▅▅	妻財	丁未土		
九五	▅▅▅▅▅	官鬼	丁酉金		
九四	▅▅▅▅▅	父母	丁亥水	世	戊申金
九三	▅▅▅▅▅	官鬼	辛酉金		
九二	▅▅▅▅▅	父母	辛亥水		
初六	▅▅　▅▅	妻財	辛丑土	應	

二月卦：春吉，夏平，秋凶，冬平。

評曰：大㊀過者，禍也。澤下有風，觸事不貞，憂以大過，事卒難明。兩刑兩剋，所謀不成，枯楊借生，自滅之徵①。

此卦姜太公釣渭水②卜得之，至八十方遇文王也。

解曰：官人乘車，上插兩旗，乃使車使旌也。旗有喜字，喜慶也。入朱門，君門也。門外貴人立，門下省也。文書，命令也。一盒子。乃和合之兆也。

寒木生花之卦，本末俱弱之象。

大過：棟橈。利有攸往，亨。

彖曰：大過，大者過也。棟橈，本末弱也。剛過而中，巽而說行，利有攸往，乃亨。大過之時大矣哉。

象曰：澤滅木，大過。君子以獨立不懼，遯世无悶。

朱子曰：大，陽也。四陽居中過盛，故為大過。上下二陰，不勝其重，故有棟橈之象。又以四陽雖過，而二五得中，內巽外兌，有可行之道，故利有所往而得亨也

注釋

①徵（zhēng）：預兆；跡象，表露出來的不很顯著的情況，可藉以推斷過去或將來。

②姜太公釣渭水：姜尚，字子牙，號太公望，道號飛熊。從其封姓呂，名望，也稱呂尚。商朝末年東海上人（現今河南許昌，另一說法是安徽臨泉姜寨）。其先祖嘗為四嶽，佐大禹治水有功，虞夏之際封於呂，因此得呂姓。後來，文王於渭水遇姜尚，立為師，輔佐文王，興邦立國，還幫助文王的兒子武王姬發，滅掉了商朝，被武王封於齊地。參閱《史記•齊太公世家》。

校勘記

㊀「大」，原本脫漏，據《卜筮全書•卦爻呈象•澤風大過》原文補入。

六甲旬斷

甲子旬：世空，人患難，福德自養，財旺。
甲戌旬：鬼空，病無害。
甲申旬：求財不利。
甲午旬：福德旺，訟吉。
甲辰旬：鬼衰，病不妨。
甲寅旬：內財空，事不利。

日六神斷

遊魂，第四爻丁亥水，父母持世。
甲乙：騰蛇持世，主驚恐，暄爭。
丙丁：白虎持世，病不吉。
戊己：玄武持世，防小口災。
庚辛：朱雀持世，動主口舌。
壬癸：勾陳持世，田土，勾連事。

十干詩斷

甲丙戊庚壬：大器成時自不群，軒昂頭角出埃塵，鴞①鵬豈是尋常物，自趁風雷過禹門②。
乙丁己辛癸：繡衣初著十分榮，千里顒顒望使旋，只恐軺車③難久住，又隨春色到王庭。

注釋

①鴞（xiāo）：古書上指鴟鷹。
②禹門：即龍門。也指科舉試場。
③軺（yáo）車：奉使者和朝廷急命宣召者所乘的車。

六爻詩斷

初六：藉用白茅，无咎。【吉】
象曰：藉用白茅，柔在下也。
詩斷：藉用茅何義，居安先慮危，心常懷謹畏，无咎吉相隨。
占斷：求財不宜動，謀事成，官事有理，出往吉。
九二：枯楊生稊①，老夫得其女妻，无不利。【吉】
象曰：老夫女妻，過以相與也。

詩斷：木枯根復盛，根盛木還生，大過交相典，斯為大吉亨。
占斷：病有驚不死，訟我剋他人，求財遂，望事否，宜求婚。
九三：棟橈②，凶。【凶】
象曰：棟橈之凶，不可以有輔也。
詩斷：梁棟將摧橈，威權每下移，剛強誇自用，必至有傾危。
占斷：婚不成。訟、病凶。行人至，求財無，出往不利也。
九四：棟隆吉，有它吝。【平】
象曰：棟隆之吉，不橈乎下也。
詩斷：因人相助力，圖事有成功，設若有他志，應須往吝窮。
占斷：婚成，求財遂，謀事吉，訟有理，失物在。
九五：枯楊生華，老婦得其士夫，无咎无譽。【平】
象曰：枯楊生華，何可久也？老婦士夫，亦可丑也。
詩斷：枯木那能久，殘花難再榮，非惟无咎吝，圖事亦難成。
占斷：婚姻和合，謀事必成，訟事終和之兆。
上六：過涉滅頂凶，无咎。【凶】
象曰：過涉之凶，不可咎也。

詩斷：深水何堪涉，須防滅損憂，處常休妄動，目重更何尤。

占斷：此節與㈠九五爻同斷。

注釋

①稊（tí）：楊柳新長出的嫩芽。

②棟橈（dòng ráo）：屋樑脆弱曲折。

校勘記

㈠「與」，原本作「典」，疑誤，據其文意改。

分類占斷

占天時：多陰多雨，辰巳日大晴。

占求官：必遂。但防他人尋，等文書上有阻，或得官後有是非。

占見貴：先難而後易，散之而後就，不可急也。

占謀望：內外皆有人望，自然成就。亦待內人來有分曉，文書大利。

占家宅：當西屋居，或有人過房①，及外姓同居。好遊四方，作事無成，憂疑，夫婦不肖。

占風水：上下有四穴，路在左邊過，乙辛向，主葬後敗家。
占婚姻：其親門戶相近，卦內過字，有人口事。有人說，不用疑慮，或有三四媒人和合。
占胎產：生女。門中有口，內外皆動，不久其喜，不可動。或灶主不吉，用求家先保。
占求財：合是兩家之財，更有外人或口字姓人同求之，必得，子日方遂。
占交易：難成之兆。
占田蠶：不利。
占出行：有人相約，等待同去，不久當回歸。
占行人：外憂內，內憂外，不久有信，必有事，無妨。用四八七日方回也。
占尋人：其人不遠，亦動未得，用人同去方見。只是信不通，見信可往也。
占遺失：有內中人見端的，死物不出屋，生物藏在重疊屋處也。
占捕盜：在西方神廟堂潛避，主有人煙，亦旺處，左右有外嶺。
占疾病：因往西南方，回歸溪橋邊，沖著刀兵傷亡、草野五通，攬去魂魄。或土木殺，或溪山神為患㊀。
主見肝肋疼痛，氣急不通。
用設家先、西方傷亡、半天午酉神、游瘟神，退土殺、金神七殺。
小兒用設半天午酉神、鎖甲神、土墓殺、五路童子、床公床婆，送星辰。

占詞訟：有內鬼賊之患，過後方有動靜，有木字姓人解勸，亦未便了。

注釋

①過房：亦稱「過繼」、「過嗣」。指本人無子而將兄弟之子或他人之子轉為己後。過繼兒子有嚴格規定，男子無子允許繼嗣，並且只准以輩份相當的侄子為嗣，獨子不得出嗣。過繼後，嗣子與嗣父母之間確立親子關係，嗣子享受宗祧祭祀權、財產繼承權。

校勘記

㊀「或土木殺，或溪山神為患」，原本在「主見肝肋疼痛，氣急不通」之後，據其行文體例，調整至此。

澤雷隨

䷐兌上震下，震木歸魂，內卦出現。（震宮歸魂卦）

爻位	卦　形	六親	納甲五行	世應	世下伏神
上六	⚋	妻財	丁未土	應	
九五	⚊	官鬼	丁酉金		
九四	⚊	父母	丁亥水		
六三	⚋	妻財	庚辰土	世	辛酉金
六二	⚋	兄弟	庚寅木		
初九	⚊	父母	庚子水		

七月卦：春平，夏吉，秋凶，冬吉。

評曰：隨者，順也。上剛下柔，隨時之義，改故鼎新，眾美俱至。士子得官，宜增祿位，凡百遂心，吉无不利。

此卦孫臏①破秦卜得之，便知決勝也。

虎易按：「孫臏破秦」之說，與《史記・秦始皇本紀》記錄不符。此說應是來自嘉慶初期的小說《鋒劍春秋》。清光緒年間各書坊重刊，書名或題《後列國誌》、《萬仙鬥法興秦傳》、《萬仙鬥法後列國誌》、《後東周鋒劍春秋》等，供讀者參考。

解曰：雲中雁傳書，信至也。一堆錢，有財也。朱門內有人坐，乃坐官府也。一人在門外立地。乃士人求進，欲得變身也。凡事值此，得貴人力也。

良工琢玉②之卦，如水推車之象。

隨：元亨，利貞，无咎。

彖曰：隨，剛來而下柔，動而說，隨。大亨貞无咎，而天下隨時，隨時之義大矣哉。

象曰：澤中有雷，隨。君子以向晦③入宴息。

朱子曰：己能隨物，物來隨己，彼此相從，其通易矣。故其占為元亨，然必利於貞，乃得无咎。

注釋

①孫臏：孫臏（?—前316），其本名不傳，今山東鄄城人，孫武後代。少時孤苦，年長後與龐涓師從鬼谷子學習兵法。後龐涓為魏惠王將軍，誘他到魏，處以臏刑（挖去膝蓋骨），故稱孫臏。後齊國使者秘密將他接回，被齊威王任為軍師。

馬陵之戰，身居輜車，計殺龐涓，大敗魏軍。撰成《孫臏兵法》89篇。參閱《史記・孫子吳起列傳》。

②琢（zhuó）玉：雕刻加工玉石。

③向晦（huì）：傍黑，天將黑。

六甲旬斷

甲子旬：父㊀旺、鬼衰，病瘥。

甲戌旬：鬼空，官、病不凶。

甲申旬：應空，求財無準。

甲午旬：世空，求財徒用心。

甲辰旬：兄弟空，訟不利。

甲寅旬：百事吉。

校勘記

㊀「父」，原本作「身」，疑誤，據其卦理及文意改。

日六神斷

歸魂，第三爻庚辰土，妻財持世。
甲乙：勾陳持世，主田土事。
丙丁：螣蛇持世，驚恐。
戊己：白虎持世，忌妻妾病。
庚辛：青龍持世，婚姻，進財之喜。
壬癸：朱雀持世，公訟得財，甚吉。

十干詩斷

甲丙戊庚壬：時節當亨奮，遷延①未遇緣，梅黃三月發，不在杏花天。
乙丁己辛癸：反目相看事意乖，名場利路兩難諧，東床女子須防謗，一見蛇羊定撓懷。

注釋

①遷延：形容徘徊不前。

六爻詩斷

初九：官有渝，貞吉。出門交有功。【吉】
象曰：官有渝，從正吉也。出門交有功，不失也。
詩斷：事勢非容易，惟當正可從，出門逢正士，無失有成功。
占斷：訟留連，婚不成，求財無，謀事未得。
六二：係小子，失丈夫。【平】
象曰：係小子，弗兼與也。
詩斷：係小還防大，從私卻害公，事機難兩得，擇善可隨從。
占斷：訟宜和，婚姻成，出往吉，求財遂，謀事成，病瘥。
六三：係丈夫，失小子。隨有求得，利居貞。【吉】
象曰：係丈夫，志舍下也。
詩斷：舍下而從上，知昏向至明，所求皆可得，居正乃通亨。
占斷：求財獲，官事利，婚不成，失物在，行人未至也。
九四：隨有獲，貞凶。有孚在道以明，何咎？【小吉】
象曰：隨有獲，其義凶也。有孚在道，明功也。
詩斷：祈求隨有獲，名正亦無凶，守道存誠信，惟明可有功。

占斷：出往吉，病癒。官事，他人有氣。事成。
九五：孚于嘉，吉。【大吉】
象曰：孚于嘉，吉，位正中也。
詩斷：五居中正位，上下盡孚誠，捨己能從善，一為大吉亨。
占斷：官事和，婚成。求財、謀事皆吉。
上六：拘繫之，乃從維之。王用亨于西山。【吉】
象曰：拘繫之，上窮也。
詩斷：拘繫復如維，人心固結時，誠能專祀享，端可裕神祇。
占斷：此節與九五爻同斷。

分類占斷

占天時：大風雷，大雨，後遇巳亥日方得晴之兆。
占求官：不可用心去尋他人，所求只可順便。待文書，自然遇時而至，應在卯午。
占見貴：亦有些阻，用盡力可見。
占謀望：遲則可用，遇人向前，事方可說。
占家宅：有過房子，有二姓同居。近神廟，家有香火，與他人供養，不久出藝人。

占風水：有水及井，葬後雨，下一穴。三穴，他一穴下甲庚，他人或下丁癸，不可改變，久出一過房之人也。

占婚姻：成就他人，說者可順之，遠有阻。若外人做婚，主則無破。若或有兩父兩母在其中者，可進前，不可退步。

占胎產：生男子，無驚險。九五爻動，產母有災。

占求財：未可變動，如遇人相尋，則可有大財。非買賣，只不義之財。

占交易：亦有些阻，難成就也。

占田蠶：大吉。

占出行：通達用，因便而去，非真意。親行在路，雖有阻滯，無慮，遇相識得信。

占行人：隨時而動，有留則止，遇行則行，有口字姓人同行。

占尋人：行止無定，其人亦當變動，不在原處，自費力尋也。

占遺失：一得一失，不在遠方。非是人偷，自身誤失，可去急尋。

占捕盜：在東方田畔有水處人家，有口字及陳姓人可問。

占疾病：因往西南方，沖著南方廟司大王馬頭，攬去魂魄。主見四肢沉重，頭疾，咽喉疼痛，飲食不安，嘔吐不止。用設家先、傷亡、南方廟司大王、半天午酉神、鎖甲神、還舊願，水傷之災，祈保方吉。

小兒用設半天午酉神、鎖甲神、前生父母、化公化婆，退土殺，破關方吉。

占詞訟：無憂，不久有變，可用耳口字姓人和合也。

新鍥纂集諸家全書大成斷易天機三卷終

新鍥纂集諸家全書大成斷易天機卷之四

作者　劉世傑　編著
清虛子　魏禎　序
豫錦誠　徐紹錦　校正
閩書林　鄭雲齋　梓行

巽為風

☴ 巽上巽下，巽木八純，內外出現。（六沖）（巽宮首卦）

爻位	卦　形	六親	納甲五行	世應	世下伏神
上九	⚊	兄弟	辛卯木	世	庚戌土
九五	⚊	子孫	辛巳火		
六四	⚋	妻財	辛未土		
九三	⚊	官鬼	辛酉金	應	
九二	⚊	父母	辛亥水		
初六	⚋	妻財	辛丑土		

四月卦：春平，夏吉，秋凶，冬吉。

評曰：巽者，順也。乃順成天，動用相尚，消息交通，無諸蔽障①。惡事不同，風飄其響，所作隨順，進達之象。

此卦范蠡辭官入湖②卜得之，乃知越國不久也。

解曰：貴人賜衣，一人跪受。傍貴人得衣祿也。雲中雁傳書，信至也。人在虎下坐，有險難也。一人射虎中箭，險中得吉也。虎走。驚散之兆。

風行草偃③之卦，上行下效㊀之象。

巽：小亨，利有攸往，利見大人。

彖曰：重巽以申命，剛巽乎中正而志行，柔皆順乎剛，是以小亨，利有攸往，利見大人。

象曰：隨風，巽。君子以申命行事。

朱子曰：陰為主，故其占為小亨。以陰從陽，故又利有所往。然必知所從，乃得其正，故又曰利見大人也。

注釋

①蔽障（bì zhàng）：阻隔，阻礙。

②范蠡（lǐ），字少伯。生卒年不詳，春秋楚國宛（今河南南陽）人。他出身貧賤，但博學多才，與楚宛令文種相識、相交甚深，一起投奔越國，輔佐越國勾踐。幫助勾踐興越國，滅吳國。功成名就之後激流勇退，浮海出齊，變姓名，自謂鴟夷子皮，耕於海畔，苦身戮力，父子治產。居無幾何，致產數十萬。齊人聞其賢，以為相。後歸相印，盡散其財，間行於陶，自謂陶硃公，致財巨萬。天下稱陶硃公。太史公曰「范蠡三遷皆有榮名，名垂後世」。參閱《史記·越王勾踐世家》、《史記·貨殖列傳》。

③風行草偃（yǎn）：《論語·顏淵》曰：「君子之德風，小人之德草，草上

之風，必偃」。比喻庶民被德教感化而順從君上。

校勘記

㈠「效」，原本作「放」，疑誤，據《卜筮全書・卦爻呈象・巽為風》原文改。

六甲旬斷

甲子旬：利求財，官、病平。
甲戌旬：身旺，鬼空㈠，福德庫。
甲申旬：財長生，外財空。
甲午旬：福德空，鬼衰，病留連。
甲辰旬：世空，謀事不成。
甲寅旬：內財空，官、病散。

校勘記

㈠「身旺，鬼空」，原本作「本宮旺，鬼衰」，疑誤，據其卦理及文意改。

日六神斷

八純，第六爻辛卯木，兄弟持世。
甲乙：玄武持世，陰私事。
丙丁：青龍持世，婚喜事，或求官職。
戊己：朱雀持世，遠信，文字，或憂口舌。
庚辛：騰蛇持世，怪夢，驚恐。
壬癸：白虎持世，遠信至，或遠行，或人口疾病。

十干詩斷

甲丙戊庚壬：山頭顧我無青眼①，水畔相親是有依，物小在初終大獲，到頭遇主得榮歸。
乙丁己辛癸：秘策不輕傳，經成眾理權，一朝風雨順，功業至歡天。

注釋

①青眼：黑色的眼珠在眼眶中間，青眼看人則是表示對人的喜愛或重視、尊重。與「白眼」相對。

六爻詩斷

初六：進退，利武人之貞。【吉】
象曰：進退，志疑也。利武人之貞，志治也。
詩斷：進退疑難訣，風行號令初，棄文來就武，不日下天書。
占斷：訟事，他人無氣。婚成，求財遂，謀事成，行人至。
九二：巽在床下，用史巫紛若，吉，无咎。【平】
象曰：紛若之吉，得中也。
詩斷：心下未能安，居卑莫厭卑，盡誠來懇禱，吉慶保無危。
占斷：求財、望事皆成。訟有氣，病吉，婚不成。
九三：頻巽，吝。【平】
象曰：頻巽之吝，志窮也。
詩斷：志窮非得已，頻蹙①自憂煩，得到龍蛇日，因人事始全。
占斷：訟，他有氣。病未痊，婚不成，財不遂。
六四：悔亡，田獲三品。【大吉】
象曰：田獲三品，有功也。
詩斷：稟令誅強暴，相將奏凱還，好風今借便，功業更掀天。

占斷：訟，他求和。婚成，行人至，求財獲，謀事成。
九五：貞吉，悔亡，无不利，无初有終。先庚三日，後庚三日，吉。【吉】
象曰：九五之吉，位正中也。
詩斷：圖前當慮後，揆度②復一寧，舉事雖先阻，終須獲吉亨。
占斷：訟、病凶。謀事、求財遂。行人至，餘吉。
上九：巽在床下，喪其資斧，貞凶。【凶】
象曰：巽在床下，上窮也。喪其資斧，正乎凶也。
詩斷：自謙卑已甚，不斷失於剛，待到龍逢虎，依前再吉昌。
占斷：婚成，訟散，病不至死，謀事成，文書動吉。

注釋

①頻蹙（pín cù）：皺眉。
②揆（kuí）度：揣度，估量。

分類占斷

占天時：風動雨生，風發雨息，巳亥日晴。
占求官：未遂，先難後易。逢酉亥日，文書印信方動也。
占見貴：必遂之兆。
占謀望：宜急不宜遲，宜進不宜退，過二十一日後方就。
占家宅：有二姓或同年人，近廟宇、寺觀同居，左右有窟穴，或移，主啾唧。
占風水：似有兩墓，若無兩墓，則近香火處。九五爻動，主有人侵害風水也。
占婚姻：用二人說，男女要同年，有點水、口字姓的人在內。先難後易，雖有些疑慮，向前則成。
占胎產：本有雙喜者，與產母同生，只是一喜當生女，夏秋占則生男。申子辰日占，九五爻動，主有傷。九二爻動，利母不利子。
占求財：不可獨求，二人同望。若上九爻動，財被他得去。卻宜自望，有三五分。用口字姓人，在內方有，時下尤未入手也。
占交易：亦成就，宜作保人。
占田蠶：大熟。
占出行：宜二人同行同幹，急動無慮，緩必有口舌是非，不利北方也。

占行人：有二人在途，若無口舌，亦有虛失。上六爻動，有虛信阻隔。九二爻動，見實信。
占尋人：近香火處，亦不宜急，遲則可。
占遺失：乃二人之物。生物在竹林、牆籬邊。死物藏在箱簣①穴內，有二色，更要防災之兆。
占捕盜：在西北方墳墓處，或近廟，有二姓人處可投，逢卯酉日見。
占疾病：因往西南方交丫路，或雙巷口，沖著刀兵傷亡、半天午酉神、游瘟神，或見蛇，四足怪物。
主見寒熱，腹足風疾②，氣蠱③血毒，心腹疾痛，內熱外冷，四肢沉重。
用設家先、刀兵傷亡、半天午酉神、草野五通、游瘟神、妖邪怪鬼。
小兒用設半天午酉神、化公化婆，退土殺，保安吉。
占詞訟：有二人官事，遇草頭、點水人是貴，可和。兩邊皆破財，文書到官後，和乃成。如未到官，只是虛言。若見官，遇九五爻動，必有失斷。

注釋

①簣（kuì）：盛土的竹筐。
②風疾：指風痹、半身不遂等症。也指瘋病，神經錯亂、精神失常。
③氣蠱：亦作「氣臌」。腹部腫脹的病症。俗稱氣臌脹。

風天小畜

䷈ 巽上乾下，巽木一世，外卦出現。（巽宮第二卦）

爻位	卦　形	六親	納甲五行	世應	世下伏神
上九	━━━━━	兄弟	辛卯木		
九五	━━━━━	子孫	辛巳火		
六四	━━　━━	妻財	辛未土	應	
九三	━━━━━	妻財	甲辰土		
九二	━━━━━	兄弟	甲寅木		
初九	━━━━━	父母	甲子水	世	辛丑土

十一月卦：春病，夏凶，秋口舌，冬吉。

評曰：小畜者，塞也。密雲不雨，夫婦反覆，資訊不通，出行㊀卻伏。求事不成，遲而未速㊁。

此卦韓信①擊取散關不破卜得之，後再擊之果破也。

解曰：兩重山，乃出字也。一人山頂，險不可往也。舟橫岸上，不能動得也。望竿在草裡，乃望草頭姓人也。上有羊馬頭。乃午未日上見也。

匣藏寶劍之卦，密雲不雨之象。

小畜：亨。密雲不雨，自我西郊。

彖曰：小畜，柔得位而上下應之，曰小畜。健而巽，剛中而志行，乃亨。密雲不雨，尚往也。自我西郊，施未行也。

象曰：風行天上，小畜。君子以懿②文德。

朱子曰：文王演易於羑里③，視岐周為西方，正小畜之時也。筮者得之，則占亦如其象云。

注釋

①韓信：（?—前196），淮陰（今江蘇淮安）人，西漢開國功臣，官拜楚王、上大將軍，中國歷史上偉大軍事家、戰略家、統帥和軍事理論家。年輕時曾受「胯下之辱」。作為軍事家，韓信是繼孫武、白起之後，最為卓越的將領，其最大的特點就是靈活用兵，其指揮的井陘之戰、濰水之戰都是戰爭史上的傑作；作為戰略家，他在拜將時的言論，成為楚漢戰爭勝利的根本方略；作為統帥，他一人之下，萬人之上，率軍出陳倉、定三秦、破代、滅趙、降燕、伐齊，直至垓下全殲楚軍，無一敗績，天下莫敢與之相爭；作為軍事理論家，他與張良整兵書，並著有兵法三篇。可是，後來高祖病危，

皇后呂氏掌權，因有人告其謀反，被呂后設計害死。參閱《史記·淮陰侯列傳》。

②懿（yì）：美好。

③羑（yǒu）里：殷代監獄名。在今河南湯陰北。

校勘記

㈠「出行」，原本作「速行」，疑誤，據《卜筮全書·卦爻呈象·風天小畜》原文改。

㈡「遲而未速」，原本作「欲遲欲速」，疑誤，據《卜筮全書·卦爻呈象·風天小畜》原文改。

六甲旬斷

甲子旬：求財吉，官、病散。

甲戌旬：福德庫，鬼衰，病不妨。

甲申旬：應空，他人反覆。

甲午旬：內㈠財空，福德空，事不利。

甲辰旬：本宮無氣，宅不安。

甲寅旬：世空，事不利。

校勘記

㈠「內」，原本脱漏，據其卦理及文意補入。

日六神斷

第一爻甲子水，父母持世。

甲乙：青龍持世，喜慶消息。

丙丁：朱雀持世，妖邪，口舌，公事。

戊己：勾陳持世，公訟，陰私，盜賊之事，並吉，輕。

庚辛：白虎持世，鬼扶白虎，主憂疑，暗昧。

壬癸：玄武持世，陰私，失脱，盜賊。

虎易按：「並吉，輕」，大約指世爻並吉神時，其「公訟、陰私、盜賊之事」吉利，也輕微。

十干詩斷

甲丙戊庚壬：雲散暮天晴，寒暖一帶青，音書終有望，水畔見其真。

乙丁己辛癸：欲過重山去，家鄉事頗危，横斜對明月，淒慘有誰知。

六爻詩斷

初九：復自道，何其咎，吉。【平】
象曰：復自道，其義吉也。
詩斷：守常居正道，吉事自然諧，遇夏多迍塞，仍防小口災。
占斷：官事和，病未瘥，求財宜，文書上求吉，行人未至。謀事、出往吉。
九二：牽復，吉。【吉】
象曰：牽復在中，亦不自失也。
詩斷：同心方合志，牽復吉相成，守正安常道，前程自顯榮。
占斷：行人動，訟難和，病未安，求事成，失物難尋。
九三：輿說輻，夫妻反目。【凶】
象曰：夫妻反目，不能正室也。
詩斷：前進多呪咀，居家致內爭，密雲方掩翳，消散復光明。
占斷：謀事成，官事赦，求財少，行人動，失物難尋，病安也。
六四：有孚，血去惕出，无咎。【平】
象曰：有孚惕出，上合志也。
詩斷：獨立嗟無援，驚憂恐致傷，但有誠信念，災咎自消亡。

占斷：求婚、望事俱成。求財獲半，病略安，訟事我有理也。
九五：有孚攣如，富以其鄰。【平】
象曰：有孚攣如，不獨富也。
詩斷：上下俱孚信，為能通有無，他時逢患難，眾力亦相扶。
占斷：婚不成，財不遂，行人至，失物空。訟、病皆凶。
上九：既雨既處，尚德載，婦貞厲。月幾望，君子征凶。【平】
象曰：既雨既處，德積載也。君子征凶，有所疑也。
詩斷：密雲今已雨，上下漸通亨，凡事難成就，遲疑未可行。
占斷：謀事、婚姻俱成。訟事有理，病不安，求財十分。

分類占斷

占天時：主三五日之雨，見風發方晴。
占求官：遲也未可，動必有慮，其職不高，子午月可見。
占見貴：不遂。
占謀望：後必有口舌，只宜與女人求事也。若男人，則不可求之，必難之兆。
占家宅：大家，有二樣人同居，若非離祖，則是過房。四圍亦有牆，外有田路，有二灶，廳堂有堆築物，陰人不足。

占風水：後有兩小山峰，前山遠，左右有田，甲庚向也。

占婚姻：其女再嫁，不然再說方成。更有一婦在內，拗性，未可向前。二三人說，方有意思。此婦是孤獨，矮肥，青白色。

占胎產：生男，若秋冬生女。若初胎子，終不成也。

占求財：亦有，不多，主反覆，望小則遂，望大則難。若與婦人交關，則有口舌。只用去僧道中求之，則利之兆也。

占交易：難成也。

占田蠶：平平。

占出行：被風雨阻，縱去不利。

占行人：一來一去，有草頭人在邊，亦不是親，歸後更有口舌。用丑午日見，目下未可期。

占尋人：只在原處。若六四爻動，不在原處。

占遺失：可去田園，或小巷壁後尋之。被小人侵算，在後有陰人得見。時下未遇，急向東南方覓之。

占捕盜：走非久遠，只是目下難捉，在東北方園內可尋。

占疾病：因往東南方，近水溪圳，沖著木下三聖，自縊鬼，攪去魂魄。主見寒熱往來，心腹疼痛，飲食不下。六爻若見鬼，其病難痊㊀，久病風疾。用設家先、木下等鬼、游瘟神、鎖甲神，謝灶司，送星辰，退土殺。小兒用設家先、半天午酉神、化公化婆，退土殺，送星辰吉。
占詞訟：似不成也。若成，未見官，則事未了，乃陰中小口不足。更有疑理會者，自得分曉。

校勘記

㊀「痊」，原本作「全」，疑誤，據其文意改。

風火家人

☲ 巽上離下，巽木二世，外卦出現。（巽宮第三卦）

爻位	卦　形	六親	納甲五行	世應	世下伏神
上九	▅▅▅	兄弟	辛卯木		
九五	▅▅▅	子孫	辛巳火	應	
六四	▅　▅	妻財	辛未土		
九三	▅▅▅	父母	己亥水		
六二	▅　▅	妻財	己丑土	世	辛亥水
初九	▅▅▅	兄弟	己卯木		

六月卦：春吉，夏凶，秋平，冬凶。

評曰：家人者，同也。陰陽得位，夫婦剋隆①，田土增廣，財入本宮。婚姻之道，以存始終，不求自合，家慶融融。

此卦董永喪父賣身②卜得之，後感得仙女為妻。

解曰：一人張弓，遇貴人主張。一帶在水邊，事遲滯也。雲中文書，恩命也。貴人拜受，拜命也。婦人攜手。必因婦人而得貴也，是利求婚之兆。

入海求珠之卦，開花結子之象。

家人：利女貞。

彖曰：家人，女正位乎內，男正位乎外。男女正，天地之大義也。家人有嚴君焉，父母之謂也。父父，子子，兄兄，弟弟，夫夫，婦婦，而家道正。正家而天下定矣。

象曰：風自火出，家人。君子以言有物，而行有恆。

朱子曰：家人者，一家之人。卦之九五、六二，內外各得其正，故為家人。利女貞者，欲先正乎內也，內正則外無不正矣。

注釋

①克隆：興隆，昌盛。

②董永，相傳為東漢時期千乘（今山東高青縣北）人，少年喪母，因避兵亂遷居安陸。其後父親亡故，董永賣身至一富家為奴，換取喪葬費用。參閱《二十四孝·賣身葬父》。

六甲旬斷

甲子旬：財吉，鬼衰。
甲戌旬：公訟，病不妨。
甲申旬：財吉，訟、病凶。

甲午旬：鬼衰，吉。
甲辰旬：財、訟、病吉。
甲寅旬：訟、病吉。

日六神斷

第二爻己丑土，妻財持世。
甲乙：朱雀持世，兄弟合加青龍剋世，外玄武剋世。並凶，損妻財。
丙丁：勾陳持世，朱雀剋身，青龍剋世，雖凶不成㊀。
戊己：螣蛇持世，主怪夢，憂陰人事㊁。
庚辛：玄武持世，婚姻，白虎刑財。
壬癸：青龍持世，陰人、財祿相扶。

校勘記

㊀「勾陳持世，朱雀剋身，青龍剋世，雖凶不成」，原本脱漏，據其卦理及文意，將原置於「戊己」之下的的內容調整至此。
㊁「螣蛇持世，主怪夢，憂陰人事」，另據其卦理及行文體例補入。原本作「勾陳持世，朱雀剋身，青龍剋世，雖凶不成」與卦理不符，將其調整入「丙丁」日。

十干詩斷

甲丙戊庚壬：良金美玉内含英，磨琢須憑巧匠成，大器必然成大用，渭川①賢士秉台衡②。

乙丁己辛癸：家道年來盛，陰功在祖宗，師恩覃③一子，兩子又添榮。

注釋

①渭川：即渭水。亦泛指渭水流域。

②台衡：喻宰輔大臣。

③覃（tán）：蔓延。

六爻詩斷

初九：閑有家，悔亡。【吉】

象曰：閑有家，志未變也。

詩斷：正家原有道，所貴在防閑，成法宜先定，當於未變鄙。

占斷：求財平。訟，我剋他。婚不成，病不死。

六二：无攸遂，在中饋①，貞吉。【大吉】

象曰：六二之吉，順以巽也。

詩斷：處中能正順，家道自然成，所作皆如意，圖謀盡稱情。
占斷：謀事、婚姻皆吉。訟宜和，財遂，出往吉。
九三：家人嗃嗃②，悔厲吉。婦子嘻嘻，終吝。【平】
象曰：家人嗃嗃，未失也。婦子嘻嘻，失家節也。
詩斷：嚴教齊家道，居安每慮危，嘻嘻難中節，樂極或生悲。
占斷：病凶。訟，他有理，自無氣。求財無，謀不遂。
六四：富家，大吉。【大吉】
象曰：富家大吉，順在位也。
詩斷：內離而外巽，既順復能明，求富能長守，斯為大吉亨。
占斷：此與六二爻同斷之。
九五：王假有家，勿恤吉。【吉】
象曰：王假有家，交相愛也。
詩斷：中正居尊位，相交要六親，自然家道顯，勿恤亦安寧。
占斷：謀、病凶。訟不吉，求財無，婚不成，行人亦至之兆。
上九：有孚威如，終吉。【吉】
象曰：威如之吉，反身之謂也。

詩斷：反身親自用，然後可施人，信與威兼濟，終須獲吉亨。
占斷：訟事，他求我和。婚姻成。求財、望事俱吉。

注釋

①中饋（kuì）：指家中供膳諸事。也指妻室。
②嗃嗃（hè）：嚴厲，嚴酷貌。

分類占斷

占天時：有二日雨，即晴。
占求官：不遂，主他人虛言，其職縱有文印，亦非真實。
占見貴：必遂其意，應在申子辰日。
占謀望：宜隨時方許遂意，此下未定，若有人㊀說，就則可也。
占家宅：左邊又有一小屋，前有水溝，或有丫路及墳墓，用防火燭。
占風水：左右有牆籬，及有果木遮園，內更有井，乾巽向也。
占婚姻：和合，乃士大夫為媒。若常人占，亦有貴人為力，主可順不可逆。
占胎產：生男，冬占生女。九五爻動㊁不安，合當便產，申子辰日見。

占求財：過六日可進前求，有兩重，只一重大，其一小，亦可求。

占交易：亦可成之兆。

占田蠶：成熟。

占出行：有疑，不由自己，事物留連，三兩日方可動。

占行人：與士大夫，或木字姓人同行。六二爻不安，必有婦人事，財上反覆，然亥日占之得見。

占尋人：不久便見。但見九㊂五爻動㊃不安，急尋。六二爻動㊄，無慮。

占遺失：在南方，或因貴人有失，不然，近貴人處。生物在墓中，時下未得見。

占捕盜：有同姓人藏之，或是親戚家，在西北角石結地。

占疾病：因往東南方，近人家墳墓邊，橋道、石礁①處，沖著刀兵傷亡，草野五通神，攪去魂魄。或無犯，鬼為禍。或香火不安，墓有犯。女人災，在外家得病回歸。主見寒熱往來，久困之災。六爻無鬼，其㊅病痼癆②之證，留連難安。用設家先、古塚伏屍、鬼門口、傷亡、土地、五瘟神、山司、木下三聖、鎖甲神，退土墓殺。

小兒用設前生父母、五路童子、還舊願，送星辰吉。

占詞訟：得理，但有疑慮，無妨。更有婦人，不足也。

注釋

①石礁（jiāo）：礁石。
②痼瘵（gù）：經久難治癒的結核病。

校勘記

㈠「人」，原本作「八」，疑誤，據其文意改。
㈡「爻動」，原本脫漏，據其文意補入。
㈢「九」，原本作「六」，疑誤，據爻位名稱改。
㈣㈤「動」，原本脫漏，據其文意補入。
㈥「其」，原本作「真」，疑誤，據《風水渙•占疾病》行文體例改。後文遇此字，均依此例改作，不另作校勘說明。

風雷益

䷩ 巽上震下，巽木三世，外卦出現。（巽宮第四卦）

爻位	卦　形	六親	納甲五行	世應	世下伏神
上九	⚊	兄弟	辛卯木	應	
九五	⚊	子孫	辛巳火		
六四	⚋	妻財	辛未土		
六三	⚋	妻財	庚辰土	世	辛酉金
六二	⚋	兄弟	庚寅木		
初九	⚊	父母	庚子水		

七月卦：春凶，夏平，秋凶，冬平。

評曰：益者，損也。風雷相舉，益道如然，小人達情，刑獄之愆①。君子位變，見善則遷，利有攸往，行人速還。

此卦冉伯牛②有疾卜得之，乃知謾師之過也。

解曰：官人抱盒子，乃與貴人道合。一人推車，乃營運及時。一鹿一錢，乃財祿俱旺相，占者得之，上官謁貴，望喜求財事，占亦皆有利益。凡占者，利益中之兆者也。

鴻鵠③遇風之卦，河水添河之象。

益：利有攸往，利涉大川。

象曰：益，損上益下，民說无疆。自上下下，其道大光。利有攸往，中正有慶。利涉大川，木道乃行。益動而巽，日進无疆。天施地生，其益无方。凡益之道，與時偕行。

象曰：風雷益，君子以見善則遷，有過則改。

朱子曰：下震上巽，皆木之象，故其占利有所往，而利涉大川也。

注釋

①愆（qiān）：過錯，罪過。

②冉伯牛：冉耕（約西元前 544 年—？）：漢族，字伯牛，世稱「冉伯牛」或「冉子」。魯國陶（今山東菏澤定陶縣冉堌鎮）人，周文王第十子冉季載的嫡裔。中國春秋時期著名學者、孔子門徒。為人質樸，擅長待人接物。官至中都宰。有「鄆侯」、「東平公」、「鄆公」、「先賢冉子」等封號。在孔子弟子中，以德行與顏淵、閔子騫並稱。因惡疾早逝。參閱《論語》。

③鴻鵠（hóng hú）：鴻雁與天鵝。

六甲旬斷

甲子旬：父母旺㈠，病、訟不妨。
甲戌旬：鬼衰，訟、病不為凶。
甲申旬：本宮無氣，求財遂。
甲午旬：世空，福德空，不利也。
甲辰旬：應空，他人反覆。
甲寅旬：福德有氣，官訟、疾病俱散。

校勘記

㈠「父母旺」，原本作「財旺」，據其卦理及文意改。

日六神斷

第三爻庚辰土，妻財持世。
甲乙：勾陳持世，靜主財遲㈠。
丙丁：騰蛇持世，妻妾有驚恐。
戊己：白虎持世，主妻妾不安。

庚辛：青龍持世，求財，婚姻喜事。
壬癸：朱雀持世，爭競財物之事。

校勘記

㊀「靜主財遲」，原本作「卦空亡」，疑誤，據《雷水解·日六神斷》行文體例改。

十干詩斷

甲丙戊庚壬：平地起雷聲，雲開日漸明，小人素有貌，終久不相離。
乙丁己辛癸：賈人暗相取，行錢且待時，莫要花開早，須知結子遲。

六爻詩斷

初九：利用為大作，元吉，无咎。【上吉】
象曰：元吉无咎，下不厚事也。
詩斷：乘時宜進用，大作可施為，得志天衢上，功成自有期。
占斷：婚不成，訟失理，行人至。求財、望事未遂。諸事不利。
六二：或益之十朋之龜，弗剋違，永貞吉。王用享于帝，吉。【吉】
象曰：或益之，自外來也。

詩斷：不求原自益，龜策①弗能違，根本嚴禋②紀，精神在此時。

占斷：訟宜和，婚成，謀不就，求財無。

六三：益之用凶事，无咎。有孚中行，告公用圭③。【吉】

象曰：益用凶事，固有之也。

詩斷：濟人於患難，孚信以中行，舉動皆由正，應無怨咎④生。

占斷：宜求財。官事，他無氣。婚不成，疾病吉。

六四：中行，告公從，利用為依遷國。【大吉】

象曰：告公從，以益志也。

詩斷：得中行正道，益下以為功，到處無妨礙，何人不聽從。

占斷：訟留連，病未痊，求財無，婚不成，行人至。

九五：有孚惠心，勿問元吉，有孚惠我德。【大吉】

象曰：有孚惠心，勿問之矣。惠我德，大得志也。

詩斷：誠信施仁惠，何須問吉凶，德心休且逸，天道亦相從。

虎易按：此節無占斷內容。

上九：莫益之，或擊之。立心勿恒，凶。【凶】

象曰：莫益之，偏辭也。或擊之，自外來也。

詩斷：求益不知止，人情每惡盈，立心無定止，外變忽然生。

占斷：婚成，謀遂，病亦安，求財得，望事吉。

注釋

①龜策：龜甲和蓍草。古代占卜之具。
②嚴禋（yīn）：莊重地祭祀。
③告公用圭（guī）：古代帝王與公、侯、伯、子、男五等諸侯於朝聘時各執玉圭以為信符。圭有六種，表不同的爵秩等級。
④怨咎：埋怨，責備。

分類占斷

占天時：多有暮晴，至未日有雨，主久晴不雨也。
占求官：不遂，只虛許也。如改別求，則亦可就也。
占見貴：目下未遂，只宜守舊。
占謀望：其中雖有唇吻憂慮，亦不傷身。有草頭，第八位人和合。反覆難成，自心不足，宜進不宜退。
占家宅：若無竹林，即是茅屋。主人必散，作事不定，香火破敗，外姓家先不安，生是生非，擊括也。

占風水：有竹林，左邊或有過路相對，樹木卻疏。甲庚向，主出人富貴，又主陰人災。

占婚姻：用草頭人為媒，其婦白瘦，淫蕩，又主刑，損失則陰私。為親中有和順，宜入贅。

占胎產：生女，不久產之。邪祟侵害，宜求香火，保之免慮。申辰日見。

占求財：逢四六則見，宜遠不宜近，用將本求利，方許遂意。

占交易：必成也，應在申子辰日，可進步。

占田蠶：平平也。

占出行：欲動不成，急則有災。用三四人同行，自行多阻隔，謀事未成。

占行人：三人同行，若無木姓，則有草頭人在內。往東南方，無凶險。財不旺，遇辰酉日至。

占尋人：難遇，反有害，中途有驚。只宜守舊，候信至。

占遺失：生物在竹林中破壞，得亦不全。死物在茅舍下，第八位人，其人不久見血膿災，要急尋也。

占捕盜：在西方，四邊獨處躲，三人相同，難捉也。

占疾病：因往東南方廟司前過，沖著山司，攪去魂魄。及古墓伏屍鬼為禍。主見寒熱往來，血光之災，飲食不進。服藥無效，逢四八日，主見安也。用設家先、廟司等神、血光神，退土殺。小兒用設家先、半天午酉神、前生父母、化公化婆、五路童子、鎖甲神，退土殺吉。

占詞訟：為陰人米糧、田土之事，至廿四、廿八日，方有分曉，有些牢獄之災。

天雷无妄

䷘乾上震下，巽木四世，內卦伏藏。（六沖）（巽宮第五卦）

爻位	卦　形	六親	納甲五行	世應	世下伏神
上九	▅▅▅▅▅	妻財	壬戌土		
九五	▅▅▅▅▅	官鬼	壬申金		
九四	▅▅▅▅▅	子孫	壬午火	世	辛未土
六三	▅▅　▅▅	妻財	庚辰土		
六二	▅▅　▅▅	兄弟	庚寅木		
初九	▅▅▅▅▅	父母	庚子水	應	

二月卦：春吉，夏平，秋凶，冬吉。

評曰：无妄者，天災也。天雷震響，驚怖如摧㊀，病勿與藥，雖凶可為㊁。先凶後吉，散而復來，災不為害，安居慮危。

此卦李廣①卜得之，後凡為事不利也。

解曰：官人射鹿，乃祿有指射也。鹿銜文書，乃祿書至也。錢一堆，在水中，乃錢塘得祿也。一鼠一豬。乃亥子位上見也。占者得之，凡百皆利之兆。

石中蘊②玉㊂之卦，守舊安常之象。

无妄：元亨，利貞。其匪正有眚，不利有攸往。

彖曰：无妄，剛自外來而為主于內，動而健，剛中而應，大亨以正，天之命也。其匪正有眚，不利有攸往，无妄之往，何之矣？天命不佑，行矣哉？

象曰：天下雷行，物與无妄。先王以茂對時育萬物。

朱子曰：又為震主，動而不妄者也，故為无妄。又二體，震動而乾健，九五剛中而應六二，故其占大亨，而利於正。若其不正，則有眚，而不利於有所往也。

注釋

①李廣：（？－前119年），隴西成紀（今甘肅天水秦安縣）人，中國西漢時期的名將。漢文帝十四年（前166年）從軍擊匈奴因功為中郎。景帝時，先後任北部邊域七郡太守。武帝即位，召為未央宮衛尉。元光六年（前129年），任驍騎將軍，領萬餘騎出雁門（今山西右玉南）擊匈奴，因眾寡懸殊負傷被俘。匈奴兵

將其置臥於兩馬間，李廣佯死，於途中趁隙躍起，奔馬返回。後任右北平郡（治平剛縣，今內蒙古寧城西南）太守。匈奴畏服，稱之為飛將軍，數年不敢來犯。元狩四年（前119年），漠北之戰中，李廣任前將軍，因迷失道路，未能參戰，憤愧自殺。參閱《史記・李將軍列傳》。

②蘊（yùn）：積聚，蓄藏。

校勘記

㈠「驚怖如摧」，原本作「驚怖臨危」，疑誤，據《卜筮全書・卦爻呈象・天雷无妄》原文改。

㈡「雖凶可為」，原本作「家鬼興威」，疑誤，據《卜筮全書・卦爻呈象・天雷无妄》原文改。

㈢「玉」，原本作「王」，疑誤，據《卜筮全書・卦爻呈象・天雷无妄》原文改。

六甲旬斷

甲子旬：求利吉，鬼衰病、訟吉。

甲戌旬：官鬼空㈠，訟、病散。

甲申旬：世空，事不利。
甲午旬：內財空，求財費力㈡。
甲辰旬：兄弟空，疾忌，訟不成。
甲寅旬：應空，求謀他人反覆。

校勘記

㈠「官鬼空」，原本作「福德空」，疑誤，據其卦理及文意改。
㈡「求財費力」，原本作「病忌，訟不安」，疑誤，據其卦理及文意改。

日六神斷

第四爻壬午火，子孫持世。
甲乙：騰蛇持世，人口驚恐，怪夢，凡事不利㈠。
丙丁：白虎持世，人口疾病，或遠行。
戊己：玄武持世，遠信，陰人私事。
庚辛：朱雀持世，無氣，有口舌。
壬癸：勾陳持世，爭競，妒忌。

校勘記

㊀「凡事不利」，原本作「卦空亡，凡事不利」，疑誤，據《日六神斷》行文體例改。

十干詩斷

甲丙戊庚壬：一箭初從天上來，始知无妄不為災，鹿含製錦須成喜，得到滄州獲外財。

乙丁己辛癸：入任本從科甲起，奮身不在禹門中，築岩釣渭①非常士，須信英雄立大功。

注釋

①築岩釣渭：傅説初隱於傅岩，為胥靡版築以供食，後為殷高宗賢相。呂尚釣於渭濱，後為周文王師。後因以「築巖釣渭」指賢士隱居待時。

六爻詩斷

初九：无妄，往吉。【大吉】

象曰：无妄之往，得志也。

詩斷：人存忠信行，何地不亨通，所往應多利，前程喜慶逢。

占斷：訟事，先是我害他，後是他侵我。婚姻不成，求財無。

六二：不耕獲，不菑佘①，則利有攸往。【吉】

象曰：不耕獲，未富也。
詩斷：本無期望志，所得出無心，有往皆宜利，相將②遇好音。
占斷：謀事成，婚和合，官事和，求財亦遂，疾病無妨，失物難尋，出入平。
六三：无妄之災，或繫之牛，行人之得，邑人之災。【凶】
象曰：行人得牛，邑人災也。
詩斷：行客牽牛去，居人被橈攘，閉門幽室坐，无妄有災殃。
占斷：求事成，求財遂，出入吉，訟有理，婚不成。
九四：可貞，无咎。【平】
象曰：可貞无咎，固有之也。
詩斷：上下無相應，惟當謹守常，守常无咎過，終久可亨昌。
占斷：婚姻、望事、求財皆遂。訟，他無氣，有頭無尾。
九五：无妄之疾，勿藥有喜。【平】
象曰：无妄之藥，不可試也。
詩斷：災生非所致，切戒自憂煎，勿藥翻成喜，相將疾自痊。
占斷：訟勝，婚合，出往諸事吉。
上九：无妄行有眚，无攸利。【凶】
象曰：无妄之行，窮之災也。

詩斷：不宜輕妄動，只守靜安身，只恐逢災眚，前程未可行。
占斷：病痊，訟有理，婚成，求財有。

注釋

①菑畬（zī shē）：耕耘。
②相將：將近，行將。

分類占斷

占天時：常晴。如六二爻動，主有風。初九爻動，有雨。
占求官：進前則成，宜託人求之，不可自去求。不然，文書自來。
占謀望：春夏成，秋冬不足，動則有成。婦人不足，宜有阻隔，不可等待，反有是非。
占家宅：無氣，作事無意，香火無力，門戶修改，全不利。
占風水：近水，路傍有大木，出女人淫亂，或出妾。不然，主損壞女人。
占婚姻：難成，無心相合。若重婚再嫁，可也。
占胎產：生男則貴子，生女產母有災，用求福。行方便，佈陰德，無病患也。
占求財：先難後易之兆，不宜多求，多求則有損矣。
占交易：似不遂之兆，守舊則可。

占田蠶：如常。
占出行：內外皆有相約，動則稱意。心自生疑，向前無慮也。
占行人：未動，不久有信，主虛驚，無大事。若過丑未得信，方見端的也。
占尋人：他人欲尋己，自不可尋他人㊀也。
占遺失：死物女人得之，或情憂中失，不記時日，在北方。生物亦可問女人，向枯樹下尋。
占捕盜：不遠，在西南方香火之所，逢巳申月日可見。
占疾病：因往西南方角上庵寺前過，沖著刀兵傷亡，半天午酉神，草野五通，攬去魂魄，或女鬼為禍。
主見內熱外冷，氣急番吐，血膿之災。男占吉，女占凶之兆。
用設家先、刀兵等神，謝天地，送暗身白虎，還舊願，送星辰。
小兒用設家先、五路童子、木下三聖、傷亡、午酉神、鎖甲神，退土殺，床公床母，送星辰。
占詞訟：多因死亡之事，或為陰人，不和，有爭鬥，必主和勸。目下鬼賊顛倒，貴人未得力，終成後吉之兆也。

校勘記

㊀「人」，原本作「火」，疑誤，據其文意改。

火雷噬嗑

☲☳離上震下，巽木五世，內卦伏藏。（巽宮第六卦）

爻位	卦　形	六親	納甲五行	世應	世下伏神
上九	▅▅▅▅▅	子孫	己巳火		
六五	▅▅　▅▅	妻財	己未土	世	辛巳火
九四	▅▅▅▅▅	官鬼	己酉金		
六三	▅▅　▅▅	妻財	庚辰土		
六二	▅▅　▅▅	兄弟	庚寅木	應	
初九	▅▅▅▅▅	父母	庚子水		

九月卦：春凶，夏吉，秋凶，冬死。

評曰：噬嗑者，齧①也。上下相合，物在頤間，飲食之事，聚會相延。財爻㊀持世，求之不難，所為事理，內外皆安。動無不吉，盡獲周旋。

此卦蘇秦說六國②卜得之，後為六國丞相。

解曰：北斗星，乃主人災福也。婦人燒香拜，禳謝也。憂字不全，無憂也。喜字全，主有喜慶也。雁食稻，一錢財，一鹿者。爵祿皆足，無不稱心。

日中為市㊁之卦，頤中有物之象。

噬嗑：亨，利用獄。

彖曰：頤中有物，曰噬嗑。噬嗑而亨，剛柔分，動而明，雷電合而章。柔得中而上行，雖不當位，利用獄也。

象曰：雷電，噬嗑。先王以明罰敕法。

朱子曰：為卦，上下兩陽而中虛，頤口之象。九四一陽，間於其中，必齧之而後合，故為噬嗑。

其占當得亨通者，有間故不通，齧之而合，則亨通矣。又三陰三陽，剛柔中半，下動上明，下雷上電。本自益卦，六四之柔，上行以至於五，而得其中。是知以陰居陽，雖不當位，而利用獄，蓋治獄之道，惟威與明，而得其中之為貴。

注釋

① 齧（niè）：用嘴咬。

② 蘇秦說六國：參見「蘇秦將遊說六國」注釋。

校勘記

㊀「財爻」，原本作「財夾」，疑誤，據《卜筮全書·卦爻呈象·火雷噬嗑》原文改。

㊁「日中為市」，原本作「日中為喜」，疑誤，據《卜筮全書·卦爻呈象·火雷噬嗑》原文改。

六甲旬斷

甲子旬：財吉，鬼衰，病吉。
甲戌旬：官鬼空，訟不成，病散。
甲申旬：世空，求謀未遂。
甲午旬：內財空，福德旺。
甲辰旬：應空，他人反覆。
甲寅旬：父母空，鬼絕，凶事散。

日六神斷

第五爻己未土，妻財持世。
甲乙：白虎持世，妻妾疾病，遠行，財物。
丙丁：玄武持世，陰私，失財。
戊己：青龍持世，求財，婚姻事。
庚辛：勾陳持世，爭競，妒忌。
壬癸：騰蛇持世，人口憂疑，怪夢。

十干詩斷

甲丙戊庚壬：自是姮娥①宮裡人，桂花分得一枝春，化土不負勤辛業，藍綬②歸來喜氣新。
乙丁己辛癸：刑獄事須利，先防群小爭，若無明鏡照，安可得公平。

注釋

①姮娥：神話中的月中女神。即嫦娥。
②藍綬：繫印紐的藍色絲帶。古代常用絲帶的不同顏色，標識官吏的身份和等級。藍綬表示等級較低的官吏。

六爻詩斷

初九：屨校①滅趾，无咎。【吉】
象曰：屨校滅趾，不行也。
詩斷：防災於未兆，遷善莫遲延，小失不知改，因循致大愆。
占斷：求財無，謀不成，病安，訟凶。
六二：噬膚滅鼻，无咎。【平】
象曰：噬膚滅鼻，乘剛也。

詩斷：內外相牽引，門中暗昧生，切須宜戒護，方可得相寧。
占斷：訟宜和，婚姻必成，病安痊，謀事可成。
六三：噬臘肉，遇毒，小吝，无咎。【平】
象曰：遇毒，位不當也。
詩斷：治國防生患，身修能服人，猶如噬堅臘，遇毒致災生。
占斷：求財遂，官事勝，病宜痊，謀事成。
九四：噬乾胏②，得金矢，利艱貞，吉。【吉】
象曰：利艱貞吉，未光也。
詩斷：刑獄事難明，先防群小爭，若無堅直德，安得事和平。
占斷：文書遂，婚必成，病安，宜求財，官事有理。
六五：噬乾肉，得黃金，貞厲，无咎。【平】
象曰：貞厲无咎，得當也。
詩斷：守正除邪佞，他人自服辜，常懷危懼志，怨咎必然無。
占斷：官事求他人和，失物空，病安，出往吉。
上九：何校滅耳，凶。【凶】
象曰：何校滅耳，聰不明也。

詩斷：滅耳何由致，多應耳不聰，不能懷惕戒，遂有滅身凶。
占斷：訟失理，出往吉，求財遂，病有驚不死。

注釋

①屨校（jù xiào）：謂戴上腳鐐。
②胏（zǐ）：乾肉，亦特指連骨的乾肉。

分類占斷

占天時：雖有雷鳴，亦無大雨，戊申日乃住。
占求官：遂得中品之職，內有貴人多，午卯日得就。
占見貴：申子辰日可進前，必遂。
占謀望：用兩人求，先難後易之兆。或有口舌，或手足破相，或姓口人同望之也。
占家宅：無氣，人身兩頭，作事多憂，香火無力，門戶修改不利。
占風水：近竹林及水路邊，出子孫多有血膿之災。
占婚姻：若非口字人說，必有口舌。有足疾人為鬼，後終成，只是不利。
占胎產：生女，或雙生，秋冬則生男。六四爻動，臨巳午、九月，產母不全。
占求財：若自獨求可也，或兩人求之，必有不足之兆，不可也。

占交易：力求則可，忌斑面人。
占田蠶：七分收。
占出行：與草頭人同行，免口舌，宜往市井之方。
占行人：欲行不行之兆，不久見信。用龍蛇交會，方得到也。
占尋人：去廟觀、市井中尋，當見。
占遺失：生物在竹林、碓邊，死物兩人得，尋有口舌，更防失。
占捕盜：在市井之中可捉，不然在竹林之所，必易捕，難逃也。
占疾病：因往西北方旺處，沖著半天午酉神，刀兵傷亡，攬去魂魄，又被小鬼打一棒。主手足災，口齒疼痛。
主見寒熱往來，飲食少進，留連氣急，有二人病。
用設二姓家先、刀兵傷亡、半天午酉神、草野五通、鎖甲神，謝灶司，送妖邪、口牙呪咀、社司、分雪①新邪、血光神，血毒神，送白虎。
小兒用設前生父母、五路童子、半天午酉神、床公床母，送星辰吉。
占詞訟：朱雀臨四爻動，有他州縣公事。外人說不可信，若吹唱者報信，可憑也。

注釋

①分雪：辯白。

山雷頤

䷚艮上震下，巽木遊魂，內卦伏藏。（巽宮遊魂卦）

爻位	卦　形	六親	納甲五行	世應	世下伏神
上九	▅▅▅▅▅	兄弟	丙寅木		
六五	▅▅　▅▅	父母	丙子水		
六四	▅▅　▅▅	妻財	丙戌土	世	己酉金
六三	▅▅　▅▅	妻財	庚辰土		
六二	▅▅　▅▅	兄弟	庚寅木		
初九	▅▅▅▅▅	父母	庚子水	應	

八月卦：春凶，夏平，秋吉，冬利。

評曰：頤者，養也。謹言節食，能養其身，震動艮止，萬物皆春㈠。惡事消散，不害於人。

此卦張騫尋黃河源①卜得之，乃知登天位也。

解曰：雨下，乃降澤也。三小兒，乃年少沾恩之象。日當天，日者，君也。香案，乃御筵也。金紫官人引一人，乃是得侍從接引，方得功成名就之兆也。占者皆吉。

龍隱深潭㈡之卦，遷善遠惡之象。

頤：貞吉。觀頤，自求口實。

彖曰：頤，貞吉，養正則吉也。觀頤，觀其所養也。自求口實，觀其自養也。天地養萬物，聖人養賢以及萬民。頤之時大矣哉。

象曰：山下有雷，頤。君子以慎言語，節飲食。

朱子曰：口食物以自養，故為養義。為卦上下二陽，內含四陰，外實內虛，上止下動，為頤之象，養之義也。貞吉者，占者得正則吉。觀頤，謂觀其所養之道。自求口實，謂觀其所以養生之術，皆得正則吉也。

注釋

①張騫（qiān）尋黃河源：張騫（約西元前164～前114年），字子文，漢中郡成固（今陝西省城固縣）人，封地博望（今河南省方城縣博望鎮），時稱博望侯。西元前2世紀，中國漢代（西漢）旅行家、外交家、探險家，對絲路的開拓有重大的貢獻。開拓漢朝通往西域的南北道路，並從西域諸國引進了汗血馬、葡萄、苜蓿、石榴、胡麻等等。參閱《史記•大宛列傳》。《漢書•張騫李廣利傳》。

校勘記

㈠「萬物皆春」，原本作「萬物皆養」，疑誤，據《卜筮全書•卦爻呈象•山雷頤》原文改。

㈡「龍隱深潭」，原本作「龍隱清潭」，疑誤，據《卜筮全書•卦爻呈象•山雷頤》原文改。

六甲旬斷

甲子旬：世空，百事不利。

甲戌旬：有福德，身、財吉。

甲申旬：財吉，本宮無氣。

甲午旬：內財空，病、訟不為凶也。

甲辰旬：兄弟空，人口災。

甲寅旬：應空，求謀他人反覆。

日六神斷

遊魂，第四爻丙戌土，妻財持世。

甲乙：騰蛇持世，妻妾驚恐。
丙丁：白虎持世，遠行，財物，妻妾疾病。
戊己：玄武持世，遠信，陰私之事。
庚辛：朱雀持世，主妻妾相爭財物。
壬癸：勾陳持世，陰私，失財。

十干詩斷

甲丙戊庚壬：莫憑賓士行路難，艱辛歷盡始清閒，前途若遇青雲客①，不久乘龍過玉關②。
乙丁己辛癸：分定隨緣未可移，若還燥暴召憂危，浮華物外無留意，可變災殃作福基。

注釋

①青雲客：指仕途顯達的人。
②玉關：借指宮門。

六爻詩斷

初九：舍爾靈龜，觀我朵頤，凶。【凶】

象曰：觀我朵頤，亦不足貴也。
詩斷：守道則福至，求榮則辱來，寄言明智者，妄動致凶災。
占斷：婚不成，訟事失理，求財不遂，病難安也。
六二：顛頤①拂經②，于丘頤，征凶。【凶】
象曰：六二征凶，行失類也。
詩斷：就下非常道，承尊又失𡒄，妄求恒失望，取辱致凶危。
占斷：訟宜進官，有凶無尾。婚姻和合。
六三：拂頤貞凶，十年勿用，无攸利。【次吉】
象曰：十年勿用，道大悖也。
詩斷：養生非正道，守舊每招凶，所貴能知變，更張事乃通。
占斷：婚不成，求財獲半，官事和平，病未痊，謀事成就。
六四：顛頤吉，虎視眈眈③，其欲逐逐，无咎。【大吉】
象曰：顛頤之吉，上施光也。
詩斷：下交不可瀆，虎視故威如，施惠休求報，將來怨咎無。
占斷：官事有氣，病安，求財必得，謀事成也。
六五：拂經，居貞吉，不可涉④大川。【吉】

象曰：居貞之吉，順以從上也。
詩斷：雖拂經常道，為能任得人，安居無遠涉，吉慶自光亨。
占斷：求財遂，謀事成，官事他人受財，婚不成。
上九：由頤，厲吉，利涉大川。【吉】
象曰：由頤厲吉，大有慶也。
詩斷：事權⑤由己出，猶自不安然，大有招餘慶，尤宜涉大川。
占斷：此一節與初九爻同斷。

注釋

①顛頤（diān yí）：謂在上養在下者。
②拂（fú）經：違反常理。
③虎視眈眈（dān dān）：眈眈：注視的樣子。像老虎那樣兇狠地盯著。形容心懷不善，伺機攫取。
④涉（shè）：趟水過河。
⑤事權：處理事情的職權。

分類占斷

占天時：天色陰沉，欲晴不晴，欲雨不雨，看看日後，午未當晴。
占求官：不遂，反生憂悶，更主他人脫騙①，不可進前。
占見貴：難見之兆。
占謀望：犯重則遂。
占家宅：山下有路，或兩頭門出入，出遊蕩之人，各宜守舊。
占風水：墓下有溪澗②㈠，前有人家及有土堆在，後有古墓或有窟也。
占婚姻：婦人無破相，媒人必有，終成。男剋頭妻，女剋頭夫之兆。
占胎產：頭胎子無害，用求香火保。夏秋各占生女㈡，春占生男，產母有而風疾。
占求財：雖有他人同去，用兩三處求之後，方得二三分。
占交易：只宜守舊，不宜作為。
占田蠶：如常也。
占出行：宜往西方，女無阻滯。如壬癸占之，去不成。
占行人：一往一來，事多疑慮反覆，欲動不動，見則見於途也。
占尋人：不久相逢，事有兩頭，多虛少實，或東或西。他疑我，我疑他，不濟。
占遺失：在籬牆下，水澗邊，有破相人得見。死物在堀空中，南北方尋之。

占捕盜：在東北岩石之所，可進前尋捉之。

占疾病：因往東北方界上，沖著山岩石洞鬼、山司、木下、山石二精、古墓伏屍鬼、或無頭鬼，攬去魂魄。

主見寒熱頭痛，心家熱結，進退留連，服藥無效。若六爻中無鬼，恐其病難醫也㊂。

九四爻動，亦難治。

用設家先、五路鬼、五瘟神、山司等神，還舊願，送星辰，退土殺㊃。

小兒用設前生父母、五路童子、化公化婆、半天午酉神、鎖甲神，退土墓殺，送騰蛇、白虎，送星辰㊄。

占詞訟：有頭無尾，我告他人，終不成也。

注釋

①脫騙：猶欺騙。

②溪澗（jiàn）：兩山之間的河溝。

校勘記

㊀「澗」，原本作「間」，疑誤，據其文意改。

處。

㊁「女」，原本作「方」，疑誤，據其文意改。

㊂「若六爻中無鬼，恐其病難醫也」，原本在「五路鬼」之後，據其行文體例，改在此處。

㊃「用設家先、五路鬼、五瘟神、山司等神，還舊願，送星辰，退土殺」，原本作「用設家先、山司等神，還舊願，五路鬼。若六爻中無鬼，恐其病難醫也。送星辰，退土殺，五瘟神」，疑誤，據其行文體例改。

㊄「小兒用設前生父母、五路童子、化公化婆、半天午酉神、鎖甲神，退土墓殺，送騰蛇、白虎，送星辰」，原本作「小兒用設前生父母，送騰蛇、白虎、五路童子、化公化婆、半天午酉神、鎖甲神，退土墓殺，送星辰」，疑誤，據其行文體例改。

山風蠱					
䷑ 艮上巽下，巽木歸魂，內卦出現。（巽宮歸魂卦）					
爻位	卦　形	六親	納甲五行	世應	世下伏神
上九	▅▅▅▅▅	兄弟	丙寅木	應	
六五	▅▅　▅▅	父母	丙子水		
六四	▅▅　▅▅	妻財	丙戌土		
九三	▅▅▅▅▅	官鬼	辛酉金	世	庚辰土
九二	▅▅▅▅▅	父母	辛亥水		
初六	▅▅　▅▅	妻財	辛丑土		

正月卦：春平，夏吉，秋不利，冬凶。

評曰：蠱者，事也。幹父之蠱，任用於先，三蠱在器，陰害相連。厭昧之事，其疾難痊，官鬼持世，憂病憂官。

此卦伯樂療馬①卜得之，乃知馬難治，見三蠱同器皿也。

解曰：孩兒在雲中，有子榮貴兒。雁銜一書，乃喜信也。一鹿，乃爵祿也。一錢，乃錢財也。男女相拜。有好事相慶也。大抵此卦凡遇之，主半凶半吉。

三蠱食血之卦，以惡害義之象。

蠱：元亨，利涉大川。先甲三日，後甲三日。

彖曰：蠱，剛上而柔下，巽而止，蠱。蠱，元亨而天下治也。利涉大川，往有事也。先甲三日，後甲三日，終則有始，天行也。

象曰：山下有風，蠱。君子以振民育德。

朱子曰：剛上而柔下，皆所以為蠱也。蠱，壞之極，亂當復治，故其占為元亨，而利涉大川。

注釋

①伯樂療馬：伯樂本名孫陽，相傳為秦穆公時的人，一說他乃趙簡子御者，善相馬，字子良，又稱王良。他是春秋時期郜國（今山東省菏澤市成武縣）人。由於他對馬的研究非常出色，人們乾脆稱他為伯樂。伯樂經過多年的實踐、長期的潛心研究，取得豐富的相馬經驗後，進行了系統的總結整理。著作有《伯樂相馬經》、《伯樂針經》。

六甲旬斷

甲子旬：外財空亡，內財吉。
甲戌旬：世空亡，求望不成。
甲申旬：財吉，鬼旺，官、病不利。
甲午旬：財㊀有氣，子孫旺，病易痊。
甲辰旬：應空，他人反覆㊁。
甲寅旬：內財空，不利求財。

校勘記

㊀「財」，原本作「宅」，疑誤，據其卦理及文意改。
㊁「他人反覆」，原本作「謀望之人不利」，疑誤，據《水雷屯·六甲旬斷》行文體例改。

日六神斷

歸魂，第三爻辛酉金，官鬼持世。
甲乙：勾陳持世，塚墳，論訟，或田土㊀事。
丙丁：騰蛇持世，驚恐，怪異，惡夢。

戊己：白虎持世，主嗔怒，或遠行，病、訟吉。
庚辛：青龍持世，遷官職。
壬癸：朱雀持世，主口舌。

校勘記

㈠「土」，原本作「上」，疑誤，據《天地否·日六神斷》行文體例改。

十干詩斷

甲丙戊庚壬：賜帶事須美，須防三褫①中，寵恩雖可待，且忌辱重來。
乙丁己辛癸：寶月有虧盈，長河濁又清，雖然逢大事，端坐不須驚。

注釋

①褫（sī）：中國漢宮苑館名。

六爻詩斷

初六：幹父之蠱，有子，考无咎，厲，終吉。【大吉】

象曰：幹父之蠱，意承考也。
詩斷：極敝宜修節，前人舊有規，無量宜變改，損益亦隨時。
占斷：婚成，求謀遂，行人至，失物在，病散，訟散也。
九二：幹母之蠱，不可貞。【次吉】
象曰：幹母之蠱，得中道也。
詩斷：以剛行內事，執一竟難成，貴得中常道，唯當順以承。
占斷：求財利，文書動，望信見，病痊，訟有理。
九三：幹父之蠱，小有悔，无大咎。【吉】
象曰：幹父之蠱，終无咎也。
詩斷：久敝應難革，須防損身多，見幾①知進退，終是保安和。
占斷：婚不成，求財不遂，訟凶，百事皆凶。
六四：裕父之蠱，往見吝。【平】
象曰：裕父之蠱，往未得也。
詩斷：優遊成敗事，所貴在乘機，謀算宜先甲，遲疑又致非。
占斷：謀事成，求財遲，訟有氣，婚不成。
六五：幹父之蠱，用譽。【吉】

象曰：幹父用譽，承以德也。
詩斷：剋家能幹蠱，田業更重增，用譽承先志，方為善繼承。
占斷：求財不利，謀事終有，婚姻不利，官事亦有理之兆。
上九：不事王侯，高尚其事。【吉】
象曰：不事王侯，志可則也。
詩斷：奔趨人世事，甚苦竟難諧，不事王侯貴，何如隱去來。
占斷：此一節與九三爻同斷。

注釋

①見幾：明察事情發生前細微的跡象。

分類占斷

占天時：雨多晴少。若三爻屬金，如此方大晴。
占求官：二次求方遂，遇巳午方見。文書有氣，只是不久遠。
占見貴：先難後易，用力則可見也。
占謀望：用口姓與穿青衣人為福，不可用穿黃、赤色衣人。

占家宅：前左有小屋，或兩頭居，符籙①、香火得力，出入門閾②破相，士人有啾唧，星辰。

占風水：有兩墓，一丙壬向，一乙辛向，前有園路。陰日占，乙辛吉，丙壬凶也。

占婚姻：內有三人，或患腳人破說，難成。

占胎產：生男，若第三爻胎以上皆不成。如未胎可養，主有患手或血膿之災，宜求神保。

正、五、九月占，九三爻動，子母難全。

占求財：用三人同求，進步有二三分。忌小兒及公吏人，反生憂疑。

占交易：不可成也，久有消。

占田蠶：如常。

占出行：三人同行，主腳足災，亦有口舌，財少。

占尋人：宜急不宜緩，用三人，議事中見也。

占遺失：在水溝中，或小橋、小茅舍邊。死物在田邊，有二三根樹在傍。

占捕盜：藏在東南方遠處，水碓③之所，可捉也。

占疾病：因往西北方，沖著山神、古塚、傷亡、木下三聖，攪去魂魄，鎖縛網中。

主見心腹疼痛，寒熱往來，或風勞氣急，及瘡癤之災，或大小便不通，用藥不得宜。

用設家先、木下三聖等神，血光、血毒、鎖甲神、天羅地網殺、天瘟、五道神。

小兒用設前生父母、五路童子、送白虎神、半天午酉神、鎖甲神、化公化母，送星辰。

占詞訟：三五人為事，不依議論。先見他生我，中途我害他。有姓張、破口人和勸，可從之。

注釋

①符籙（lù）：道教所傳秘密文書符和籙的統稱。道士巫師畫的一種圖形或線條，相傳可以役鬼神，辟病邪。

②門閾（yù）：門檻。

③水碓：利用水力舂米的器械。

離為火					
☲ 離上離下，離火八純，內外出現。（六沖）（離宮首卦）					
爻位	卦　形	六親	納甲五行	世應	世下伏神
上九	▅▅▅▅▅	兄弟	己巳火	世	戊子水
六五	▅▅　▅▅	子孫	己未土		
九四	▅▅▅▅▅	妻財	己酉金		
九三	▅▅▅▅▅	官鬼	己亥水	應	
六二	▅▅　▅▅	子孫	己丑土		
初九	▅▅▅▅▅	父母	己卯木		

四月卦：春凶，夏吉，秋疾病，冬不利。

評曰：離者，麗也。光明美麗，不利出師，二鳥同飛㊀，雄失其雌①。婚姻未合，易起官非㊁，口舌相尚，財散人離。

此卦朱買臣被妻棄時②卜得之，後知身必貴也。

解曰：人在虎背上立，主有驚險也。一船在江心，乃遇便風也。官人執箭在岸上立。乃遇大貴人薦拔，如箭急也。謀望先凶後喜之象，无咎。

飛禽遇㊂網之卦，大明當天之象。

離：利貞，亨。畜牝③牛，吉。

彖曰：離，麗也。日月麗乎天，百穀草木麗乎土，重明以麗乎正，乃化成天下。柔麗乎中正，故亨，是以畜牝牛吉也。

象曰：明兩作，離。大人以繼明照于四方。

朱子曰：離，麗也。陰麗于陽，其象為

火，體陰而用陽也。物之所麗，貴乎得正，牝牛柔順之物也，故占者能正則亨，而畜牝牛則吉也。

注釋

①雌（cí）：母鳥。引申為母的。

②朱買臣被妻棄時：朱買臣，字翁子，會稽吳人，生年不詳，卒於漢武帝元鼎二年，家貧，好讀書，不治產業，妻羞之，求去。買臣不能留，即聽去。年約六十餘歲。漢武帝時，為中大夫，累官至會稽太守、主爵都尉，位列九卿。後因事被漢武帝誅殺於長安。參閱《漢書·嚴朱吾丘主父徐嚴終王賈傳》。

③牝（pìn）：雌性的禽獸。與「牡」相對。

校勘記

㊀「同飛」，原本作「並飛」，疑誤，據

《卜筮全書·卦爻呈象·離為火》原文改。

㊁「婚姻未合，易起官非」，原本作「文章上卦，兵相之衰」，疑誤，據《卜筮全書·卦爻呈象·離為火》原文改。

㊂「遇」，原本作「在」，疑誤，據《卜筮全書·卦爻呈象·離為火》原文改。

六甲旬斷

甲子旬：應空鬼空，病亦凶。

甲戌旬：財空，身吉，病宜祀灶。

甲申旬：鬼長生㊀，病未安。

甲午旬：世空，財不利。

甲辰旬：父母空，財不利。

甲寅旬：內㊁子孫空，本宮生氣，病吉。

校勘記

㊀「鬼長生」，原本作「鬼旺」，疑誤，據其卦理及文意改。

㊁「內」，原本脱漏，據其卦理及文意補入。

日六神斷

八純卦，第六爻己巳火，兄弟持世。
甲乙：玄武持世，防口舌，勾陳鬼剋身。
丙丁：青龍持世，主文書，孕育之喜。騰蛇鬼剋身。
戊己：朱雀持世，主書信。
庚辛：騰蛇持世，時行災患。
壬癸：白虎持世，眼疾，宜祀灶司。

十干詩斷

甲丙戊庚壬：一生繁冗事多端，歷盡艱難未得安，幸有主人相引薦，從今妖孽變為祥。
乙丁己辛癸：險阻艱難總未當，幸然危裡保安康，忽逢帶口人推薦㊀，得際風雲在王堂。

校勘記

㊀「薦」，原本作「惜」，疑誤，據其文意改。

六爻詩斷

初九：履錯然，敬之，无咎。【吉】
象曰：履錯之敬，以辟咎也。
詩斷：盛名方顯達，有似日方升，謹畏加誠敬，何緣災咎生。
占斷：求財、望事皆利。訟，我強他弱。婚必不成。
六二：黄離，元吉。【大吉】
象曰：黄離元吉，得中道也。
詩斷：幸際文明世，當權秉大鈞，謙柔元大吉，君子道方伸。
占斷：行人至，婚不成。訟、病凶。百事不利。
九三：日昃之離，不鼓缶而歌，則大耋①之嗟，凶。【凶】
象曰：日昃之離，何可久也？
詩斷：若占家宅事，須是有凶災，於祿兼公訟，虚勞盡不諧。
占斷：此一節與六二爻同斷。
九四：突如其來如，焚如，死如，棄如。【凶】
象曰：突如其來如，无所容也。
詩斷：炎炎如火盛，生下莫能容，一旦㊀威聲退，不如死棄同。

占斷：謀事成，求財利，訟有理，婚不成，病安，行人至。

六五：出涕沱若②，戚嗟若，吉。【平】

象曰：六五之吉，離王公也。

詩斷：上下雖煎迫，憂嗟亦至深，天人相贊助，吉慶自來臨。

占斷：謀事、求財皆遂。出往吉，婚不成。

上九：王用出征，有嘉折首，獲匪其醜，无咎。【吉】

象曰：王用出征，以正邦也。

詩斷：出戰降兵卒，平戎談笑間，貴人陰借力，得勝不為難。

占斷：謀事、求財不成。文書不動。

注釋

①大耋（dié）：古八十歲曰耋。一說指七十歲。故以「大耋」指老年人，或指高齡。

②出涕沱（tì tuó）若：慟哭的，淚如雨下的。

校勘記

㈠「旦」，原本作「且」，疑誤，據其文意改。

分類占斷

占天時：久陰無明之兆，過一二日方晴。
占見貴：力求進前，可也。
占謀望：不宜，動用有阻隔，退則可，進則必有傷亡也㈠。
占家宅：不寧，防鬼賊相侵，亦防火災口舌之事。
占風水：後有神壇及人家，前山遠路又或低，卯酉向，出人聰明，離祖。
占婚姻：雖成，久後無尾。婦無定性，退夫家財。有心疹①，再嫁可。
占胎產：主雙生，產婦不宜出外，只宜在內。如變《風山漸》，雙生也。不然，祈福保。
占求財：不宜遠求，守常无咎，有陰人財，恐生不足。
占交易：終久成就，只有些是非之事，不妨。
占田蠶：半收。
占出行：不利西北方，非求財喜所行，他事則可。
占行人：在外多凶險，陰人阻隔，有失脫。若申子辰日，或一五七日，必回。
占尋人：不宜相尋，反有致傷他人，作事顛倒驚危。若有信來，亦是虛言，皆不可動也。
占遺失：死物被陰人將去②，藏在箱籠裡了。生物在竹林、籬下、枯木處，急尋見。
占捕盜：在北方移居南方，可託他人捉得，巳午日方得見。

占疾病：因往西北方溪河，水澗邊，沖著落水傷亡、土地、社司、灶神，攬去魂魄。主見上熱下冷，心腹疼痛，嘔吐瀉痢，上盛下虛，氣急，臟腑不和，家先引北方水傷為患，主男吉女凶。

用設家先及南方廟司大王，山司、木下、溪澗神。

小兒用設家先、南方廟司大王、木下三聖、溪神、水畔傷亡，送白虎、瘟神、化公化婆、解呪咀，退土殺，還舊願。

占詞訟：內動則外凶，只宜人侵己，不宜己侵人。他人侵我，自取其危，我侵他人，反受凶。宜木姓人主之吉。

注釋

①瘆（shǐ）：自放縱。

②將去：拿去。

校勘記

㊀「也」，原本作「已」，疑誤，據其文意改。

火山旅

䷷離上艮下，離火一世，外卦出現。（六合）（離宮第二卦）

爻位	卦　形	六親	納甲五行	世應	世下伏神
上九	⚊	兄弟	己巳火		
六五	⚋	子孫	己未土		
九四	⚊	妻財	己酉金	應	
九三	⚊	妻財	丙申金		
六二	⚋	兄弟	丙午火		
初六	⚋	子孫	丙辰土	世	己卯木

五月卦：春吉，夏失財，秋凶，冬不利。

評曰：旅者，客也。長途落落㈠，羈旅淒淒①，火行山上，逐草高低。如鳥焚巢，無巢可棲②，雖然先笑，後有悲啼。

此卦陳後主得張麗華③卜得之，乃知先喜後悲。

解曰：三星者，乃台星也。貴人臺上垂釣，牽水畔人，遇貴牽引得脫險沉也。一猴一羊，乃未申二位得見喜慶也。大溪者。主前後遠大也。如鳥焚巢④之卦，樂㈡極哀生之象。

旅：小亨，旅貞吉。

彖曰：旅，小亨，柔得中乎外而順乎剛，止而麗乎明，是以小亨，旅貞吉也。旅之時義大矣哉。

象曰：山上有火，旅。君子以明慎用刑，而不留獄。

朱子曰：艮止而離麗於明，故其占可以小亨。而能守其旅之貞則吉。旅非常居，若可苟者，然道無不在，故自有其正，不可須臾離也。

注釋

①羈旅淒淒（jī lǚ qī qī）：指客居異鄉的人，悲傷淒涼。

②棲（qī）：此處指鳥類歇息。

③陳後主得張麗華：陳後主陳叔寶（553—604年），字元秀，小字黃奴，南朝陳最後一位皇帝。西元583年—589年在位，在位7年，年號至德、禎明。在位時大建宮室，生活奢侈，不理朝政，日夜與妃嬪、文臣遊宴，製作豔詞。隋軍南下時，自恃長江天險，不以為然。589年（禎明三年），隋軍入建康，陳叔寶被俘。隋仁壽四年(604

年），陳叔寶在洛陽城病死，得年五十二歲。追贈大將軍、長城縣公。謚號煬。張麗華，後主爲太子，以選入宮。後主即位，拜爲貴妃。性聰慧，甚被寵遇。參閱《南史・陳本紀下》、《南史・列傳第二・後妃下》。

④巢（cháo）：鳥的窩。

校勘記

㈠「長途落落」，原本脱漏，據《卜筮全書・卦爻呈象・火山旅》原文補入。

㈡「樂」，原本作「歡」，疑誤，據《卜筮全書・卦爻呈象・火山旅》原文改。

六甲旬斷

甲子旬：福德旺，病無妨。

甲戌旬：財空亡。

甲申旬：外卦空，外事凶。

甲午旬：世空亡，事不成。

甲辰旬：身吉。

甲寅旬：內卦空，人口災。

日六神斷

一世卦，初爻丙辰土，子孫持世。
甲乙：青龍持世，主喜慶，但不利婚姻。
丙丁：朱雀持世，遠信，文字之喜。
戊己：勾陳持世，剋退鬼，訟、病吉。
庚辛：白虎持世，小口疾病，憂父母，財合身，或遠行。
壬癸：玄武持世，鬼合剋身，遠信，陰私，憂疑之事。凡初爻，依此六神斷之。

十干詩斷

甲丙戊庚壬：旅巢傾覆更遭焚，謹事當無獄難迍，若見出行千里吉，遠聞哭泣在私門。
乙丁己辛癸：羈人失所幾多時，未遇羊猴未見歸，柱石貴人頭帶斗，方回斗柄復光輝。

六爻詩斷

初六：旅瑣瑣①，斯其所取災。【平】
象曰：旅瑣瑣，志窮災也。
詩斷：林鶴在雞群，沖天路漸迷，臨歧當自擇，須向穩中棲②。

占斷：官事他有理，行人必至。占婚、謀事皆不成。病凶。
六二：旅即次，懷其資，得童僕貞。【吉】
象曰：得童僕貞，終无尤也。
詩斷：旅中安次舍，得位正居中，童僕勤心力，資財亦自豐。
占斷：訟凶，病未痊，行人至。求財、望事、婚姻不成。
九三：旅焚其次，喪其童僕，貞厲。【凶】
象曰：旅焚其次，亦以傷矣。以旅與下，其義喪也。
詩斷：逆旅居其次，俄然災禍臨，資財多散失，童僕亦離心。
占斷：求財獲，望事成，訟不弱，婚不成。
九四：旅于處，得其資斧③，我心不快。【小吉】
象曰：旅于處，未得位也。得其資斧，心未快也。
詩斷：小事雖云吉，尤防禍患侵，自身多暗昧，百事不㊀如心。
占斷：謀事成，求財遂，訟有理，失物在，病安。
六五：射雉④，一矢亡，終以譽命。【大吉】
象曰：終以譽命，上逮也。
詩斷：小事元無害，還當有盛名，化龍終有日，頭角自崢嶸。

占斷：官事凶，婚成，謀遂，求財不利，失物在。
上九：鳥焚其巢，旅人先笑後號咷⑤。喪牛于易，凶。【凶】
象曰：以旅在上，其義焚也。喪牛于易，終莫之聞也。
詩斷：居高招眾怨，先喜後還悲，格厲遭傾覆，焚巢失此依。
占斷：不宜出行，官事凶，婚不成，病主死。求財、望事不遂。

注釋

①瑣瑣（suǒ suǒ）：疑慮不定。
②棲（qī）：居留，停留。
③資斧：貨財器用。
④射雉（zhì）：射獵野雞。古代的一種畋獵活動。
⑤號咷（táo）：大聲的哭喊。

校勘記

㊀「不」，原本作「夫」，疑誤，據其文意改。

分類占斷

占天時：主多雨，應在巳午日晴。
占求官：文書不遂，只宜遲緩。
占見貴：遲可。
占謀望：宜往外方，一人獨求則利。不可信他人言，若信必不足。
占家宅：有小屋，水澗路，亦不便。對過有屋，二人同住可，安門亦不正。
占風水：前有小屋，丙壬向，出人離祖。
占婚姻：用兩姓人為媒，亦有兩處爭婚。此婦人無父母，縱有不是親，更可疑。
占胎產：生女，當雙生。鏇子不在正房，若在正房，不正妻也。多是夜生，非日產。
占求財：多用計較，宜遠不宜近，宜慢不宜速。靜求則有僧道之財也，決無失。
占交易：宜緩，久後方有。貴人得力，必就也。
占田蠶：平平。
占出行：出則反覆也，欲去東，又欲去西。用兩人同行不可，求財反主有失脫之兆也。
占行人：在遠處，雖有阻無妨，只是未歸。有信，皆是虛信也。
占尋人：去遠方，若暗中行來，可見也。
占遺失：死物多是衣服，有人夜中將去。生物在荒園中，竹籬、茅舍下。

占捕盜：乃是遠行人也，其人無家，難定其所，或東或西。

占疾病：因往東南方經商回歸，過古墓前，沖著刀兵傷亡、土主大王，攬去魂魄，或近水邊得病。

主見寒熱往來，心腹疼痛。六爻無鬼，其病難痊，冬忌此卦凶。

用設家先、社司、土主、五瘟神，謝灶司。

小兒用設前生父母、五路童子、化公化母、半天午酉神、鎖甲神，退土煞，送星辰吉。

占詞訟：有理亦宜和，不和一時脫未得，恐有鎖枷之患。

火風鼎

☲☴ 離上巽下，離火二世，外卦出現。（離宮第三卦）

爻位	卦　形	六親	納甲五行	世應	世下伏神
上九	▅▅▅▅▅	兄弟	己巳火		
六五	▅▅　▅▅	子孫	己未土	應	
九四	▅▅▅▅▅	妻財	己酉金		
九三	▅▅▅▅▅	妻財	辛酉金		
九二	▅▅▅▅▅	官鬼	辛亥水	世	己丑土
初六	▅▅　▅▅	子孫	辛丑土		

十二月卦：春吉，夏凶，秋凶，冬吉。

評曰：鼎者，定也。鼎象九州①，和羹②之器，變生為熟，以成香味。鼎乃易溢③，不宜爭事，官鬼持世，求官最利㊀。

此卦秦君卜得之，乃知得九鼎以象九州④也。

解曰：雲中月現，乃荷三光照臨也。鵲南飛，有喜也。一子裹席帽，有子喜也。一人執刀，防暗傷也。貴人端坐無畏，福重可免災。一鼠。主耗也。

調和鼎鼐⑤之卦，去故取新之象。

鼎：元吉亨。

彖曰：鼎，象也。以木巽火，亨飪⑥也。聖人亨，以享上帝。而大亨，以養聖賢。巽而耳目聰明，柔進而上行，得中而應乎剛，是以元亨。

象曰：木上有火，鼎。君子以正位凝命⑦。

朱子曰：鼎，烹飪之器，為卦下陰為足，二三四為腹，五陰為耳，上陽為鉉⑧，有鼎之象。又以巽木入離火而致烹飪，鼎之用也，故其卦為鼎。下巽，巽也。上離為目，而五為耳，有內巽順而外聰明之象。卦自巽來，陰進居五，而下應九二之陽，故其占曰元亨。吉，衍文也。

注釋

①鼎（dǐng）象九州：相傳夏禹鑄九鼎，象徵九州，夏商周三代奉為象徵國家政權的傳國之寶。戰國時，秦楚皆有興師到周求鼎之事。周顯王時，九鼎沒於泗水彭城下。

②和羹（gēng）：配以不同調味品而製成的羹湯。

③溢（yì）：水漫出來。

④秦君得九鼎以象九州：秦滅周，周之九鼎入於秦。參閱《史記・封禪書》、《史記・秦本紀》。

⑤調和鼎鼐（dǐng nài）：鼎和鼐，是古代兩種烹飪器具，用於調和五味。因古代宰相治理天下，揆度百事，就如同在鼎中調味一般。故以鼎鼐比喻宰相的職位。
⑥亨飪（hēng rèn）：烹煮，做飯做菜。
⑦凝（níng）命：謂使教令嚴整。
⑧鉉（xuàn）：古代舉鼎器具，狀如鈎，銅製，用以提鼎兩耳。

校勘記

㊀「求官最利」，原本作「求官不利」，疑誤，據《卜筮全書•卦爻呈象•火鳳鼎》原文改。

六甲旬斷

甲子旬：鬼、世空，福德旺。
甲戌旬：財空，身吉，病吉。
甲申旬：子孫應空，財㊁旺。
甲午旬：兄弟空，內卦空，人口災。
甲辰旬：鬼庫墓，財吉，福德旺。
甲寅旬：內㊂福德空，身吉，病出旬痊。

校勘記

㊀「財」，原本作「鬼」，疑誤，據其卦理及文意改。
㊁「內」，原本脫漏，據其卦理及文意補入。

日六神斷

第二爻辛亥水，官鬼持世。
甲乙：朱雀持世，官事，口舌，傷失。
丙丁：勾陳持世，塚墓，田地，公訟，剋利。
戊己：螣蛇持世，驚恐，怪異。
庚辛：玄武持世，應剋世，盜賊，陰私，公訟。
壬癸：青龍持世，遷官，受職。

十干詩斷

甲丙戊庚壬：取新革故鼎初成，王器顧知自顯榮，明健若全須大用，他年調鼎一時亨。
乙丁己辛癸：鼎足事雖傷，先當慎吉祥，不求身外事，我後保安康。

六爻詩斷

初六：鼎顛趾，利出否。得妾①以其子，无咎。【吉】
象曰：鼎顛趾，未悖也。利出否，以從貴也。
詩斷：鼎顛隨出否，因敗以為功，得妾以為子，還如顛趾同。
占斷：求財、望事利。訟，我剋他。婚成，百事吉也。
九二：鼎有實，我仇有疾，不我能即，吉。【吉】
象曰：鼎有實，慎所之也。我仇有疾，終无尤也。
詩斷：我仇當遠去，不可令相侵，自守能中正，終當吉慶臨。
占斷：求財、謀事宜。婚不利。訟，自身有氣。失物在也。
九三：鼎耳革，其行塞。雉膏②不食，方雨虧悔，終吉。【吉】
象曰：鼎耳革，失其義也。
詩斷：未宜先變革，自守可無虧，初也无攸利，終焉吉自隨。
占斷：訟、病皆凶。求財、望事、婚不成。
九四：鼎折足，覆公餗③，其形渥④，凶。【凶】
象曰：覆公餗，信如何也。
詩斷：不窮勝重任，覆餗反招凶，力小圖謀大，將來不剋終。

占斷：謀事、婚姻成。文書利，百事俱吉。

六五：鼎黃耳，金鉉⑤，利貞。【上吉】

象曰：鼎黃耳，中以為實也。

詩斷：鼎新中有實，調羹獲全功，幸遇文明世，明良千載逢。

占斷：望事成，失物在。訟，他有氣。婚不成，求財無。

上九：鼎玉鉉⑥，大吉，无不利。【上吉】

象曰：玉鉉在上，剛柔節也。

詩斷：溫良君子德，居上更宜民，大展經綸手，皇家鼎鼐臣。

占斷：病凶，訟散，不宜出行，求財無。

注釋

①妾（qiè）：妻子之外另娶的女人。

②雉膏：肥美的野雞肉。

③餗（sù）：鼎中的食物。泛指佳餚美味。

④渥（wò）：沾潤。通「剭（wū）」。剭誅。古代誅殺貴族在屋內行刑，不暴露於市。

⑤金鉉：舉鼎具。貫穿鼎上兩耳的橫杆。金屬製，用以提鼎。

⑥玉鉉：玉製的舉鼎之具。狀如鈎，用以提鼎之兩耳。孔穎達疏：「鼎玉鉉者，玉者，堅剛而有潤者也。上九，居鼎之終，鼎道之成，體剛處柔，則是用玉鉉以自舉者也，故曰『鼎玉鉉』也」。

分類占斷

占天時：三日雨，後起風，一日陰，一日晴。

占求官：必遂。有破相疾人有阻，當用二三次求之。

占見貴：力求方得順。

占謀望：反覆不遂，又成是非，有貴人方可。有破相疾人破說，宜用力。

占家宅：出斑面白目人，門有破背，不然，則多人同居，非祖屋。

占風水：乙辛向，三墓有一墓破相，有丫路，出人殘疾，或有眼疾之災。

占婚姻：必成，有是非口舌。必見同有三人，在內不足，就用三人說，一人不成。

占胎產：生男，不久便生，恐子母不安，用祈福保之，及祭祀家先。

占求財：是非中求財，有疾人不足，用三人求，亦不義之財。

占交易：必成，亦宜用心。

占田蠶：大吉也。

占出行：用三人行，二人行則防破財，失路甚則防是非，到地頭有改動。
占行人：恐途中與同行不定，有憂慮，三人之中一不合。
占遺失：在破相人處，如死物在倉庫中，生物去亦不遠，用向東南方可尋。
占捕盜：有三人相同，在東北方近米倉、荒屋之地，目下難捉。
占疾病：因往西北水邊得病，沖著落水傷亡、溪河神、五瘟神，攬去魂魄。
主見寒熱，上盛下虛，吐瀉腹痛，血光之災。
用設家先、溪河等神、水火二將軍，謝灶司，還舊願，退土墓煞，飛煞。
小兒用設家先、前生父母、五路童子、化公化母、半天午酉神、鎖甲神，送星辰。
占詞訟：因小是非中起，宜相勸為好，不然有枷鎖之危。

火水未濟

䷿離上坎下，離火三世，外卦出現。（離宮第四卦）

爻位	卦　形	六親	納甲五行	世應	世下伏神
上九	⚊	兄弟	己巳火	應	
六五	⚋	子孫	己未土		
九四	⚊	妻財	己酉金		
六三	⚋	兄弟	戊午火	世	己亥水
九二	⚊	子孫	戊辰土		
初六	⚋	父母	戊寅木		

七月卦：春平，夏平，秋自如，冬吉。

評曰：未濟者，失也。水火不交㊀，剛柔失位，求事未成，多有纏滯①。如狐渡㊁水，必濡其尾，積小成大，謂之未濟。

此卦孔子穿九曲明珠未徹②卜得之，乃遇二女，方始穿得也。

解曰：一人提刀斧，乃有威也。一虎坐，乃無威也。一旗卓在山上，期信也。一人取旗，立信也。梯子有到字。有等級可至也。故曰未濟終須濟。

竭海㊂求珠之卦，憂中望喜之象。

未濟：亨。小狐汔③濟，濡其尾，无攸利。

象曰：未濟亨，柔得中也。小狐汔濟，未出中也。濡其尾，无攸利，不續終也。雖不當位，剛柔應也。

象曰：火在水上，未濟。君子以慎辨物居方。

朱子曰：未濟，事未成之時也。水火不交，不相為用，卦之六爻，皆失其位，故為未濟。汔，幾也。幾濟而濡尾，猶未濟也。占者如此，何所利哉。

注釋

①壅滯（yōng zhì）：阻隔，堵塞。

②孔子穿九曲明珠未徹：孔子去衛適陳，途中見二女採桑。子曰：「南枝窈窕北枝長」。答曰：「夫子遊陳必絕糧。九曲明珠穿不得，著來問我採桑娘」。夫子至陳，大夫發兵圍之，令穿九曲明珠，乃釋其厄。夫子不能，使回、賜返問之。其家謬言女出外，以一瓜獻二子。子貢曰：「瓜，子在內也」。女乃出，語曰：「用蜜塗珠，絲將繫蟻，如不肯過，用

煙熏之」。孔子依其言，乃能穿之。於是絕糧七日。參閱《繹史》。

③汔（qì）：接近，幾乎。

校勘記

㈠「交」，原本作「滅」，疑誤，據《卜筮全書·卦爻呈象·火水未濟》原文改。

㈡「渡」，原本作「度」，疑誤，按現代用字方式改。

㈢「竭海」，原本作「碣火」，疑誤，據《卜筮全書·卦爻呈象·火水未濟》原文改。

六甲旬斷

甲子旬：鬼剋世應㈠，百事不利。

甲戌旬：財空，身吉，病不凶。

甲申旬：世空，外子空，人口災，凶。

甲午旬：兄弟應空，不宜訟。

甲辰旬：身吉，財吉，病不妨。

甲寅旬：內卦空，不宜理財，恐難成就。

校勘記

㈠「鬼剋世應」，原本作「世應並空」，疑誤，據其卦理及文意改。

日六神斷

第三爻戊午火，兄弟持世。
甲乙：勾陳持世，福德扶身吉。
丙丁：螣蛇持世，主驚憂不寧。
戊己：白虎持世，遠信至。
庚辛：青龍持世，求官職或求婚姻，病憂父母。
壬癸：朱雀持世，陰私或和會，文字吉。

十干詩斷

甲丙戊庚壬：二牛一尾事難全，財祿須防兩不然，龍過丁坡田有氣，喜逢寅卯是根源。
乙丁己辛癸：乘輪防有火，濡尾有淹留，若得高人力，殊無戚與憂。

六爻詩斷

初六：濡其尾，吝。【平】
象曰：濡其尾，亦不知極也。
詩斷：時方當險難，君子貴知幾，如不先量力，將㊀來悔亦遲。
占斷：婚姻、求事難成。孕生女。行人、諸事不利之兆。
九二：曳其輪，貞吉。【吉】
象曰：九二貞吉，中以行正也。
詩斷：險難危疑際，經綸濟世難，若行中正道，凶散吉相隨。
占斷：訟凶，求事成，求財無，出往不利，病長。
六三：未濟，征凶，利涉大川。【平】
象曰：未濟征凶，位不當也。
詩斷：前路方艱險，求亦未進身，須逢同德友，方是濟川人。
占斷：求事成，訟有理，病宜服藥，行人動，求財遂，百事吉。
九四：貞吉，悔亡。震用伐鬼方，三年有賞于大國。【吉】
象曰：貞吉悔亡，志行也。
詩斷：志得行其道，方離險阻中，事因遲而濟，方逃保成功。

占斷：訟，他人弱。病可治，求事先難後易，求財一得一失，行人遲也。
六五：貞吉，无悔。君子之光，有孚，吉。【吉】
象曰：君子之光，其暉①吉也。
詩斷：虛心求助己，柔以濟乎剛，信實無虛吝，斯為君子光。
占斷：行人未動，官事宜就他人，求財未遂，病未安，婚不成，孕生女之兆。
上九：有孚于飲酒，无咎。濡其首，有孚失是。【平】
象曰：飲酒濡首，亦不知節也。
詩斷：中心安義命，自樂保天和，沉淪不知節，時災可奈何。
占斷：行人未至，失物難尋，求財亦不宜行，官事不吉。

注釋

①暉（huī）：同「輝」。

校勘記

㊀「將」，原本作「降」，疑誤，據其文意改。

分類占斷

占天時：先有雨，後長晴，主乾旱之兆。

占求官：遲得，非正品之職，應未申月日可就。

占見貴：先阻後就，應申子辰日。

占謀望：有兩頭可望，遇點水、木姓之人完備，終久當和合。

占家宅：前若無橋道，則有水溝，有重屋，或後有茅舍，人丁不旺，亦非祖屋。

占風水：前有樹，後有香火，被樹根穿，用培修。

占婚姻：先難後易，有出家人說媒乃成，其婦有淫亂德行。

占胎產：內動生男，外動生女。又頭胎生女，二四生男，第五胎生女，不久當生，有艱難之兆。

占求財：宜與人在文書及市井中求之，先難後易。忌複姓人在內阻隔，縱求得亦少，有是非。

占交易：先難後易，應亥卯未日。

占田蠶：如常。

占出行：不遠，只不可望財，外方見人及文書可以也。

占行人：有四人同行，近河，欲動欲靜，先失後得。口舌官事，雖有無傷。

占尋人：得見，不去尋他，其人自來。上九爻動即見，六三爻動可尋。

占遺失：在水碓邊，遲得。死物在香火、佛堂邊。

占捕盜：不在遠方，只在眼前，相識藏了。其人當近水圳處，及茅屋人家，可捉。

占疾病：因往東北方近河處，沖著溪河神、落㊀水傷亡、游瘟神，或犯客亡鬼及灶司，攬去魂魄。

主見先寒後熱，吐瀉，不進飲食，上熱下冷，進退留連。

用設家先、刀兵傷亡、溪河神、山司，木下三聖、半天午酉神、五瘟神，送星辰。

小兒用設家先、半天午酉神、祀灶、床公床母、五路童子。

占詞訟：我剋他人，終和勸他。忌姓劉之人阻隔，有點水、木字姓貴人則吉。

校勘記

㊀「落」，原本脫漏，據《坎為水•占疾病》行文體例補入。

山水蒙

䷃艮上坎下，離火四世，內卦伏藏。（離宮第五卦）					
爻位	卦　形	六親	納甲五行	世應	世下伏神
上九	⚊	父母	丙寅木		
六五	⚋	官鬼	丙子水		
六四	⚋	子孫	丙戌土	世	己酉金
六三	⚋	兄弟	戊午火		
九二	⚊	子孫	戊辰土		
初六	⚋	父母	戊寅木	應	

八月卦：春凶，夏平，秋不利，冬口舌。

評曰：蒙者，昧也。蒙以養正㊀，山下有泉，回還反覆，迷悶相連。多憂過失，病患相纏，欲進欲退，疑惑不前。

此卦王莽篡漢社稷①卜得之，乃知漢家必有中興主也。

解曰：一鹿，一堆錢，乃有財祿也。一盒子，乃自然和合也。李樹一枝子折，尚有別枝雲也。二人江中撐船，珍寶填塞。乃厚護財利榮歸也。

人藏祿寶之卦，萬物始生㊁之象。

蒙：亨。匪我求童蒙，童蒙求我。初筮告，再三瀆，瀆則不告。利貞。

彖曰：蒙，山下有險，險而止，蒙。蒙亨，以亨行時中也。匪我求童蒙，童蒙求我，志應也。初筮告，以剛中也。再三瀆，瀆則不告，瀆蒙也。蒙以養正，聖功也。

象曰：山下出泉，蒙。君子以果行育德。

朱子曰：蒙，昧也。物生之初，蒙昧未明也。其卦以坎遇艮，山下有險，蒙之地也。內險外止，蒙之意也。故其名為蒙。九二內卦之主，以剛居中，能發人之蒙者，而與六五陰陽相應，故遇此卦者，有亨道也。童蒙，幼稚而蒙昧。筮者明，則人當求我，而其亨在人。筮者暗，則我當求人，而其亨在我。人求我者，當視其可否而應之。我求人者，當致其精一而扣②之。而明者之養蒙，與蒙者之自養，又皆利於以正也。

注釋

①王莽篡漢社稷：指西漢末年王莽篡奪漢朝政權，建立新朝的歷史事件。王莽以姑母王政君為憑藉，朝野上下皆贊王莽。西元9年（元始五年）十二月，漢平帝死後，王莽指使同

黨向太皇太后王政君上書，要求讓他代天子臨朝。王政君無奈，只好順從這一要求，由王莽攝政，稱為「攝皇帝」。參閱《漢書·王莽傳》。

②扣：求教，探問。

校勘記

㈠「蒙以養正」，原本脫漏，據《卜筮全書·卦爻呈象·山水蒙》原文補入。

㈡「萬物始生」，原本作「萬物發生」，疑誤，據《卜筮全書·卦爻呈象·山水蒙》原文改。

六甲旬斷

甲子旬：世空，求謀反覆。

甲戌旬：本宮墓，病未安。

甲申旬：本宮空，不利訟。

甲午旬：內㈠子孫空，病出旬安。

甲辰旬：父母空，宅神不安。

甲寅旬：鬼空，內卦空，人口災。

校勘記

㊀「內」，原本脫漏，據其卦理及文意補入。

日六神斷

第四爻丙戌土，子孫持世。
甲乙：騰蛇持世，人口驚恐，怪夢。
丙丁：白虎持世，財合身。
戊己：玄武持世，遠信，陰私。
庚辛：朱雀持世，剋退財，或口舌。
壬癸：勾陳持世，福德扶身，爭田土，暗昧勾連。

十干詩斷

甲丙戊庚壬：隔兵驚恐不成危，木盡煙消竹作灰，陽氣復來先報喜，雪寒歡笑賞紅梅。
乙丁己辛癸：進退喜沉吟，心疑事未成，欲逢名與利，直待一陽生。

六爻詩斷

初六：發蒙，利用刑人，用說桎梏①；以往吝。【平】
象曰：利用刑人，以正法也。
詩斷：蒙昧須當發，唯宜在小愆，既懲應暫捨，不爾②反侵淩。
占斷：婚姻、求財難成。訟事失理，病急醫，失物難見也。
九二：包蒙吉，納婦吉，子剋家。【大吉】
象曰：子剋家，剛柔接也。
詩斷：人有包容德，家齊事事成，剋家無有子，內外盡光亨。
占斷：訟、病難安。失物難尋，婚不成，求財無，行人動，六甲有驚。
六三：勿用取女，見金夫，不有躬，无攸利。【凶】
象曰：勿用取女，行不順也。
詩斷：切忌花間酒，莫貪無義金，失身自無義，暗室在欺心。
占斷：求財遂，失物可尋，行人未至，病可治，訟得理，孕生男，婚不成。
六四：困蒙，吝。【凶】
象曰：困蒙之吝，獨遠實也。
詩斷：窮困方蒙昧，中心吝可憂，須求明誠者，亦可免賊羞。

占斷：訟不利，病難治，失物不見，諸事不利。
六五：童蒙，吉。【吉】
象曰：童蒙之吉，順以巽也。
詩斷：童蒙方暗昧，器識③未能成，求財于先覺，終當為發明。
占斷：求財遂，望事成，失物在，行人未至，官事平，病不至死，六甲生女。
上九：擊蒙，不利為寇，利禦寇。【平】
象曰：利用禦寇，上下順也。
詩斷：彼自方蒙昧，何須用意攻，但當宜謹密，自固免遭凶。
占斷：官事凶，病難治，行人至，求財無，失物空，婚姻不利之兆。

注釋

①桎梏（zhì gù）：刑具。腳鐐手銬。
②不爾：不如此，不然。
③器識：氣量與見識。

分類占斷

占天時：有雨不晴之兆，用過二旬，甲子日方晴。
占求官：用草頭、木姓人在内必就，宜進不宜退，退悔便不成也。
占見貴：未為大，須用遲則吉，見之必有歡喜之兆。
占謀望：雖未分曉，久則當遂。鬼賊疑慮，不見端的，後有人説方真。
占家宅：有竹林之所，不然則有茅舍，前有水橋，宜作福。
占風水：前有茅房、竹林，前山不正，後山太高。
占婚姻：防人破説，未就亦反覆。少媒人，未足喜也，其婦人亦損子。
占胎產：生女。不利未生產時，產母將有不足之災，及防墳墓上有殺，侵他不吉。
占求財：過旬求方有些入手。一人求兩處財，無定主。主失，失後得之兆。
占交易：人事暗中未順，用遲方得成。
占出行：不宜出去，幹事難成，多虚少實，動則有阻，破財是非。
占行人：在他處，出門時未定，又往去西北方也。
占尋人：未可為期，此人東西無定，難尋覓。
占遺失：不在茅舍，則在園林、墳墓中。小物近于門下，尋之可見。
占捕盜：未能得見，在草頭人茅屋中，不然難捉。

占疾病：因往西北方，偶然暗昧朦朧，近山林前，古塚鬼攬去魂魄，或墓有犯。主見寒熱往來，咽喉疼痛，眼目昏悶，心家熱結，不進飲食，十生九死，行動艱難。用設家先、山司、木下三聖、古塚伏㊀屍、凶神、鬼門、傷亡，送白虎，退神殺。小兒用設前生父母、五路童子、床公床母、半天午酉神、鎖甲神，退土墓煞。

占詞訟：因外人起，有草頭人在內。目下未見明白，主留連，久不成。

校勘記

㊀「伏」，原本作「訣」，疑誤，據《水雷屯•占疾病》行文體例改。

風水渙

☴☵ 巽上坎下，離火五世，內卦伏藏。（離宮第六卦）

爻位	卦　形	六親	納甲五行	世應	世下伏神
上九	▅▅▅▅▅	父母	辛卯木		
九五	▅▅▅▅▅	兄弟	辛巳火	世	己未土
六四	▅▅　▅▅	子孫	辛未土		
六三	▅▅　▅▅	兄弟	戊午火		
九二	▅▅▅▅▅	子孫	戊辰土	應	
初六	▅▅　▅▅	父母	戊寅木		

三月卦：春平，夏吉，秋不利，冬吉。

評曰：渙者，散也。逐波隨水㊀，患難將消，惡事離身，獄訟出牢。利涉大川，舟楫①遙遙㊁，出入無滯，福德㊂滔滔。

此卦漢武帝卜得之，乃知李夫人㊃還魂②也。

解曰：山上有寺，乃清淨境界也。一僧，空門人也。一人隨後，似作清閒人也。一鬼在後，防有鬼賊暗中窺算，用謹守也。金甲人。得神人力也。

順水行舟之卦，大風吹物之象。

渙：亨。王假有廟，利涉大川，利貞。

彖曰：渙，亨，剛來而不窮，柔得位乎外而上同。王假有廟，王乃在中也。利涉大川，乘木有功也。

象曰：風行水上，渙。先王以享于帝立廟。

朱子曰：渙，散也。為卦下坎上巽，風行水上，離被解散之象，故為渙。其變則本自漸卦，九來居二而得中，六往居三，得九之位，而上同於四，故其占可亨。又以祖考之精神既散，故王者當至於廟以聚之。又以巽木坎水，舟楫之象，故利涉大川。其曰利貞，則占者之深戒也。

注釋

①舟楫（zhōu jí）：船和槳。後以「舟楫」泛指船隻。

②漢武帝知李夫人還魂：劉徹，即漢世宗孝武皇帝（西元前156年－前87年），漢朝的第5位天子，七歲時被冊立為皇太子，十六歲登基，在位五十四年（前141年－前87年），在位期間數次大破匈奴、吞併朝鮮、遣使出使西域。獨尊儒術，首創年號。他開拓漢朝最大版圖，

功業輝煌。謚號「孝武」，廟號世宗。李夫人，妙麗善舞。由是得幸，生一男，是為昌邑哀王。少而早卒，上憐閔焉，圖畫其形於甘泉宮。武帝死後，被追上尊號曰孝武皇后。參閱《漢書•武帝記》、《漢書•郊祀誌》、《漢書•外戚傳》。

校勘記

㈠「逐波隨水」，原本作「逐波渙散」，疑誤，據《卜筮全書•卦爻呈象•風水渙》原文改。

㈡「舟楫遙遙」，原本作「舟楫搖搖」，疑誤，據《卜筮全書•卦爻呈象•風水渙》原文改。

㈢「福德」，原本作「管取」，疑誤，據《卜筮全書•卦爻呈象•風水渙》原文改。

㈣「李夫人」，原本作「李夫」，疑誤，據《漢書•郊祀誌》人物名改。

六甲旬斷

甲子旬：福德旺，鬼旺，財不利。

甲戌旬：身吉，本宮入墓，財空㈠。

甲申旬：外㈡福德空，內㈢兄弟空，訟不利。

甲午旬：世應空，凡事不利。
甲辰旬：父母空，身吉。
甲寅旬：本宮長生，主身吉。

校勘記

㈠「空」，原本作「少」，疑誤，據其卦理及文意改。
㈡「外」，原本脫漏，據其卦理及文意補入。
㈢「內」，原本脫漏，據其卦理及文意補入。

日六神斷

離火五世之卦，第五爻辛巳火，兄弟持世。
甲乙：白虎持世，遠行，訟病。
丙丁：玄武持世，世鬼合身，陰私，失財。
戊己：青龍持世，官職、婚姻大吉。
庚辛：勾陳持世，爭訟留連，福德扶身吉。
壬癸：騰蛇持世，怪夢，虛驚㈠，事不利。

校勘記

㊀「騰蛇持世，怪夢，虛驚」，原本作「騰蛇持世，卦空」，疑誤，據《澤火革•日六神斷》行文體例改。

十干詩斷

甲丙戊庚壬：莫臨好事只如閑，切忌因循事覺煩，不戒履霜馴致日，堅冰消散盼尤難。

乙丁己辛癸：夢入天臺路，登山自有功，異鄉春色動，開發舊花紅。

六爻詩斷

初六：用拯，馬壯，吉。【吉】

象曰：初六之吉，順也。

詩斷：乘順行其志，春風挾馬行，事機宜急拯，莫使致睽違。

占斷：訟先有理，後和勸。病留連，求財遲，失物不遠，行人未歸，六甲不成。

九二：渙奔其機，悔亡。【平】

象曰：渙奔其機，得願也。

詩斷：時方當渙散，當有所依承，俯仰知心者，老中事可憑。

占斷：訟有理，病宜服藥，求事成，求財少，六甲未產，行人動。

六三：渙其躬，无悔。【吉】

象曰：渙其躬，志在外也。

詩斷：外安而內險，志在濟于時，獲吉應无悔，為能絕己私。

占斷：求財有，行人未至，訟勝，病未安，六甲當產也。

六四：渙其群，元吉。渙有丘，匪夷所思。【大吉】

象曰：渙其群元吉，光大也。

詩斷：渙散如冰泮①，平夷②無險難，元亨多吉慶，福聚若丘山。

占斷：訟宜和，病留連，孕生女，求財未有，失物難尋，行人未至。

九五：渙汗其大號，渙王居，无咎。【吉】

象曰：王居无咎，正位也。

詩斷：居尊施號令，在下若風從，險難隨冰釋，依然和氣融。

占斷：官事凶，失物空，行人未至，病難治，求財無，六甲未產。

上九：渙其血去，逖③出，无咎。【吉】

象曰：渙其血，遠害也。

詩斷：以陽居渙極，災患愈深沉，謹慎尋常事，應無禍害侵。

占斷：求財遂，訟有理，病不安，失物可尋，求財亦遲得，六甲產母不安。

注釋

①冰泮（pàn）：比喻渙散、消失。

②平夷：平坦。

③逖（tì）：遠。

分類占斷

占天時：雲行雨施，五日後方晴。

占求官：遲緩，有始無終。先難後易，得任不久也。

占見貴：主見不遂之兆。

占謀望：二人同謀，破而後成。有點水、草頭人在內阻隔。

占家宅：屋前有河，坑圳㊀，或有水溝，或水不流。前有半路，後有了龜山，主人不寧也。

占風水：左邊有路，下邊有山，及有藤纏梱①木，坤艮向，主出人有心腹之災。

占婚姻：其人必有期約，久㊁後方得成就。用三人為媒，不可信人說破。

占胎產：生男，當產，難養。開溝有犯，致胎不足，未必為喜也。

占求財：須用外人相尋同求方可，若強求不遂。與我同求者，乃在我以上之人。更用待時，有亦不多。
占交易：主難成就之兆。
占田蠶：半收。
占出行：不宜遠出，中途再回，二三次欲動方成，路上逢相識人阻隔。
占行人：身已動，又向別處㊂去，未便回家，午未日見。九五爻動，行人則至。
占尋人：前有約者未定，後有約者方可。相尋其人雖可疑，若有信來，可速動也。
占遺失：死物在內，近水處，是人藏之。生物在溪邊，可去㊃尋得見。
占捕盜：逃在寺觀之中，未得見，難捉。
占疾病：因往東南方溪邊得病，沖著山司、木下三聖、女傷亡、落水鬼，攪去魂魄。主見寒熱往來，心腹疼痛，吐瀉沉重，日輕夜重，進退留連。六爻無鬼，其病難治，或風勞氣痛。用設家先等神、暗身女鬼、溪河神，退土墓煞、五瘟神、白虎神。小兒用設家先、前生父母、五路童子、半天午酉神，退土墓殺，送星辰吉。
占詞訟：宜緩不宜急，有點水、第八位人就之，若或②不成事。

注釋

①棞（jùn）：古書上說的一種樹。

②若或：假如，如果。

校勘記

㈠「坑圳」，原本作「坊圳」，疑誤，據《坎為水·占家宅》行文體例改。

㈡「久」，原本作「父」，疑誤，據其文意改。

㈢「處」，原本脫漏，據其文意補入。

㈣「去」，原本作「法」，疑誤，據其文意改。

天水訟

䷅乾上坎下，離火遊魂，內卦伏藏。（離宮遊魂卦）

爻位	卦　形	六親	納甲五行	世應	世下伏神
上九	▅▅▅▅▅	子孫	壬戌土		
九五	▅▅▅▅▅	妻財	壬申金		
九四	▅▅▅▅▅	兄弟	壬午火	世	辛未土
六三	▅▅　▅▅	兄弟	戊午火		
九二	▅▅▅▅▅	子孫	戊辰土		
初六	▅▅　▅▅	父母	戊寅木	應	

二月卦：春凶，夏平，秋吉，冬凶。

評曰：訟者，論也。天道西往，水脈㊀東流，求事未遂，心常懷憂。爭訟宜止，可用和休。

此卦漢高祖斬丁公疑惑①卜得之，後果遭戮也。

解曰：口舌二字，乃禍端所起也。山下有睡虎，防見驚恐也。文書在雲中，遠也，未可興訟。人立虎下，到尾有驚之咎，占者得之，當省慎，勿出入吉。

縱鷹逐兔之卦，天水相違之象。

訟：有孚窒，惕中吉，終凶。利見大人，不利涉大川。

彖曰：訟，上剛下險，險而健，訟。訟，有孚窒，惕中吉，剛來而得中也。終凶，訟不可成也。利見大人，尚中正也。不利涉大川，入于淵也。

象曰：天與水違行，訟。君子以作事謀始。

朱子曰：訟，爭辯也。又為內險而外健，又為己險而彼健，皆訟之道也。故戒占者，必有爭辯之事，而隨其所處為吉凶也。

注釋

①漢高祖斬丁公疑惑：季布母弟丁公，為項羽將，逐窘高祖彭城西。短兵接，漢王急，顧謂丁公曰：「兩賢豈相厄哉！」丁公引兵而還。及項王滅，丁公謁見高祖，以丁公徇軍中，曰：「丁公為項王臣不忠，使項王失天下者也」。遂斬之，曰：「使後為人臣無效丁公也！」參閱《漢書・季布欒布田叔傳》。

校勘記

㊀「水脈」，原本作「水腳」，疑誤，據《卜筮全書・卦爻呈象・天水訟》原文改。

六甲旬斷

甲子旬：外㈠福德空，外卦空，人口災。
甲戌旬：財空，身吉。
甲申旬：兄弟世空，求謀虛費力。
甲午旬：內㈡子孫空，訟不利。
甲辰旬：應空，他人反覆㈢。
甲寅旬：本宮長生，身吉。

校勘記

㈠「內」，原本脫漏，據其卦理及文意補入。
㈡「內」，原本脫漏，據其卦理及文意補入。
㈢「他人反覆」，原本作「求財反覆」，疑誤，據《水雷屯・六甲旬斷》行文體例改。

日六神斷

遊魂，第四爻壬午火，兄弟持世。
甲乙：騰蛇持世，怪夢，驚恐。

丙丁：白虎持世，遠信，或疾病憂。
戊己：玄武持世，陰私，失脫，身剋。退鬼，病不妨。
庚辛：朱雀持世，遠信，文字，或口舌。
壬癸：勾陳持世，爭訟留連㊀。

校勘記

㊀「爭訟留連」，原本作「卦空亡」，疑誤，據《風水渙•日六神斷》行文體例改。

十干詩斷

甲丙戊庚壬：黃犬嗷嗷幾度危，金豬初換見亨期，若逢牛㊀鼠前途去，一向安榮事事宜。
乙丁己辛癸：言防口舌易成攻，不說須歸兩人中，賴有高人偏喜合，終須成吉不為凶。

校勘記

㊀「牛」，原本作「午」，據其文意改。

六爻詩斷

初六：不永所事，小有言，終吉。【吉】

象曰：不永所事，訟不可長也。雖小有言，其辯明也。

詩斷：處事宜中正，當知不可長，但能明辨說，終是獲休祥。

虎易按：此節無占斷內容。

九二：不克訟，歸而逋①。其邑人三百戶，无眚。【平】

象曰：不克訟，歸逋竄也。自下訟上，患至掇②也。

詩斷；上下相仇怨，時閑理未明，只宜先退讓，方可免災迍。

占斷：病不死，訟有理，婚姻成，求財遂，謀事吉，文書成。

六三：食舊德，貞，厲終吉。或從王事，无成。【吉】

象曰：食舊德，從上吉也。

詩斷；守舊安居正，雖危獲吉亨，往謀圖進用，枉費竟無成。

占斷；婚不成，失物在。訟，他無氣。求財利，行人未至。

九四：不克訟，復即命，渝，安貞，吉。【吉】

象曰：復即命，渝安貞，不失也。

詩斷；遇時方未順，詞辨未能明，改變從貞正，應須不失情。

占斷；訟，他有理。求財不得，病未安，諸事不利。
九五：訟，元吉。【大吉】
象曰：訟元吉，以中正也。
詩斷：心存中正道，聽訟得其平，兩詞如具備，公庭理必伸。
占斷；訟有理，婚姻必成，疾病安，百事皆吉之兆。
上九：或錫之鞶帶③，終朝三褫④之。【凶】
象曰：以訟受服，亦不足敬也。
詩斷：人事雖為美，須防虎兕災，莫言財可恃，隨見辱重來。
占斷；訟宜和，婚必成，凡事吉。

注釋

①逋（bū）：逃亡，逃跑。
②掇（duō）：拾取。
③鞶（pán）帶：皮製的大帶，為古代官員的服飾。
④褫（chǐ）：奪去衣服。脫去，解下，剝奪。

分類占斷

占天時：雖有雨，不過三日便晴，應在寅午日。

占求官：須遲則當得，只無正官。如六三爻動，則㊀不遂。

占見貴：難遂，宜守舊吉。

占謀望：利眾不利私，三人用事吉，或文書動。

占家宅：主人啾唧不寧，欲移難動，或二三人同屋，香火無力，宜修改。

占風水：傍有樹木，必被侵動。葬後主有口舌，官事破財也。

占婚姻：可憑說，宜進不宜退，有口舌無妨，公人為媒，或公人女、口姓人說可。

占胎產：生男，是第三胎，不久產，無驚阻也。

占求財：可說不可求，只宜口舌，市中求之，得亦不多。遇龍蛇變化，有分曉。

占交易：不成。若成，久後必有是非。

占田蠶：半收。

占出行：不利，防口舌，恐同行不足。或與公差、吏人行之宜，吉也。

占行人：只有口信至，若是書信，則行人有口舌是非。

占尋人：他是公門之人，見之時必有口舌，宜動不宜靜。

占遺失：在所居左右，有三人得知，亦不可尋，尋見有口舌，所疑者是的。生物在山畔，或松樹下，第八位人尋見之。

占捕盜：難逃，有三人來說，在西方近路口人家。

占疾病：因往西北方山下丫路口，沖著南方廟司大王、五瘟神、刀兵傷亡、被一驚，攪去魂魄。

主見寒熱，心腹疼痛，眼目昏沉，人與鬼交，言語不定。或六爻無鬼，其病難治，或血膿之災。

用設家先、土地、廟司等神，五瘟神、退土殺，還佛願保吉。

小兒用設家先、前生父母、五路童子、化公化婆、半天午酉神，退土殺，送星辰。

占詞訟：只言語、口舌，不傷自己，事必是虛，不成。或有三人在內，若已告官，當有勾連。若初六爻動，即他人訟，他不成。

校勘記

㊀「則」，原本作「利」，疑誤，據其文意改。

天火同人

☰☲ 乾上離下，離火歸魂，內卦出現。（離宮歸魂卦）

爻位	卦　形	六親	納甲五行	世應	世下伏神
上九	⚊	子孫	壬戌土	應	
九五	⚊	妻財	壬申金		
九四	⚊	兄弟	壬午火		
九三	⚊	官鬼	己亥水	世	戊午火
六二	⚋	子孫	己丑土		
初九	⚊	父母	己卯木		

正月卦：春大殺世，夏吉，秋大殺世，冬吉。

評曰：同人者，親也。同心之言，其臭如蘭，二人同心，其利斷金㊀。所求皆得，無不稱心。

此卦劉文龍在外求官①卜得之，後果衣錦還鄉。

解曰：人捧文書，上有心字。心專名利兼有也。人張弓射山上，乃高中也。一鹿飲水，乃爵祿源源，而未如水不絕也。一溪。乃舉前程遠大也。

游魚從水之卦，管鮑㊁分金之象。

同人：同人于野，亨。利涉大川，利君子貞。

象曰：同人，柔得位得中而應乎乾，曰同人。同人曰：「同人于野，亨，利涉大川」，乾行也。文明以健，中正而應，君子正也。唯君子為能通天下之志。

象曰：天與火，同人。君子以類族辨物。

朱子曰：同人，與人同也，故為同人。于野，謂曠遠而無私也，有亨道矣。以健而行，故能涉川。然必其所同，合于君子之道，乃為利也。

注釋

①劉文龍在外求官：劉文龍，漢時人，學問極淵博。因求官而陪同王昭君出塞和番，與妻分別十八年，回時家中老幼俱不相識。

校勘記

㊀「同心之言，其臭如蘭，二人同心，其利斷金」，原本作「人於外地，交結情深，兩人契義，即為斷金」，疑誤，據《卜筮全書·逐卦爻辭·天火同人》原文改。

㊁「管鮑」，原本作「二人」，疑誤，據《卜筮全書·逐卦爻辭·天火同人》原文改。

六甲旬斷

甲子旬：世應並空，求用不成。

甲戌旬：財空，求財不利。
甲申旬：兄弟空，內卦空，人口災。
甲午旬：身吉，求財出旬得。
甲辰旬：父母空，子孫墓庫。
甲寅旬：內㈠福德空，忌病人也。

校勘記

㈠「內」，原本脫漏，據其卦理及文意補入。

日六神斷

歸魂，第三爻己亥水，官鬼持世。
甲乙：勾陳持世，福德扶身，吉。
丙丁：騰蛇持世，怪夢，驚憂。
戊己：白虎持世，財合身，剋退鬼。
庚辛：青龍持世，遷官拜職。與凶並，喜中不足。
壬癸：朱雀持世，陰私，爭財，口舌。

十干詩斷

甲丙戊庚壬：玉兔銜刀借力時，此時平地上天梯，不漸虛語流傳事，方得成名不失期。

乙丁己辛癸：誰家女子帶戈矛，利祿須知向此求，得到嶺頭須快樂，更防歡喜卻成憂。

六爻詩斷

初九：同人于門，无咎。【吉】

象曰：出門同人，又誰咎也？

詩斷：中心無系吝①，內外自和同，咎愆皆消釋，于門喜色重。

占斷：訟事自身有氣，不宜求財，行人未至，謀事成。

六二：同人于宗，吝。【平】

象曰：同人于宗，吝道也。

詩斷：本是党同宗，人人各係私，未能同一志，諸事不相宜。

占斷：訟宜和，婚姻遲，求財少，行人至，諸事不利。

九三：伏戎②于莽③，升其高陵，三歲不興。【平】

象曰：伏戎于莽，敵剛也。三歲不興，安行也。

詩斷：前路多荊棘，圖謀欲進身，但宜當自用，不可信他人。

占斷：婚姻成，求財遂，訟事有理，疾病難痊，行人未至，六甲生男，謀事成。

九四：乘其墉，弗剋攻，吉。【吉】

象曰：乘其墉，義弗剋也。其吉，則困而反則也。

詩斷：乘勢攻人短，將來自致凶，何如謙退守，吉慶自相隨。

占斷：謀事成，婚不就，官事他人身旺也。

九五：同人先號咷而後笑，大師剋相遇。【吉】

象曰：同人之先，以中直也。大師相遇，言相剋也。

詩斷：執直行中道，他人未順從，必須得眾力，相遇乃成功。

占斷：占婚、謀事皆成。求財遂，出往吉，訟事有理。

上九：同人于郊，无悔。【平】

象曰：同人于郊，志未得也。

詩斷：人情多阻隔，內外不同憂，須得同㈠行志，終知无悔尤。

占斷：婚姻成，求財無，訟宜和，謀事不成，行人必至也。

注釋

①系吝：謂有所眷戀，不能割捨。

②伏戎（róng）：埋伏軍隊或刺客。

③莽（mǎng）：草叢。

校勘記

㊀「同」，原本作「方」，疑誤，據其文意改。

分類占斷

占天時：只一日雨，來日①便晴。

占求官：二人同用力，一人是虛，一人是實。木字、口字姓及同姓人相利濟。

占見貴：宜進前見也。

占謀望：用二人同謀可成，但自有疑，無妨。

占家宅：有進人口之喜。左右有樹，前有三路，其居也有他香火，將歸供養好，上真②得力。

占風水：雙穴，單立，水遠山遙，葬後出二子孫也。

占婚姻：用一口字人為媒，久方成。其婦年長剋夫，若再嫁宜可為之。

占胎產：門主一口，乃貴子也。春夏火蛇，占之當生也。

占求財：宜與口字、木字人同求，得一重後求亦有。

占交易：可行，必成就。

占田蠶：大吉利也。

占出行：同行和順，不須疑慮，但得些小之財，必和合。

占尋人：易見，中途相遇，或得他處等候。

占遺失：此是妻將去，不出戶也。或因外婦色上有失，在西南方。生物在相識人處及兄弟邊。

占捕盜：與本身同人者為鬼，辰亥日當敗，可捉。

占疾病：因往東北方，沖著南方廟司大王、落水鬼、溪河神，攬去魂魄。主見寒熱往來，頭痛腹痛，血氣聚心，四肢拘急，飲食不進。魂收鐘下，板木三片。庚日占，六二、九四爻動，主大小便不通，女人災重，十生九死。若春占不死。用設家先、南方廟司大王、溪河神、落㊀水傷亡、天神家鬼、五道神、灶司，退土殺，還舊願。小兒用設前生父母、五路童子、化公化婆、床公床母。

占詞訟：不久，宜和。上九爻動，他侵我。九三爻變，我傷他。有口姓或同姓貴人可用。

注釋

①來日：明日，次日。

②上真：真仙。

校勘記

㊀「落」，原本脫漏，據《坎為水•占疾病》行文體例補入。

坤為地

䷁ 坤上坤下，坤土八純，內外出現。（六沖）（坤宮首卦）

爻位	卦　形	六親	納甲五行	世應	世下伏神
上六	▅▅　▅▅	子孫	癸酉金	世	壬戌土
六五	▅▅　▅▅	妻財	癸亥水		
六四	▅▅　▅▅	兄弟	癸丑土		
六三	▅▅　▅▅	官鬼	乙卯木	應	
六二	▅▅　▅▅	父母	乙巳火		
初六	▅▅　▅▅	兄弟	乙未土		

十月卦：春吉，夏凶，秋平，冬凶。

評曰：坤者，順也。乃順成天，萬物資生，用動則濁，用靜則清。所作有順，萬物皆成。

此卦漢高祖與項羽交爭①卜得之，乃知身霸天下。

解曰：十一個口，乃吉字也。一官人坐著，一堆錢，乃有財貴人也。一馬者，乃祿馬也。金甲神人，在臺上拋文書與官。乃文字得神力，獲助也。

生載萬物之卦，君倡臣和之象。

坤：元亨，利牝馬之貞。君子有攸往，先迷後得主利。西南得朋，東北喪朋。安貞吉。

彖曰：至哉坤元，萬物資生，乃順承天。坤厚載物，德合无疆，含弘光大，品物咸亨。牝馬地類，行地无疆，柔順利貞，君子攸行。先迷失道，後順得常。西南得朋，乃與類行。

東北喪朋，乃終有慶。安貞之吉，應地无疆。

象曰：地勢坤，君子以厚德載物。

朱子曰：遇此卦者，其占為大亨，而利以順健為正。大抵能安於正，則吉也。

注釋

①漢高祖與項羽交爭：參見「高祖」和「項王」注釋。

六甲旬斷

甲子旬：世應空，凡事不利㈠。

甲戌旬：財空亡，求財不利㈡。

甲申旬：外㈢兄弟空，不宜訟。

甲午旬：福德旺相，凡事吉利㈣。

甲辰旬：父母空，憂母病，身吉㈤。

甲寅旬：內子孫空，病主留連㈥。

校勘記

㈠「世應空，凡事不利」，原本作「財空亡，鬼旺，福德旺」，疑誤，據其卦理及文意改。
㈡「財空亡，求財不利」，原本作「子孫世空，凡百不利」，疑誤，據其卦理及文意改。
㈢「外」，原本脫漏，據其卦理及文意補入。
㈣「福德旺相，凡事吉利」原本作「父母空，憂母病，身吉」，疑誤，據其卦理及文意改。
㈤「父母空，憂母病，身吉」，原本作「應鬼空，他人反覆」
㈥「內子孫空，病主留連」，原本作「兄弟空，財不利，身吉」

日六神斷

八純，上㈠爻癸酉金，子孫持世。
甲乙：玄武持世，盜賊，陰私，田宅，公事。
丙丁：青龍持世，親姻，子育之喜。
戊己：朱雀持世，刑險，驚恐。
庚辛：騰蛇持世，病主四肢疼痛，怪異，虛恐。
壬癸：白虎持世，病主浮，虛恐。

校勘記

㊀「上」，原本作「土」，疑誤，據其卦理及文意改。

十干詩斷

甲丙戊庚壬：施為須謹不宜輕，前路艱危莫妄行，若向東南求利益，須防西北事難成。

乙丁己辛癸：水面生魚走，楊花發路傍，遇人取美玉，得地見輝光。

六爻詩斷

初六：履霜，堅冰至。【平】

象曰：履霜堅冰，陰始凝也。馴致①其道，至堅冰也。

詩斷：事每因馴至，冰凝戒履霜，善應有餘福，不善有餘殃。

占斷：行人未至，婚不成，求財遂，訟有理，謀事成，失物在。

六二：直方大，不習无不利。【大吉】

象曰：六二之動，直以方也。不習无不利，地道光也。

詩斷：敬義存中正，前程事亨㊀通，自然无不利，不習亦成功。

占斷：訟，他人有氣。病不死，謀事宜進前，求財遲，出往吉。

六三：含章②可貞，或從王事，无成有終。【吉】

象曰：含章可貞，以時發也。或從王事，知光大也。
詩斷：含章雖有美，進退且需時，用詔從天下，風雲際會期。
占斷：病、訟皆凶，行人至，求財不獲，謀事不遂，婚不利。
六四：括囊，无咎，无譽。【平】
象曰：括囊无咎，慎不害也。
詩斷：事幾當謹密，無是亦無非，守靜安恬③退，居常理亦宜。
占斷：婚成，文書成。求財、望事利。官事有，病癒，失物在。
六五：黃裳，元吉。【上吉】
象曰：黃裳元吉，文在中也。
詩斷：居中安守分，能順以承天，至美稱元吉，西南喜慶全。
占斷：此與六爻同斷。
上六：龍戰于野，其血玄黃。【凶】
象曰：龍戰于野，其道窮也。
詩斷：有名亦無實，謀事更遲疑，訟病多刑剋，施為總未宜。
占斷：官事他失理，求財遂，婚不成，行人不至，病難安，出行不利。
用六：利永貞。
象曰：用六永貞，以大終也。

注釋

①馴（xùn）致：亦作「馴至」。逐漸達到，逐漸招致。

②含章：包含美質。

③安恬（tián）：安然恬靜，淡泊，不追求名利。

校勘記

㊀「亨」，原本作「古」，疑誤，據其文意改。

分類占斷

占天時：雨極當晴之象，應在辰巳日。

占求官：難求，改求則亦可，有阻隔。用草頭、姓張人，方順遂。

占見貴：雖有些是非、口舌，不妨，可進前也。

占謀望：有始無終，枉勞心力。遇姓張人，則敗己財，不可近前。田土之事有不足。

占家宅：近神廟，田畔。有田，前有坑圳，居之安也。

占風水：後有枯木，前有門路，左右若無人煙，其處曾經火來。

占婚姻：有破，宜緩，終成，有官事。軍卒人，有姓連，及口字人在內，可向前。

占胎產：生貴子，胎未動，逢木遇猴則產，產母不足。六爻變，是死胎，氣瘴。
占求財：難求，宜緩不宜急，亦不宜軍卒同求，有損。
占交易：宜進前，必有成就之兆。
占田蠶：如常年。
占出行：不順，待一人來方可動。宜西不宜東北，財亦少。
占行人：未歸。如卯戌日占，略有信，亦未見回歸。若非官事，即有失脫。
占尋人：有空亡，縱在亦不相見。有信皆是非之事，憂中有憂之兆。
占遺失：生物在神廟土中，或是窯中土堆處。死物在家神處，時下未見，等待則可。
占捕盜：在西北嶺下人家，左右有崩敗之土，申酉月日可見。
占疾病：因往東南方大樹下，古塚處，社司神，及十字丫路，沖著木下三聖、古廟大王、自縊鬼，攪去魂魄。或犯陣亡之鬼。
主見寒熱往來，腹內疼痛，四肢沉重。
用設家先、自縊傷亡、古塚鬼、喪車、神殺、北方飛來土墓殺，急保救之。
小兒用設前生父母、五路童子、化公化婆、土公土母、殺神、半天午酉神、鎖甲神，送星辰。
占詞訟：多因田土之事爭競，鬼賊多有連累，遂傷他人。他人亦剋己，宜和也。有始無終之兆。

地雷復

䷗ 坤上震下，坤土一世，外卦出現。（六合）（坤宮第二卦）

爻位	卦　形	六親	納甲五行	世應	世下伏神
上六	▅▅　▅▅	子孫	癸酉金		
六五	▅▅　▅▅	妻財	癸亥水		
六四	▅▅　▅▅	兄弟	癸丑土	應	
六三	▅▅　▅▅	兄弟	庚辰土		
六二	▅▅　▅▅	官鬼	庚寅木		
初九	▅▅▅▅▅	妻財	庚子水	世	乙未土

十一月卦：春口舌，夏凶，秋吉，冬吉。

評曰：復者，反也。反覆其道㊀，反覆徘徊，內動㊁外順，出入無災。世應相合㊂，遷官益財，失而復得，往而復來。婚姻占得，夫婦和諧㊃。

此卦唐太宗①歸天卜得之，後七日復還魂②也。

解曰：官人乘車，乃使車也。上兩隻旗，乃門旗也。堠上東字，乃江東候賊也。一將持刀立，乃武卒歸降也。一兔一虎。乃寅卯位，見求官顯達也。

淘沙見金之卦，反覆往來之象。

復：亨。出入无疾，朋來无咎。反復其道，七日來復。利有攸往。

象曰：復亨，剛反。動而以順行，是以出入无疾，朋來无咎。反復其道，七日來復，天行也。利有攸往，剛長也。復其見天地之心乎？

象曰：雷在地中，復。先王以至日閉關，商旅不行，後不省方。

朱子曰：內震外坤，有陽動於下，而以順上行之象。故其占又為己之出入，既得无疾，朋類之來，亦得无咎。

注釋

①唐太宗：李世民（西元598年1月28日－西元649年7月10日），祖籍隴西成紀，是唐高祖李淵和竇皇后的次子，唐朝第二位皇帝。唐朝建立後，李世民官居尚書令、右武候大將軍，受封為秦國公，後晉封為秦王。他先後率部平定了薛仁杲、劉武周、竇建德、王世充等軍閥，在唐朝的建立與統一過程中立下赫赫戰功。武德九年（西元626年），李世民發動玄武門之變，殺死自己的兄長太

子李建成、四弟齊王李元吉及二人諸子，被立為太子。唐高祖李淵不久被迫退位，李世民即位，年號貞觀。李世民為帝之後，積極聽取群臣的意見，對內以文治天下，虛心納諫，厲行節約，勸課農桑，使百姓能夠休養生息，國泰民安，開創了中國歷史上著名的貞觀之治。西元649年7月10日（貞觀二十三年五月己巳日），李世民因病駕崩於含風殿，享年五十二歲，在位二十三年，廟號太宗，葬於昭陵。參閱《舊唐書•太宗本紀》。

②後七日復還魂：「唐王死去，已三晝夜，復回陽間為君」。參閱《西遊記》。

校勘記

㈠「反復其道」，原本脫漏，據其文意補入。

㈡「內動」，原本作「內悅」，疑誤，據其卦象之意改。

㈢「世應相合」，原本作「世與應和」，據《卜筮全書•卦爻呈象•地雷復》原文改。

㈣「婚姻占得，夫婦和諧」，原本脫漏，據《卜筮全書•卦爻呈象•地雷復》原文補入。

六甲旬斷

甲子旬：外㈠財空，本宮旺，身吉。

甲戌旬：子孫空，忌疾人。

甲申旬：身有氣，訟、病不妨。

甲午㊁旬：內兄空，應兄旺㊂。
甲辰旬：鬼空，有福德，吉。
甲寅旬：世空、應空㊃，百事不利。

校勘記

㊀「外」，原本脫漏，據其卦理及文意補入。
㊁「午」，原本作「子」，疑誤，據六甲旬順序改。
㊂「內兄空，應兄旺」，原本作「兄弟空，鬼賊旺」，疑誤，據其卦理及文意改。
㊃「世空、應空」，原本作「財世空」，據其卦理及文意改。

日六神斷

初爻庚子水，妻財持世。
甲乙：青龍持世，鬼合㊀身，婚姻事。
丙丁：朱雀持世，剋子孫，財物爭競。
戊己：勾陳持世，兄弟相扶，剋退水㊁。
庚辛：白虎持世，鼠怪，虛驚。
壬癸：玄武持世，陰私，失財。

校勘記

㊀「合」，原本作「剋」，疑誤，據其卦理及文意改。

㊂「水」，原本作「木」，疑誤，據其卦理及文意改。

十干詩斷

甲丙戊庚壬：去盡群陰復一陽，艱危遍歷始亨昌，前途寅卯通榮顯，大貴提攜入廟堂。

乙丁己辛癸：一生名利總成虛，不見名韁①有進途，門戶鼎來真可愛，不堪回首夢魂孤。

六爻詩斷

初九：不遠復，无祇②悔，元吉。【大吉】

象曰：不遠之復，以修身也。

詩斷：行迷猶未免，自反且修身，若遇陽生後，依然喜慶隨。

占斷：婚不成，訟凶，求財无，謀事不成，行人至，病不安。

六二：休復，吉。【吉】

象曰：休復之吉，以下仁也。

詩斷：欲問家之寶，親仁及善憐，此為休復吉，患難自離身。

占斷：訟宜和，求財得，謀事成，婚姻就，病易安，百事吉之兆。

六三：頻復，厲，无咎。【平】
象曰：頻復之厲，義无咎也。
詩斷：屢虧應屢獲，多敗亦多成，擇善宜堅守，何由怨咎生。
占斷：財不遂，謀事成，行人至，訟有理，婚姻成。
六四：中行獨復。【平】
象曰：中行獨復，以從道也。
詩斷：人情多間隔，未可有施為，自反能遷善，中行路不迷。
占斷：婚姻、謀事、文書遂。訟事、諸事吉也。
六五：敦復，无悔。【大吉】
象曰：敦復无悔，中以自考也。
詩斷：亂者後治，往者後還，凶者後吉，危者後安。
占斷：訟事、病患皆凶。婚不成，諸事不就，失物空，行人必至也。
上六：迷復，凶，有災眚。用行師終有大敗，以其國君凶，至于十年不剋征。【凶】
象曰：迷復之凶，反君道也。
詩斷：執迷終不反，難以免災迍，所向皆非利，圖終不可行。
占斷：求財遂，行人不至，婚不利，失物在，出往吉。

注釋

①名韁：功名的韁繩。因功名能束縛人，故稱。

②祇（qí）：大。

分類占斷

占天時：乍雨乍晴，三五次後方晴。

占求官：不遂，縱得亦失。失後再得方可，亦有反覆。

占見貴：有反覆，力求可見。

占謀望：反成，人心不齊，破後復成，改變即得成就也。

占家宅：人口不和，主顛倒，離而再合。不在正門入，後門反背，有三條路。

占風水：有兩路木，一來一去，甲庚向。主人作事有頭无尾，好賭錢。

占婚姻：反覆未利，終成。婦人腳大，性沉重，媒人亦腳大。

占胎產：生男，或是雙生。于春夏占之，不在此論。六三、六四爻動，主產母有災也。

占求財：雖反覆，終入手。用出外求，一二人則和，遇一大腹人，財必重。

占交易：難成，縱成恐有是非之爭。

占田蠶：大熟。

占出行：宜向北動之，但到中途而再向西南去。不然，欲動而不動。動卻无阻，有人同去。

占行人：中途後回，時下未見。如遇牛羊之日，亦斷行人動，在此近也。
占尋人：自身反覆，他人不動。自身若動，他人即在所說之處，去尋便見。
占遺失：是自誤，只虛驚，久後當見。向東方急尋，則獲見之。
占捕盜：有信不準，藏所无定，或東或西，其盜難捉，未見其蹤㊀。
占疾病：因往東方古廟前斜樹下，丫路頭，沖著木下三聖，馬頭被小鬼射一箭，或女亡為禍。主見心腹疼痛，飲食不進。災中又災，反覆往來。心中煩悶，嘔吐。用設家先、木下三聖、自縊鬼、暗昧女鬼、南方廟司大王，退土殺、五瘟神。小兒用設前生父母、五路童子、床公床母、化公化婆、半天午酉神、鎖甲神，退土殺，送星辰。
占詞訟：有五人之事，亦无罪，用過三五次方了當①。

注釋

①了當：完畢，停當。

校勘記

㊀「蹤」，原本作「琮」，疑誤，據其文意改。

地澤臨

䷒ 坤上兌下，坤土二世，外卦出現。（坤宮第三卦）

爻位	卦　形	六親	納甲五行	世應	世下伏神
上六	▅▅　▅▅	子孫	癸酉金		
六五	▅▅　▅▅	妻財	癸亥水	應	
六四	▅▅　▅▅	兄弟	癸丑土		
六三	▅▅　▅▅	兄弟	丁丑土		
九二	▅▅▅▅▅	官鬼	丁卯木	世	乙巳火
初九	▅▅▅▅▅	父母	丁巳火		

十二月卦：春平，夏凶，秋凶，冬吉。

評曰：臨者，大也。以大臨小，以上臨下，內悅外順，婚姻上卦。居官進升，文才和雅㈠，縱有災殃，不能相惹。

此卦蔡琰①去和番卜得之，乃知必還故國也。

虎易按：「蔡琰去和番」，據《後漢書•列女轉》記錄，陳留董祀妻者，同郡蔡邕之女也，名琰，字文姬。博學有才辯，又妙於音律。適河東衛仲道。夫亡無子，歸寧于家。興平中，天下喪亂，文姬為胡騎所獲，沒于南匈奴左賢王，在胡中十二年，生二子。曹操素與邕善，痛其無嗣，乃遣使者以金璧贖之，而重嫁于祀」。由此記錄可知，作者「和番」之說有誤，供讀者參考。

解曰：婦人乘風，風舉動陰財也。一車，上有使旗，乃太守車也。人在山頂頭，乃危道也。虎在山下坐，可防危也。一合，乃和合也。人射弓。乃得貴人牽引之象。

鳳入雞群之卦，以上臨下之象。

臨：元亨，利貞。至于八月有凶。

彖曰：臨，剛浸而長，說而順，剛中而應。大亨以正，天之道也。至于八月有凶，消不久也。

象曰：澤上有地，臨。君子以教思无窮，容保民无疆。

朱子曰：九二以剛居中，上應六五，故占者大亨，而利于正。然至于八月，當有凶也。

注釋

①蔡琰（yǎn）：蔡文姬（約174年－約249年）名琰，原字昭姬，晉時因避司馬昭之諱，改字文姬，東漢陳留圉（今

河南開封市杞縣）人，東漢大文學家蔡邕的女兒，是中國歷史上著名的文學家，精於天文數理，博學能文，又善詩賦，兼長辯才與音律。代表作有《胡笳十八拍》、《悲憤詩》等。參閱《後漢書•列女轉》。

校勘記

㈠「居官進升，文才和雅」，原本作「居官升進，人財和雅」，疑誤，據《卜筮全書•卦爻呈象•地澤臨》原文改。

六甲旬斷

甲子旬：應空，求人反覆也。
甲戌旬：子孫空，訟、病出旬吉。
甲申旬：財吉，福德臨，官鬼衰。
甲午旬：父母空，病不利。
甲辰旬：鬼世空亡，謀用未成。
甲寅旬：鬼旺，病未痊。兄弟空，訟不利。

日六神斷

第二爻丁卯木，官鬼持世。

甲乙：朱雀持世，日㊀剋身，公事，口舌。

丙丁：勾陳持世，田、墓、公訟。兄弟扶身，剋退財。

戊己：騰蛇持世，怪夢，虛驚。

庚辛：玄武持世，財合，防小人侵欺。

壬癸：青龍持世，剋身，任官職，成喜事。

虎易按：「青龍持世，剋身」，指青龍屬木，剋四爻的世身「兄弟癸丑土」。

校勘記

㊀「日」，原本作「辰」，疑誤，據其文意改。

十干詩斷

甲丙戊庚壬：平生歡奏五弦琴①，流水高山未遇音，一日乘槎②到蓬㊀島③，始知金闕④萬重深。

乙丁己辛癸：妄行落㊁陷阱，輕舉入天羅，謹節能知止，身安保太和。

注釋

①五弦琴：古樂器名。
②乘槎（chá）：乘木筏。
③蓬島：即蓬萊山。古代傳說中的神山名。亦常泛指仙境。
④金闕：道家謂天上有黃金闕，為仙人或天帝所居。

校勘記

㊀「蓬」，原本作「逢」，疑誤，據其文意改。
㊁「落」，原本作「羅」，疑誤，據其文意改。

六爻詩斷

初九：咸臨，貞吉。【吉】
象曰：咸臨貞吉，志行正也。
詩斷：義氣方投合，由來心感心，所行須正大，吉慶自來臨。
占斷：訟有理，謀事成，出往吉，行人至，百事吉，病安。
九二：咸臨，吉，无不利。【平】

象曰：咸臨吉无不利，未順命也。
詩斷：本自咸臨吉，惟憂未稱情，喜中須不足，樂處忽悲生。
占斷：訟宜和，婚成，謀事先難後易，病安。
六三：甘臨，无攸利。既憂之，无咎。【吉】
象曰：甘臨，位不當也。既憂之，咎不長也。
詩斷：甘言多巧伎，臨事未如心，憂中能遷善，災消禍不侵。
占斷：出入、謀事俱不利。婚成，訟无氣，求財无。
六四：至臨，无咎。【吉】
象曰：至臨无咎，位當也。
詩斷：臨為相與義，至矣更无遺，得位能中順，災消吉自隨。
占斷：謀事成，文書吉，病不死，失物在，行人至，訟无氣凶。
六五：知臨，大君之宜，吉。【大吉】
象曰：大君之宜，行中之謂也。
詩斷：處尊能委任，人各盡其誠，中正无拘忌，宜乎萬事成。
占斷：行人不至，謀事未成，求財不遂，病未安，訟失理。
上六：敦臨，吉，无咎。【吉】

象曰：敦臨之吉，志在內也。
詩斷：常存忠厚德，貴客暗相扶，強暴无侵害，自然災咎无。
占斷：訟，他人无氣。行人不至，求財遂，出往不利之兆。

分類占斷

占天時：久雨三日不止，用五日後方晴，應午未日。
占求官：遷職之兆，有遠信來。口字、壬字姓人為福，卯酉日見。
占見貴：只宜守舊，若要進前，恐有未遂。
占謀望：與人相約同求可無慮，口字姓人最好，同心向前吉利。
占家宅：有外姓人同居，若無，則有口舌是非也。
占風水：丁癸向，其山曾被火燒，穴中邊溫潤平坦，前山低近，主子孫富貴。
占婚姻：雖有人破，終成，有些口舌是非。
占胎產：生貴子，若春夏占，只生女，無險，求佛及家神吉。
占求財：用與人同求，先難後易。有兩重財，一重空手可得，一重將本求也。
占交易：多有口破，不成之兆。
占田蠶：平平。

占出行：三人同行，當有一人在別處去。自身雖有疑，不為患也。
占行人：三人等待一人，不久得見，其餘身漸漸動，無事，只自有口舌。
占尋人：不宜急，急則空行，遲緩必相遇，其人目下身動。
占遺失：生物在三窟中，若非窟中，則藏在三人家。死物宜灶下尋，在外不在內。
占捕盜：有三五人相同，在東南火燒山下，難捉。逢己辛日見信。
占疾病：因往東南方山林處，沖著山司、木下三聖、妖邪、怪鬼，攬去魂魄。被小鬼射一箭，鎖縛住，將火燒身、槌打。
主見夜夢顛倒，狂言妄語，或因酒色中得病，心腹疼痛。主二人疾，一人舊疾，再發熱淋。
用設二姓家先、傷亡、五瘟神、自縊鬼、退土殺、墓殺、山司、木下三聖、西方妖鬼。
小兒用設前生父母、五路童子、化公化婆、半天午酉神，退墓殺。
占詞訟：乃三人之事，一人望信，宜求口姓貴人主之。本欲訟他人，反傷於己身，宜和。

地天泰

䷊坤上乾下，坤土三世，外卦出現。（六合）（坤宮第四卦）

爻位	卦　形	六親	納甲五行	世應	世下伏神
上六	▅▅　▅▅	子孫	癸酉金	應	
六五	▅▅　▅▅	妻財	癸亥水		
六四	▅▅　▅▅	兄弟	癸丑土		
九三	▅▅▅▅▅	兄弟	甲辰土	世	乙卯木
九二	▅▅▅▅▅	官鬼	甲寅木		
初九	▅▅▅▅▅	妻財	甲子水		

正月卦：春吉，夏凶，秋凶，冬凶。

評曰：泰者，通也。天地交泰，陰陽和光，麒麟①悉出，丹鳳來翔。小人道滅㊀，君子道昌，求謀㊁順遂，惡事消亡。

此卦堯帝將禪位②卜得之，乃得舜而遜位。

解曰：月中桂開，官人登梯。乃足躡雲梯，手扳仙桂也。鹿銜書，乃天恩賜祿書也。小兒在雲中，乃年少子步青雲也。一羊回頭。未位見喜也。

天地交泰之卦，小往大來之象。

泰：小往大來，吉亨。

彖曰：泰，小往大來，吉亨。則是天地交而萬物通也，上下交而其志同也。內陽而外陰，內健而外順，內君子而外小人，君子道長，小人道消也。

象曰：天地交，泰。後以財成天地之道，輔相天地之宜，以左右民。

朱子曰：小，謂陰；大，謂陽。言坤往居

外，乾來居內。占者有剛陽之德，則吉而亨矣。

注釋

①麒麟（qí lín）：古代傳說中的一種動物。形狀像鹿，頭上有角，全身有鱗甲，尾像牛尾。古人以為仁獸、瑞獸，拿它象徵祥瑞。

②堯帝將禪位：堯立七十年得舜。二十年後，堯老，舜代替堯執政，堯讓位二十八年後死去。堯從父親帝嚳那裡繼承帝位，並開創了「禪讓制」的先河。參見「神堯」注釋。參閱《史記・五帝本紀》。

校勘記

㈠「小人道滅」，原本作「小求大得」，據《卜筮全書・卦爻呈象・地天泰》原文改。

㈡「求謀」，原本作「所求」，據《卜筮全書・卦爻呈象・地天泰》原文改。

六甲旬斷

甲子旬：應㊀衰，財吉，身吉。
甲戌旬：福德應空，訟、病忌。
甲申旬：本宮有氣，財長生吉。
甲午旬：兄弟世空，事不利。
甲辰旬：鬼空，訟、病不妨。
甲寅旬：訟、病不利，內㊁財空。

校勘記

㊀「應」，原本作「鬼」，疑誤，據其卦理及文意改。
㊁「內」，原本脫漏，據其卦理及文意補入。

日六神斷

第三爻甲辰土，兄弟持世。
甲乙：勾陳持世，身有勾連。
丙丁：騰蛇持世，心下不寧。

戊己：白虎持世，遠信或疾病。

庚辛：青龍持世，自身有喜慶事。

壬癸：朱雀持世，陰私，口舌，遠信，文書。

十干詩斷

甲丙戊庚壬：來時盛暑去時春，歷盡經年險與迍，此去亨衢①冬不遠，推輪終待隴西人。

乙丁己辛癸：龍劍久埋光射斗，大鵬初展翼垂天，龍蛇一化終無礙，始覺從今不滯淹。

注釋

①亨衢：四通八達的大道。常以喻美好的前程。

六爻詩斷

初九：拔茅茹以其匯，征吉。【吉】

象曰：拔茅征吉，志在外也。

詩斷：三陽方始泰，君子道通時，同類皆升進，前程事事宜。

占斷：訟有貴人，行人至，謀事用進前，財半得。

九二：包荒，用馮河，不遐遺①。朋亡，得尚于中行。【平】
象曰：包荒，得尚于中行，以光大也。
詩斷：用剛能果斷，荒穢盡包容，遐邇②無遺棄，無私到得中。
占斷：訟宜和，婚姻成，病安，求財無。
九三：无平不陂③，无往不復。艱貞无咎，勿恤其孚，于食有福。【吉】
象曰：无往不復，天地際也。
詩斷：往而須必復，安處用防危，居正有誠信，災消福自隨。
占斷：此與九二爻同。
六四：翩翩④，不富以其鄰，不戒以孚。【平】
象曰：翩翩不富，皆失實也。不戒以孚，中心願也。
詩斷：小人將害正，以類自相從，君子宜深戒，須防或致凶。
占斷：訟、病皆凶。謀事、出入、百事未利。
六五：帝乙歸妹，以祉元吉。【吉】
象曰：以祉元吉，中以行願也。
詩斷：柔中居得位，尊以順乎卑，上下交通泰，斯為大福基。
占斷：訟、病皆凶，百事不利。
上六：城復于隍⑤，勿用師，自邑告命，貞吝。【凶】

象曰：城復于隍，其命亂也。
詩斷：泰拯將成否，人心不順從，未宜有施用，雖正亦為凶。
占斷：官事他弱我強，出往不利，求財得半之兆。

注釋

①遐（xiá）遺：疏遠遺棄。
②遐邇（ěr）：遠近。
③陂（bēi）：山坡，斜坡。
④翩翩（piānpiān）：飛行輕快貌。
⑤隍（huáng）：沒有水的護城壕。

分類占斷

占天時：三日後方晴，應在申酉日。
占求官：必有升進之喜，有三貴人為力，進前可求，亦用三次求之。
占見貴：宜進前，必見遂意。
占謀望：宜用力，必然成就。宜三人同望，求貴人力順，望小得大，事易成就。上六爻動，人來求我。九三、六五爻動，求他。

占家宅：三人上卦，損小口。有二路佛無力。不利女人，如無女人，即主外婦口舌。修改凶。

占風水：有樹根穿墓，左右有倒屋，墓乃甲庚向，出子孫二人，必損小口。

占婚姻：是大娶小，或士大夫女。庶人求婚有三人說，其婦帶小兒來嫁。主反覆，男再婚，女再嫁則可。

占胎產：生貴子，是第三胎，後則不孕。三旬無凶阻，無災危也。

占求財：用力求之，亦未分曉。六四爻動難入手，九三爻動方得遂，用三人求也。

占田蠶：大熟也。

占出行：不宜自行，與他人行則利。亦用三人，反覆來去得利。

占行人：身動，三人行，不久當見。九三、九四爻動，只有信。

占尋人：他已往別處幹事，若己辛日占，六五爻動，未見其人，只見信，或被他脫算。

占遺失：非是人偷，是因便有失。

占捕盜：有三四人相同，在東方有水碓處，子午日見信。

占疾病：因往東南方大樹下，沖著山神、土地、古塚、伏屍鬼、木下三聖，攬去魂魄。主見心腹疼痛，腰背疾病，心中熱結，飲食不落，進退留連，亦主有三人災。用設家先、土地、社司、南方廟司大王等神，土公土母、自縊鬼、鎖甲神，退土殺。小兒用設家先、化公化婆、床公床母、半天午酉神、鎖甲神、五路童子。

占詞訟：乃三人之事，若非三人，即因小兒起了訟，宜和，不宜見官。上六爻變，合受刑棒。

雷天大壯

䷡震上乾下，坤土四世，內卦伏藏。（六沖）（坤宮第五卦）

爻位	卦　形	六親	納甲五行	世應	世下伏神
上六	▅▅　▅▅	兄弟	庚戌土		
六五	▅▅　▅▅	子孫	庚申金		
九四	▅▅▅▅▅	父母	庚午火	世	癸丑土
九三	▅▅▅▅▅	兄弟	甲辰土		
九二	▅▅▅▅▅	官鬼	甲寅木		
初九	▅▅▅▅▅	妻財	甲子水	應	

二月卦：春凶，夏平，秋平，冬吉。

評曰：大壯者，志也。羝羊觸藩，其道難全，令人剛強，已成過愆。非利勿貪，善莫大焉。

此卦唐玄宗避安祿山亂①卜得之，乃知不久亨通也。

解曰：北斗星，乃主人命實也。天神執劍，乃凶神惡曜也。一官人燒香拜，乃禳謝也。一猴一兔一犬。乃申卯戌三位見喜，禳謝則吉也。

先順後逆之卦，羝羊觸藩②之象㊀。

大壯：利貞。

彖曰：大壯，大者壯也。剛以動，故壯。大壯，利貞，大者正也，正大而天地之情可見矣。

象曰：雷在天上，大壯。君子以非禮勿履。

朱子曰：大，謂陽也。四陽盛長，故為大壯，二月之卦也。陽壯，則占者吉亨不假言，但利在正固而已。

注釋

①唐玄宗避安祿山亂：參見「唐玄宗避祿山」注釋。

②羝羊觸藩（dī yáng chù fān）：羝羊：公羊。觸：抵撞。藩：籬笆。公羊的角纏在籬笆上，進退不得。比喻進退兩難。

校勘記

㊀「先順後逆之卦，羝羊觸藩之象」，原本作「羝羊觸藩之卦，先曲後順之象」，疑誤，據《卜筮全書•卦爻呈象•雷天大壯》原文改。

六甲旬斷

甲子旬：外㊀兄弟空，財吉。

甲戌旬：福德空，訟、病忌。

甲申旬：父母、世空，事不利。

甲午旬：內兄弟空，世旺，訟、病不妨㊁。
甲辰旬：鬼空，訟、病不妨㊂。
甲寅旬：財應空，鬼旺，病忌。

校勘記

㊀「外」，原本脫漏，據其卦理及文意補入。
㊁「內兄弟空，世旺，訟、病不妨」，原本作「兄弟空，鬼旺，訟、病不利」，疑誤，據其卦理及文意改。
㊂「訟、病不妨」，原本作「財吉，身旺」，疑誤，據其卦理及文意改。

日六神斷

第四爻庚午火，父母持世。
甲乙：騰蛇持世，凡事不利。
丙丁：白虎持世，外親孝㊀服。
戊己：玄武持世，防盜賊，陰私事。
庚辛：朱雀持世，印信，文書，公事平。
壬癸：勾陳持世，田宅，公事。

校勘記

㊀「孝」，原本脫漏，據其文意補入。後文遇此，均依此例補入「孝」字，不另作說明。

十干詩斷

甲丙戊庚壬：堂上持權酌重輕，因人借力事方成，虎前龍後宜求望，頭角崢嶸自此亨。

乙丁己辛癸：財利須防失，情權恐見憂，貴人終喜悅，執後敘綢繆。

六爻詩斷

初九：壯于趾，征凶，有孚。【凶】

象曰：壯于趾，其孚窮也。

詩斷：用壯而行事，應難保始終，進謀須召禍，守靜可無凶。

占斷：婚成，行人至，求財無，官事他無氣，凡事半吉。

九二：貞吉。【大吉】

象曰：九二貞吉，以中也。

詩斷：履中居得位，退守自謙光，守己行中正，斯為大吉昌。

占斷：婚吉，病安，謀事成，出往利，失物空。

九三：小人用壯，君子用罔，貞厲。羝羊觸藩，羸其角。【凶】

象曰：小人用壯，君子罔也。

詩斷：君子如行壯，深虞戒過剛，觸藩難進退，雖正亦如傷。

占斷：此爻與初九爻同斷。

九四：貞吉，悔亡。藩決不羸，壯于大輿之輹。【吉】

象曰：藩決不羸，尚往也。

詩斷：久靜宜思動，災消吉自如，自然無阻隔，萬里快亨衢。

占斷：謀事成，失物在，求文書遂，求財不遂，訟自身無氣。

六五：喪羊于易，无悔。【小吉】

象曰：喪羊于易，位不當也。

詩斷：六五居尊位，惟柔可制剛，幸而無羝觸，小失亦何妨。

占斷：婚成，訟宜和，出往吉，求財遲，行人未至。

上六：羝羊觸藩，不能退，不能遂。无攸利，艱則吉。【吉】

象曰：不能退，不能遂，不祥也。艱則吉，咎不長也。

詩斷：進退无攸利，安居且守常，將來終得吉，災咎不能長。

占斷：官事有頭無尾，謀事不利，失物在，求財無。

分類占斷

占天時：雨不久，寅午日晴。

占求官：必有遷轉之職，自疑無意，先難後易，應申子辰日必動見。

占見貴：須要用力，方得順應，在申子辰日，寅午戌日見。

占謀望：多虛少實，縱就亦反為禍。初九、六五爻動，方許進步。

占家宅：土地不安，或地中折，或井破，更宜改移。有丫字路，不然，近廟，及水碓，並水坿①邊。

占風水：甲庚向，葬後有疾，若破財，休要改。

占婚姻：婦人若無破相，則有腹肚之疾，終成，不用憂疑。若九三、上六爻動，皆難成。

占胎產：生男。若亥卯未日占，六五爻動，子母有難，非喜。

占求財：有疑慮，說有未有，縱得入手，亦不成財。

占交易：難遂，用力後必遂。

占田蠶：平平之兆。

占出行：有驚阻，有二人說事，不可信，宜防失脫。每事不成，但遲緩則吉。

占行人：當有二人身動，主有驚恐，不久將至。九二爻動，未便回歸。

占尋人：內外皆動，不在原處，去原處不見，中途則見。

占遺失：死物藏在土中，及門下、板子下。生物在米倉及路道。初九爻動，在邊傍，他人未將出門。

占捕盜：藏在東北方水邊，不宜自去尋掠，恐反被其傷，意欲變動往他方。

占疾病：因往東北方曲路處、古廟所回歸，沖著木下三聖，古廟大王，攬去魂魄，被鬼打一拳。

主見足氣疼痛，行止不動，渾身壯熱，食物不進，心肝腹痛，進退留連。或在南方拾得一物為患，男輕女重。忌九三、上六㊀爻動，不吉，服藥無效。

用設家先、土地、木下三聖、自縊鬼、女傷亡、古廟大王、五瘟神，送白虎，退土殺。

小兒用設前生父母、五路童子、化公化婆，送星辰吉。

占詞訟：一人有大驚，遇士大夫為主，要防豬犬。

注釋

①坿（fù）：小土丘。

校勘記

㊀「上六」，原本作「上九」，疑誤，據其卦理及文意改。

澤天夬

䷪兌上乾下，坤土五世，內卦伏藏。（坤宮第六卦）

爻位	卦形	六親	納甲五行	世應	世下伏神
上六	⚋	兄弟	丁未土		
九五	⚊	子孫	丁酉金	世	癸亥水
九四	⚊	妻財	丁亥水		
九三	⚊	兄弟	甲辰土		
九二	⚊	官鬼	甲寅木	應	
初九	⚊	妻財	甲子水		

三月卦：春平，夏吉，秋福德，冬凶。

評曰：夬者，決也。乾兌相刑，惡聞其聲，文字契約①，事易未成。必須剛斷，始得吉亨。

此卦漢高祖欲拜韓信為將②卜得之，知有王佐才也。

解曰：二人同行，前水後火，虎蛇當道。乃主出行多驚恐也。一人斬蛇，乃勇士也，得勇士同行。竿上有文字，竿下有錢。歷盡艱難，可望名利也。

神劍斬蛟③之卦，先損後益之象。

夬：揚于王庭，孚號有厲。告自邑，不利即戎，利有攸往。

象曰：夬，決也，剛決柔也。健而說，決而和。揚于王庭，柔乘五剛也。孚號有厲，其危乃光也。告自邑，不利即戎，所尚乃窮也。利有攸往，剛長乃終也。

象曰：澤上于天，夬。君子以施祿及下，居德則忌。

朱子曰：夬，決也。然其決之也，必正名其罪，而盡誠以呼號其眾，相與合力，然亦尚有危厲，不可安肆。

注釋

①契約：指雙方或多方共同協議訂立的條款、文書。

②漢高祖欲拜韓信為將：王欲召信拜之。何曰：「王素慢，無禮，今拜大將如呼小兒耳，此乃信所以去也。王必欲拜之，擇良日，齋戒，設壇場，具禮，乃可耳」。上許之。參閱《史記・淮陰侯列傳》。

③蛟（jiāo）：古代傳說中指興風作浪，能發洪水的龍。

六甲旬斷

甲子旬：外財空，鬼有氣，福德無氣㊀。
甲戌旬：子孫世空，凡事不利。
甲申旬：外㊁兄弟空，財吉有氣。
甲午旬：鬼衰，病吉，訟吉。
甲辰旬：應空，身吉，求人反覆。
甲寅旬：內㊂財空，鬼旺，訟、病不利。

校勘記

㊀「外財空，鬼有氣，福德無氣」，原本作「財空，身有氣，福德旺」，疑誤，據其卦理及文意改。
㊁「外」，原本脫漏，據其卦理及文意補入。
㊂「內」，原本脫漏，據其卦理及文意補入。

日六神斷

第五爻丁酉金，子孫持世。

甲乙：白虎持世，福德相扶，剋退鬼，身吉。
丙丁：玄武持世，財合世。
戊己：青龍持世，親姻，子育之喜㈠。
庚辛：勾陳持世，兄弟相扶，剋退財。
壬癸：騰蛇持世，虛夢，財合世。

校勘記

㈠「親姻，子育之喜」，原本作「鬼剋身」，疑誤，據《坤為地・日六神斷》行文體例改。

十干詩斷

甲丙戊庚壬：掃揚堤畔貴人來，半是憂疑半是財，好把舊謀重變化，莫教空去卻空回。
乙丁己辛癸：一條好路強猜疑，進恐無成退恐非，門外貴人高著眼，虎頭蛇尾好開眉。

六爻詩斷

初九：壯于前趾，往不勝為咎。【平】
象曰：不勝而往，咎也。

詩斷：不能量己力，前進反生憂，為事須先慮，終當无悔尤。
占斷：求財遲，失物難尋，行人至，訟凶。
九二：惕號，莫夜有戎，勿恤。【凶】
象曰：有戎勿恤，得中道也。
詩斷：惕若無憂恨，號呼預後防，卒然蒙患難，終可免災傷。
占斷：訟宜和，婚必成，病患散，謀事遂，出往吉，凡事俱利。
九三：壯于頄①，有凶。君子夬夬②，獨行遇雨，若濡有慍③，无咎。【平】
象曰：君子夬夬，終无咎也。
詩斷：情累生思憂，除之訣不疑，時間雖慍怒，終可免憂危。
占斷：望事難，行人未至，官事散，病不死，婚成。
九四：臀无膚，其行次且；牽羊悔亡，聞言不信。【凶】
象曰：其行次且，位不當也。聞言不信，聰不明也。
詩斷：行前誰可進，居且不能安，欲轉凶成吉，臨期真放寬。
占斷：孕未生，行人至，諸事吉。
九五：莧陸④夬夬，中行无咎。【平】
象曰：中行无咎，中未光也。

詩斷：處正攻邪佞⑤，誰人敢抗衡，用剛勿太過，貴在得中行。

占斷：求事未成，訟宜和，病留連，失物空，訟事不利。

上六：无號，終有凶。【凶】

象曰：无號之凶，終不可長也。

詩斷：小人無所恃，君子道方通，黨類俱險盡，無號自致凶。

占斷：訟有理，求財遲，病不死，行人未至，諸事半吉。

注釋

①頄（qiú）：顴（quán）骨。眼睛下邊兩腮上面突出的顏面骨。

②夬夬：果決貌。

③慍（yùn）：含怒，生氣。

④莧（xiàn）陸：即商陸。多年生草本，春初發苗，葉卵形而大。夏季開紅紫或白色小花。入秋結實，實多肉，赤黑色。嫩葉可食，其根有毒，可供藥用。

⑤邪佞：奸邪小人。

分類占斷

占天時：一雨一晴之象，至辰巳日見晴也。
占求官：不遂，防人脫算。如更去求，主有災危，應寅卯日。
占見貴：未遇時，縱見不為美。
占謀望：有人在內說破，久後還成也。
占家宅：人口不安，切防火燭，有神廟香火，宜保度則吉。
占風水：有樹倒在邊，或雙生木，主男人女人好色之兆。
占婚姻：有人破之，終成。若是有再嫁婚，方得和合。
占胎產：生男，不久當生產，酉未日則見。如火旬占，九四動，無災。
占求財：有五七分，先失後得，用兩人求。
占交易：難成之兆。
占田蠶：平平。
占出行：恐有失脫，作事反覆，多憂慮。只宜守舊，未可變動。
占行人：有疾病淹滯，欲動不動，難見便回。
占尋人：亦相背，其身有動，難見。
占遺失：只見其信，不見其物。須用二人見之，或大腹人見可問，必見分曉也。

占捕盜：自知藏其人，被他走了，終難去。申酉日當敗，在西北方溪河邊，或是橋頭之所。

占疾病：因往東南方，沖著師主、五通神、南方廟司大王，攬去魂魄。主見寒熱，心腹疼痛，飲食少進，四肢不安。被小鬼打一棍，手腳酸痛，留連進退。用設家先、南方廟司大王、木下三聖、自縊傷亡、五道神、師主、邪兵馬、天瘟神，謝灶司，送星辰。

小兒用設前生父母、五路童子、化公化婆、半天午酉神，退土殺，保度吉。

占詞訟：漸宜決斷，宜急不宜緩。利己身，又恐傷於他人。

水天需

䷄坎上乾下，坤土遊魂，內卦伏藏。（坤宮遊魂卦）

爻位	卦　形	六親	納甲五行	世應	世下伏神
上六	⚋	妻財	戊子水		
九五	⚊	兄弟	戊戌土		
六四	⚋	子孫	戊申金	世	丁亥水
九三	⚊	兄弟	甲辰土		
九二	⚊	官鬼	甲寅木		
初九	⚊	妻財	甲子水	應	

八月卦：春自如，夏口舌，秋平，冬半吉。

評曰：需者，須也。雲行於天，見險不前，身將有危，恐被勾連。大事欲至，憂慮懸懸，光亨貞吉，利涉大川。

此卦蔡順㊀遇赤眉賊①卜得之，乃知必脫大難也。

解曰：月當天，乃光明無障礙也。一門，乃禹門②也。一人攀龍尾者，乃墮真龍變他也。一僧接引，乃得福祿人接引也。一墓。主戊年發福發祿也。

雲靄③中天之卦，密雲不雨之象。

需：有孚，光亨，貞吉。利涉大川。

彖曰：需，須也，險在前也。剛健而不陷，其義不困窮矣。需，有孚，光亨，貞吉。位乎天位，以正中也。利涉大川，往有功也。

象曰：雲上于天，需。君子以飲食宴樂。

朱子曰：故占者為有所待而能有信，則光亨矣。若又得正則吉，而利涉大川。

注釋

①蔡順遇赤眉賊：蔡順，漢代汝南人，少年喪父，事母甚孝。當時正值王莽之亂，又遇饑荒，柴米昂貴，只得拾桑葚母子充饑。一天，巧遇赤眉軍，義軍士兵厲聲問道：「為什麼把紅色的桑葚和黑色的桑葚分開裝在兩個簍子裡？」蔡順回答說：「黑色的桑葚供老母食用，紅色的桑葚留給自己吃」。赤眉軍憐憫他的孝心，送給他三斗白米，一頭牛，帶回去供奉他的母親，以示敬意。參閱《二十四孝・拾葚異器》。

②禹門：即龍門。指科舉試場。

③雲靄（ǎi）：雲氣，雲霧。

校勘記

㊀「蔡順」，原本作「葵順」，疑誤，據《二十四孝・拾葚異器》人物姓名改。

六甲旬斷

甲子旬：外㈠兄弟空，財旺，身吉。
甲戌旬：福德世空，求謀不利。
甲申旬：本宮有氣，身吉。
甲午旬：內㈡兄弟空，官鬼無氣。
甲辰旬：鬼空，訟、病不妨。
甲寅旬：財空、應㈢空，凡事不利。

校勘記

㈠「外」，原本脫漏，據其卦理及文意補入。
㈡「內」，原本脫漏，據其卦理及文意補入。
㈢「應」，原本作「世」，疑誤，據其卦理及文意改。

日六神斷

遊魂，第四爻戊申金，子孫持世。
甲乙：螣蛇持世，人口不寧。

丙丁：白虎持世，疾病，遠行。
戊己：玄武持世，遠信，陰私。
庚辛：朱雀持世，遠信，文字。
壬癸：勾陳持世，爭競勾連。

十干詩斷

甲丙戊庚壬：胡僧引路未相逢，始見芳姿㊀便應龍，聞說垂楊蒼翠後，騎龍御馬到仙宮。
乙丁己辛癸：有道須逢泰，元防一女災，思鄉人未到，愁恐慮傷財。

校勘記

㊀「恣」，原本作「資」，疑誤，據其文意改。

六爻詩斷

初九：需于郊，利用恒，无咎。【吉】
象曰：需于郊，不犯難行也。利用恒无咎，未失常也。
詩斷：需預宜且待，欲速反為災，守靜方无咎，安常福自來。

占斷：行人至，訟凶，求財無，失物空，病難安，謀不成，婚不遂。

九二：需于沙，小有言，終吉。【吉】

象曰：需于沙，衍[1]在中也。雖小有言，以吉終也。

詩斷：險難相將反，剛中且待時，浮言雖小害，終是吉無㊀疑。

占斷：婚不成，求財遂，行人不至。訟，他人無氣。病安。

九三：需于泥，致寇至。【凶】

象曰：需于泥，災在外也。自我致寇，敬慎不敗也。

詩斷：用剛求遠進，寇盜自先招，謹慎終無敗，災消禍亦消。

占斷：訟宜和，疾病安，失物在，婚姻成，財遂。

六四：需于血，出自穴。【平】

象曰：需于血，順以聽也。

詩斷：危難將侵己，唯當順聽從，遇災尤可免，不競自無凶。

占斷：訟，他人有氣。謀事成，失物在，求財利，出往不宜。

九五：需于酒食，貞吉。【吉】

象曰：酒食貞吉，以中正也。

詩斷：所需今已得，有欲盡從心，宴飲耽和樂，居貞吉慶臨。

占斷：求財得，訟無理，謀事成，諸事不利。
上六：入于穴，有不速之客三人來，敬之，終吉。【吉】
象曰：不速之客來敬之終吉，雖不當位，未大失也。
詩斷：先自身卑險，今逢意外憂，持之宜敬順，終吉免他求。
占斷：訟，他有理。謀事成，婚不合，失物空，求財必遂。

注釋

①衍（yǎn）：溢出，水滿而出。

校勘記

㊀「無」，原本作「應」，疑誤，據其文意改。

分類占斷

占天時：久雨不止，五七日後方晴，應己酉日。
占求官：虛勞力，枉費財，不遂。惟巳午未月可求。
占見貴：不宜進前，只可守舊。

占謀望：與人同求可也，只忌與賭錢、吃酒人同事。
占家宅：住處未安，人煙不旺，福德無力，主災見過則吉。
占風水：甲庚向，後有路，內有死木，前有水，出好色人。
占婚姻：似娶命婦①之女，不然，命婦為媒。男占貪婚，女占貪嫁之兆。初九、六四爻動，不久成就。
占胎產：生貴女，難招兄弟。九三㊀爻動，剋產母。
占求財：宜西北方求，雖有不多。若非得婦人財，則是喜樂、鬧中求之。用力辛勤，難入手。
占交易：主有口舌是非，不可成就。
占田蠶：半收。
占出行：有貴人和合，亦得財祿之喜。
占行人：在東北方，欲動有阻。初九、九三爻動，方回。
占尋人：不須遠方尋之，只在近處，不久當遇見。
占遺失：因喜樂中有失。生物在竹林中，或竹林下可尋。
占捕盜：在北方相識人處，目下欲改動，己酉日敗方可捉。
占疾病：因往東南方山林處，沖著木下三聖、妖邪鬼、竹木二奴、攬去魂魄。又被射一箭，鎖縛將槌打。或女鬼為禍，及酒中得病。

主見癲狂，言語不正，進退留連，初病可保，久病必死。
用設木下三聖、妖邪鬼怪、自縊傷亡、竹木二奴、南方廟司大王，退土殺，送星辰。
小兒用設前生父母、五路童子、化公化婆、床公床母。
占詞訟：恐女人不足，目下未了。

注釋

①命婦：封建時代受封號的婦人。在宮廷中則妃嬪等稱為內命婦，在宮廷外則臣下之母妻稱為外命婦。

校勘記

㈠「九三」，原本作「六四」，疑誤，據其卦理及文意改。

水地比

䷇坎上坤下，坤土歸魂，內卦出現。（坤宮歸魂卦）

爻位	卦　形	六親	納甲五行	世應	世下伏神
上六	▅▅　▅▅	妻財	戊子水	應	
九五	▅▅▅▅▅	兄弟	戊戌土		
六四	▅▅　▅▅	子孫	戊申金		
六三	▅▅　▅▅	官鬼	乙卯木	世	甲辰土
六二	▅▅　▅▅	父母	乙巳火		
初六	▅▅　▅▅	兄弟	乙未土		

七月卦：春病，夏自如，秋吉，冬大利。

評曰：比者，和也。撫臨萬國㈠，內通外流，水流于地，本性和柔。先王制禮，以親諸侯，元永貞吉㈡，百事無憂。

此卦陸賈將說蠻①卜得之，後果勝蠻王歸降也。

解曰：月圓當空，乃光明之象。秀才望月飲酒，乃舉杯對月也。自酌自斟，乃樂極也。藥爐在高處，乃無疾病，不用煎藥。枯樹花開。晚發也。

眾星拱北②之卦，水行地上之象。

比：吉。原筮元永貞，无咎。不寧方來，後夫凶。

彖曰：比，吉也。比，輔也，下順從也。原筮元永貞，无咎。以剛中也。不寧方來，上下應也。後夫凶，其道窮也。

象曰：地上有水，比。先王以建萬國，親諸侯。

朱子曰：比，親輔也。九五以陽剛居上之中，而得其正，上下五陰，比而從之，以一人而撫萬邦，以四海而仰一人之象。故筮者得之，則當為人所親撫，然必再筮以自審，有元善長永正固之德，然後可以當眾之歸而无咎。

注釋

①陸賈將說蠻：陸賈，楚人也。以客從高祖定天下，名有口辯，居左右，常使諸侯。時中國初定，尉佗平南越，因王之。高祖使賈賜佗印為南越王。賈卒拜佗為南越王，令稱臣奉漢約。歸報，高帝大說，拜賈為太中大夫。參閱《史記・酈生陸賈列傳》、《漢書・酈陸朱劉叔孫傳》。

②眾星拱北：拱：環繞，拱衛。北：指北極星。天上眾星拱衛北辰。舊指有德的國君在位，得到天下臣民的擁戴。

校勘記

㈠「撫臨萬國」，原本脫漏，據《卜筮全書・卦爻呈象・水地比》原文補入。

㈡「元永貞吉」，原本作「和柔貞吉」，疑誤，據《卜筮全書・卦爻呈象・水地比》原文改。

六甲旬斷

甲子旬：財吉，福德衰。

甲戌旬：子孫空，防鬼賊。

甲申旬：財吉，福德臨官，身吉。

甲午旬：行人至，鬼衰。

甲辰旬：世鬼空，財庫吉。

甲寅旬：財應空，求財反覆。

日六神斷

歸魂，第三爻乙卯木，官鬼持世。

甲乙：勾陳持世，公事勾連，剋財凶。

丙丁：騰蛇持世，虛驚，異夢。

戊己：白虎持世，福德相扶，剋退鬼。
庚辛：青龍持世，鬼合剋身。
壬癸：朱雀持世，公訟，口舌。

十干詩斷

甲丙戊庚壬：林木春將近，芳菲景物深，花開鳥歸宿，一箭中紅㈠心。
乙丁己辛癸：口舌終須有，金樽恐有傷，污泥難出沒，提拔在忠良。

校勘記

㈠「紅」，原本作「江」，疑誤，據其文意改。

六爻詩斷

初六：有孚比之，无咎。有孚盈缶，終來有他，吉。【吉】
象曰：比之初六，有他吉也。
詩斷：比貴相親輔，唯當盡信誠，所為元所素，宅吉亦相成。
占斷：婚姻不成，訟有理，求財遂，謀事成，出往吉。

六二：比之自內，貞吉。【吉】
象曰：比之自內，不自失也。
詩斷：己身無過失，家宅亦安寧，所守唯中正，恬然自吉亨。
占斷：訟失理，謀事不成，失物在，宜尋人。
六三：比之匪人。【凶】
象曰：比之匪人，不亦傷乎。
詩斷：比近相親附，皆非可信人，陰防為鬼賊，侵害反傷身。
占斷：行人必至，用事而不利，惟防有失脫之兆也。
六四：外比之，貞吉。【吉】
象曰：外比于賢，以從上也。
詩斷：所交宜謹擇，貞正可無虞，親附賢君子，優遊吉自如。
占斷：尋人不在，失物在，謀事就。
九五：顯比。王用三驅，失前禽，邑人不誡吉。【吉】
象曰：顯比之吉，位正中也。舍逆取順，失前禽也。邑人不誡，上使中也。
詩斷：眾人皆比輔，方表己無私，誠意交相接，安然吉慶隨。
占斷：求財遂但遲，謀事未就之兆。

上六：比之无首，凶。【凶】

象曰：比之无首，无所終也。

詩斷：獨行居比極，無接更無依，始善終方吉，終凶悔莫追。

占斷：不宜出行，家宅人口不和，用事不利之兆。

分類占斷

占天時：天順人意之象，禱晴得晴，禱雨得雨，應巳未日。

占求官：自然和合無反覆，但其職不為高，宜進不宜退，寅亥日必見有動靜。

占見貴：可依時進見，免有羞辱。

占謀望：只在月半前當成就，時下雖不利，亦無慮。

占家宅：兩姓或肥身人同居，不在閑處，屋高不低，坐西北向東南，左右有塘。

占風水：其處山低，有破石在穴，前有曲路，後若無屋岸，則有斜樹。乙辛向，出人離祖後歸。

占婚姻：十四日內有信，其婦矮小，心性無定。

占胎產：生女，秋占生男。如六二、六四爻動，皆生女。不動，定產男。

占求財：必遂。用二人同求，不然，則在女人之上，求則不遠。

占交易：反覆難成之兆。

占田蠶：大熟。

占出行：內憂外吉，到中途有相識，說話同幹事完備，路亦不遠。

占行人：漸主回家，有口舌，內外皆有憂，不為大吉。

占尋人：不在香火處，則是婦人相留，未可相尋，恐有不足之事。

占遺失：在東北方，可問少婦，其處亦有竹林。如死物則是釵釧，急尋之。

占捕盜：不用遠捉，有二人相同，在東南方，再回原處，辰戌日當敗，可進前捉。

占疾病：因往東北方，過古墓廟壇，沖著山神、土地、古塚鬼、木下三聖，攬去魂魄，或家先為禍。

主見心腹疼痛，熱結，食物不落。

用設家先、木下三聖、山司、自縊鬼、古塚伏屍，退土殺、白虎、北方墓殺。

小兒用設前生父母、五路童子、化公化婆、床公床母，退神殺，送星辰吉。

占詞訟：宜和，只兩日見分曉。在陰人中，不然，則有口字及姓張人在內。

兌為澤

䷹兌上兌下，兌金八純，內外出現。（六冲）（兌宮首卦）

爻位	卦　形	六親	納甲五行	世應	世下伏神
上六	▅▅　▅▅	父母	丁未土	世	丙寅木
九五	▅▅▅▅▅	兄弟	丁酉金		
九四	▅▅▅▅▅	子孫	丁亥水		
六三	▅▅　▅▅	父母	丁丑土	應	
九二	▅▅▅▅▅	妻財	丁卯木		
初九	▅▅▅▅▅	官鬼	丁巳火		

十月卦：春吉，夏凶，秋吉，冬疾病。

評曰：兌者，悅也。澤潤萬物，恩惠兆民，居上愛下，悅而忻忻[1]。利有攸往，无不利貞。

此卦唐三藏去西天取經[2]卜得之，乃知必歸唐國。

解曰：人坐看一擔，乃勞苦，得息肩也。月在天邊，乃團圓也。秀才登梯，乃步蟾宮之兆也。一女在合邊立，主娶和合也。文字上箭。領薦也。

江湖養物之卦，天降雨澤之象。

兌：亨，利貞。

彖曰：兌，說也。剛中而柔外，說以利貞，是以順乎天而應乎人。說以先民，民忘其勞。說以犯難，民忘其死。說之大，民勸矣哉。

象曰：麗澤，兌。君子以朋友講習。

朱子曰：兌，說也。卦體剛中而柔外，剛中，故說而亨，柔外，故利於貞。蓋說有亨道，而其妄說，不可不戒。

注釋

①忻忻（xīnxīn）：欣喜得意貌。

②唐三藏去西天取經：僧玄奘，姓陳氏，洛州偃師人。大業末出家，博涉經論。嘗謂翻譯者多有訛謬，故就西域，廣求異本以參驗之。貞觀初，隨商人往遊西域。玄奘既辯博出群，所在必為講釋論難，蕃人遠近咸尊伏之。在西域十七年，經百餘國，悉解其國之語，仍採其山川謠俗，土地所有，撰《西域記》十二卷。貞觀十九年，歸至京師。太宗

見之，大悅，與之談論。於是詔將梵本六百五十七部於弘福寺翻譯，仍敕右僕射房玄齡、太子左庶子許敬宗，廣召碩學沙門五十餘人，相助整比。參閱《舊唐書•列傳第一百四十一》。

六甲旬斷

甲子旬：福德空，本宮無氣。
甲戌旬：兄弟空，求財吉。
甲申旬：父母世空，求謀未利。
甲午旬：鬼空，身吉，訟、病不利。
甲辰旬：財空，求財費力。
甲寅旬：應空，他人反覆㈠。

校勘記

㈠「他人反覆」，原本作「事反覆」，疑誤，據《水雷屯•六甲旬斷》行文體例改。

日六神斷

八純，上爻丁未土，父母持世。
甲乙：玄武持世，財合身，陰私，財物。
丙丁：青龍持世，鬼合身，凡事主有先失後得之喜。
戊己：朱雀持世，遷官，婚姻，文字。
庚辛：螣蛇持世，恐憂。
壬癸：白虎持世，外親孝服。

十干詩斷

甲丙戊庚壬：悅澤事當先，行人暫息有，漸無勞苦橈，爭得事迍邅。
乙丁己辛癸：利澤秋天盛，恩沾在此時，成名兼就利，口舌不須疑。

六爻詩斷

初九：和兌，吉。【大吉】
象曰：和兌之吉，行未疑也。
詩斷：去就無牽制，何須諂佞偽，上交和且悅，吉慶更何疑。

占斷：凡事必利，用事有氣之兆。
九二：孚兌吉，悔亡。【平】
象曰：孚兌之吉，信志也。
詩斷：友朋㊀同講習，所貴㊁在相孚，誠實無私意，應常悔吝無。
占斷：官事宜和，不宜病，求財反覆，婚不成之兆。
六三：來兌，凶。【凶】
象曰：來兌之凶，位不當也。
詩斷：久困在塵埃，求人反致災，若能長守正，福祿自然來。
占斷：病且難安，失物空，行人必至。
九四：商兌未寧，介疾有喜。【中吉】
象曰：九四之喜，有慶也。
詩斷：利害相交際，紛紜尚未寧，分然①能守正，吉慶自來臨。
占斷：宜求文書，家宅無氣，女人不足。
九五：孚于剝，有厲。【凶】
象曰：孚于剝，位正當也。
詩斷：小人輕信用，君子反相疏，自己防侵害，尤當戒不虞。

占斷：求財反覆，口舌、官事散。

上六：引兌。【平】

象曰：上六引兌，未光也。

詩斷：兌添言是說，口舌戒覬覦②，有月還為脫，同心脫有餘。

占斷：家先不安，宜出往，望事成。

注釋

①分然：區分清楚貌。

②覬覦（jì yú）：非分的希望或企圖。希望得到不該用有的東西。

校勘記

㈠「朋」，原本作「期」，疑誤，據其文意改。

㈡「貴」，原本作「責」，疑誤，據其文意改。

分類占斷

占天時：霖雨濟物之象，應在未申日晴。

占求官：必遂，有權之職，亦得久遠，寅未月方得就。
占見貴：可見，口有口舌，無妨。
占謀望：宜公吏上謀之，有喜相合，必當遂㈠意。
占家宅：防有女人不足，一人啾唧是非，明憂暗喜之兆，可保。
占風水：丁癸向，不正，出女不出男。前有橋道，不近人家也。
占婚姻：有多口人，三人為媒可成。無三人，則有老人說也。
占胎產：生女，若少婦生男，用作福保之，無驚恐。
占求財：先難後易，人情中防口舌，財喜若非婦人酒中得，則有老人問求之。
占交易：亦有反覆，用力必成也。
占出行：雖有失脫，一失一喜，只是同行不足，有口舌，不成官事。
占行人：在地頭，未得起身，宜有信至。
占尋人：內外皆未動，爻象安靜，則不可尋，只宜等待。
占遺失：喜中有失，若非公吏，則有一老人可問。如生物，當是老人收得也。
占捕盜：難捉，遲則敗。在東北方市井中，人煙旺人家，左右有堆木料之所，應在子酉日。
占疾病：因往東南方，過庵廟回歸，沖著南方廟司大王、五瘟神、攬去魂魄。

主見手足痛，骨節痛，寒熱往來，心中煩悶，一倒一起，飲食不下，進退留連。用設家先、南方廟司大王、五瘟神、還舊願、刀兵傷亡、古跡神主、木下三聖、山司，謝灶司，退土殺。祖墓有犯。

小兒用設前生父母、五路童子、化公化婆、床公床母，退土殺吉。

占詞訟：非大事，乃來往是非，亦有人解說，終和勸。

校勘記

㈠「遂」，原本作「私」，疑誤，據其文意改。

澤水困

䷮ 兌上坎下，兌金一世，外卦出現。（六合）（兌宮第二卦）

爻位	卦　形	六親	納甲五行	世應	世下伏神
上六	▅▅　▅▅	父母	丁未土		
九五	▅▅▅▅▅	兄弟	丁酉金		
九四	▅▅▅▅▅	子孫	丁亥水	應	
六三	▅▅　▅▅	官鬼	戊午火		
九二	▅▅▅▅▅	父母	戊辰土		
初六	▅▅　▅▅	妻財	戊寅木	世	丁巳火

五月卦：春吉，夏凶，秋平，冬凶。

評曰：困者，危也。水在澤下，萬物不生㊀，君子困窮，小人濫盈。三山幽谷，向暗背明，占者有難，守而勿爭㊁。

此卦李德裕罷相①時卜得之，乃知身命無氣也。

解曰：一輪獨在地上，乃運動未得也。一人臥病，身有難未脫也。藥爐，乃治病具也。貴人傾水救旱池魚，乃有復活之兆。池中青草，生意也。

河中無水之卦，守己待時之象。

困：亨，貞，大人吉，无咎。有言不信。

彖曰：困，剛掩也。險以說，困而不失其所亨，其唯君子乎？貞，大人吉，以剛中也。有言不信，尚口乃窮也。

象曰：澤无水，困。君子以致命遂志。

朱子曰：占者處困能亨，則得其正矣，非大人其孰能之，故曰貞。

注釋

①李德裕罷相：李德裕（787年－850年），字文饒，趙郡贊皇（今河北贊皇）人，唐代政治家、文學家，牛李黨爭中李党領袖，中書侍郎李吉甫次子。李德裕出身於趙郡李氏西祖房，早年以門蔭入仕，歷任校書郎、監察御史、翰林學士、中書舍人、浙西觀察使、兵部侍郎、鄭滑節度使、西川節度使、兵部尚書、中書侍郎、鎮海節度使、淮南節度使等職。他曆仕憲宗、穆宗、敬宗、文宗四朝，一度入朝為相，但因黨爭傾軋，多次被罷貶，排擠出京。參閱《舊唐書•列傳第一百二十四•李德裕》。

校勘記

㊀「萬物不生」，原本作「萬物不在」，疑誤，據《卜筮全書•卦爻呈象•澤水困》原文改。

㊁「守而勿爭」，原本作「勿共鬼爭」，疑誤，據《卜筮全書‧卦爻呈象‧澤水困》原文改。

六甲旬斷

甲子旬：子孫應空，他㊀人反覆。

甲戌旬：兄弟空則吉。

甲申旬：外㊁父母空，鬼空，訟、病吉。

甲午旬：內㊂父母空，鬼旺，病難痊。

甲辰旬：財世空，防失脫。

甲寅旬：財吉，病出旬退。

校勘記

㊀「他」，原本脫漏，據《水雷屯‧六甲旬斷》行文體例補入。

㊁「外」，原本脫漏，據其卦理及文意補入。

㊂「內」，原本脫漏，據其卦理及文意補入。

日六神斷

初爻戊寅木，妻財持世。

甲乙：青龍持世，有財喜。
丙丁：朱雀持世，求財遂，印信、公事吉。
戊己：勾陳持世，田土勾連。
庚辛：白虎持世，忌出入。
壬癸：玄武持世，陰私，失財。

十干詩斷

甲丙戊庚壬：因嗟涸轍困金鱗，未見西郊破白雲，得遇江湖升斗水，直須寅地見功勳。
乙丁己辛癸：天刑終不解，金木恐相纏，鼠蠹①須無吉，災危在目前。

注釋

①蠹（dù）：損害。

六爻詩斷

初六：臀困于株木，入于幽谷，三歲不覿①。【平】
象曰：入于幽谷，幽不明也。
詩斷：處困嗟誰掃，拆來造又難，幽居宜固守，始可漸圖安。

占斷：謀事成，婚不利。訟，他人有氣。行人未至。
九二：困于酒食，朱紱②方來，利用亨祀③。征凶，无咎。【平】
象曰：困于酒食，中有慶也。
詩斷：暫時遭困厄，貴祿待將來，天道相交盛，征凶不致災。
占斷：訟有氣，病不死，求財遂，謀事成，出往吉。
六三：困于石，據于蒺藜④，入于其宮，不見其妻，凶。【凶】
象曰：據于蒺藜，乘剛也。入于其宮，不見其妻，不祥也。
詩斷：處困當謙下，乘剛更強為，室家難保守，名辱更身危。
占斷：求財遂，官訟他人無氣，謀事成，婚不合也。
九四：來徐徐，困于金車，吝，有終。【平】
象曰：來徐徐，志在下也，雖不當位，有與也。
詩斷：人方處困厄，弼輔未能易㊀，處正雖終吉，時間未可忙。
占斷：文書吉，失物在，望事成，婚成，行人未至。
九五：劓刖⑤，困于赤紱⑥，乃徐有說，利用祭祀。【吉】
象曰：劓刖，志未得也。乃徐有說，以中直也。利用祭祀，受福也。
詩斷：用強翻致禍，求益反多虧，同德相資助，斯為受福基。
占斷：訟宜和，婚成，謀事不宜進前，求財不利。

上六：困于葛藟⑦，于臲卼⑧，曰動悔，有悔，征吉。【吉】

象曰：困于葛藟，未當也。動悔有悔，吉行也。

詩斷：前路行難進，安居事未成，處窮當變動，動則吉而亨。

占斷：謀事可進前，不宜求婚。官事有理，終和。

注釋

①覿（dí）：見，相見。

②朱紱（fú）：古代禮服上的紅色蔽膝。後多借指官服。

③享祀（xiǎng sì）：祭祀。

④蒺藜（jí lí）：古代用木或金屬製成的帶刺的障礙物，布在地面，以阻礙敵軍前進。因與蒺藜果實形狀相似，故名。

⑤劓刖（yì yuè）：割鼻斷足。

⑥赤紱：赤色蔽膝。為大夫以上所服。

⑦葛藟（gě lěi）：植物名。又稱「千歲藟」。落葉木質藤本。葉廣卵形，夏季開花，圓錐花序，果實黑色，可入藥。

⑧臲卼（niè wù）：動搖不安貌。

校勘記

㈠「易」，原本作「畧」，查無此字，疑誤，據其文意改。

分類占斷

占天時：有五日之雨，應寅亥日晴。
占求官：有阻，難遂，防損己破財，自心進退無定。
占見貴：不遂，早回步。
占謀望：用求他人，皆得成就，目下有阻。
占家宅：四畔有籬及路，香火，子女生災。
占風水：坤艮向，前有橋道，後岩石，四畔園繞，出人有疾。
占婚姻：終成。其婦清秀，長小性直，媒是婦之親。若入贅，利妻財。
占胎產：未便生。九四爻動，逢寅則生女。
占求財：只可內求，不可外求，必有失。或與有疾人同求。
占交易：不成，反有是非。
占田蠶：不利。
占出行：財順事遂，略有阻隔，無妨，宜西北方去。
占行人：反覆，亦當身動，防財食上不足。蛇馬相交，其信則至也。

占尋人：在途中相遇，不須去也。
占遺失：死物不出門，只在箱籠中，生物在闌闈之中。
占捕盜：可遲捉，不可急，反遭其難。今在東南方，不是軍家，則是吏㈠人之家。
占疾病：因往西南方旺處回歸，過古廟前，沖著南方廟司大王，二小鬼攬去魂魄。或五道、傷亡作怪，灶神不安，修整有犯。
主見寒熱，服藥不下，如人囚獄中，被小鬼槌打，四肢骨節疼痛，行止不遂，坐臥不安。若小兒遇九二、上六爻變必死，初六爻化不死。
用設家先、南方廟司大王、使者、社司、土地、五瘟神、五道神、謝灶司、鎖甲神。板木齊全，妝替身人吉。
小兒用設家先、前生父母、化公化婆，送星辰吉。
占詞訟：如人在牢囚中，有枷鎖。上九爻變，可以此斷之也。

校勘記

㈠「吏」，原本作「史」，疑誤，據其文意改。

澤地萃					
䷬上坤下，兌金二世，外卦出現。（兌宮第三卦）					
爻位	卦　形	六親	納甲五行	世應	世下伏神
上六	▅▅　▅▅	父母	丁未土		
九五	▅▅▅▅▅	兄弟	丁酉金	應	
九四	▅▅▅▅▅	子孫	丁亥水		
六三	▅▅　▅▅	妻財	乙卯木		
六二	▅▅　▅▅	官鬼	乙巳火	世	丁卯木
初六	▅▅　▅▅	父母	乙未土		

六月卦：春吉，夏口舌，秋平，冬平。

評曰：萃者，聚也。內外喜悅，上下俱柔，萬事蓄息①，利祿悠悠。求謀有濟㊀，宜保羊牛，他人剋己，終不成憂。

此卦韓信被呂后疑忌②卜得之，果被其戮也。

解曰：貴人磨玉，去瑕疵也。一僧指小兒山路，謂當作福，保小兒也。一人救火，除殃也。一魚在火上，倖免傷也。一鳳銜書。乃詔書至，有喜也。

魚龍會聚之卦，如水就下之象。

萃：亨。王假有廟，利見大人，亨。利貞，用大牲吉，利有攸往。

彖曰：萃，聚也。順以說，剛中而應，故聚也。王假有廟，致孝享也。利見大人亨，聚以正也。用大牲吉，利有攸往，順天命也。觀其所聚，而天地萬物之情可見矣。

象曰：澤上于地，萃。君子以除戎器，戒不虞。

朱子曰：萬物萃聚之象，故為萃。王假有廟，言王者可以至於宗廟之中，王者卜祭之吉占也。

注釋

①蕃（fān）息：滋生，繁衍。

②韓信被呂后猜忌：高祖病危，皇后呂氏掌權，因有人告其謀反，被呂后設計害死。參見「韓信」注釋。參閱《史記•淮陰侯列傳》。

校勘記

㊀「利祿悠悠。求謀有濟」，原本脫漏，據《卜筮全書•卦爻呈象•澤地萃》原文補入。

六甲旬斷

甲子旬：子孫空，身無氣。
甲戌旬：兄弟應空，求人反覆。
甲申旬：父母空，福德長生㊀，身吉。
甲午旬：鬼爻世空，身無氣。
甲辰旬：財空，謀用費力。
甲寅旬：身無氣，訟、病出旬方得平瘥。

校勘記

㊀「福德長生」，原本作「福德旺」，疑誤，據其卦理及文意改。

日六神斷

第二爻乙巳火，官鬼持世。
甲乙：朱雀持世，財入身，因財口舌事。
丙丁：勾陳持世，田、墓爭訟。
戊己㊀：騰蛇持世，虛恐、怪異事。

庚辛：玄武持世，盜賊，陰私，口舌。
壬癸：青龍持世，遷官拜職，喜事。

校勘記

㊀「戊己」，原本作「戊己，戊日空亡」，疑誤，據其行文體例改。

十干詩斷

甲丙戊庚壬：陰會陽來事未期，造舟經濟水邊危，花前結盡亭前果，西北將來尚有疑。
乙丁己辛癸：急尋水救牆邊火，浪起魚驚事不虛，天雨霖霖三五候，到頭火滅不傷魚。

六爻詩斷

初六：有孚不終，乃亂乃萃，若號，一握為笑。勿恤往，无咎。【凶】
象曰：乃亂乃萃，其志亂也。
詩斷：懷疑相會聚，有始不能終，若也能先退，將來免咎凶。
占斷：住居不旺，老人不安，小口有災。
六二：引吉，无咎，孚乃利用禴。【吉】

象曰：引吉无咎，中未變也。
詩斷：人財多吉慶，守正位居中，薄菲存誠意，神明亦可通。
占斷；求財遂，官事動口舌，失脫之兆。
六三：萃如嗟如，无攸利。往无咎，小吝。【吉】
象曰：往无咎，上巽也。
詩斷：上下皆相會，斯為大吉亨，必當由正道，方可保無迍。
占斷：求財遂，婚成，六甲生女，行人至。
九四：大吉，无咎。【大吉】
象曰：大吉无咎，位不當也。
詩斷：上下皆相應，中心自歎嗟，求人雖小吝，无咎亦為佳。
占斷；財有失，謀事成，婚姻、其餘皆平。
九五：萃有位，无咎，匪孚。元永貞，悔亡。【凶】
象曰：萃有位，志未光也。
詩斷：志士能貞守，雖貧道未貧，知音雖不遇，百事亦光榮。
占斷：行人至，失物空，不宜出外。
上六：齎諮涕洟①，无咎。【平】

象曰：齎諮涕洟，未安上也。

詩斷：患禍將臨己，憂疑不自安，齎諮動悃②至，禍散解憂顏。

占斷：謀事阻隔不成，有陰人不足，先難後易。

注釋

①齎諮涕洟（jī zī tì tì）：歎息，涕淚俱下哭泣。

②悃（kǔn）：誠懇，誠摯。

分類占斷

占天時：雨不久便晴，應在午戌日。

占求官：遲也，用草頭貴人在內，是軍卒官，或是捕盜職，丑未月日有官。

占見貴：用力可順。

占謀望：用與軍卒同求，陰人阻。

占家宅：有二姓及草頭人同居，不然茅房屋前有牛欄、糞屋。主口舌，用防小口災。

占風水：有樹木之所，有二穴，近路，一穴乙辛向，一穴丁癸向，出人為軍公吏。

占婚姻：草頭姓人為媒，其婦清秀伶俐，傷子剋夫。

占胎產：有雙喜。第三四胎，只一喜，產母病多。

占求財：不宜自求，宜與草頭人同求，則有六七分財。用出外求之，方得遂。
占交易：必有成就，只是自疑。
占田蠶：大吉。
占出行：不宜動，動必有口舌是非。中途有軍人、公人侵算，主破財。
占行人：目下身動，有婦人阻。有二人在路，途中虛驚。
占遺失：用西南方尋。生物在竹林、古㊀塚、樹邊，如人口則㊁在寺觀之中也。
占捕盜：在東方竹林處人家，不遠。若不是軍家，即草頭姓人家，捉得三人。
占疾病：因往東南方草野五通廟，或橋邊茅屋處，沖著刀兵傷亡、南方廟司大王，攪去魂魄。主見心腹疼痛，寒熱往來。或自縊鬼、木神為禍。用設家先、草野五通、半天午酉神、刀兵傷亡、自縊鬼、五瘟神、南方廟司大王，謝灶司，退土墓煞。
小兒用設前生父母、五路童子、化公化婆、半天午酉神、鎖甲神，退土墓殺。
占詞訟：無始終。有二人在內，忌軍卒人。如草頭人，乃貴人也，是我強他弱。

校勘記

㊀「古」，原本作「所」，疑誤，據其文意改。
㊁「則」，原本作「才」，疑誤，據其文意改。

澤山咸

䷞兌上艮下，兌金三世，外卦出現。（兌宮第四卦）

爻位	卦　形	六親	納甲五行	世應	世下伏神
上六	⚋	父母	丁未土	應	
九五	⚊	兄弟	丁酉金		
九四	⚊	子孫	丁亥水		
九三	⚊	兄弟	丙申金	世	丁丑土
六二	⚋	官鬼	丙午火		
初六	⚋	父母	丙辰土		

正月卦：春吉，夏平，秋凶，冬平。

評曰：咸者，感也。天地感應，萬物和平㊀，男女感應，夫婦康寧㊁。感應之事，無有不亨。

此卦漢王昭君卜得之，後知和番不回①也。

解曰：空中有一拳，乃空中有人提挈也。錢寶一堆，乃主空中得財寶也。貴人在山頂，乃出身高也。女人上山，乃夫妻俱顯也。盒子，和合也。

山澤通氣之卦，至誠感神之象。

咸：亨，利貞，取女吉。

彖曰：咸，感也。柔上而剛下，二氣感應以相與。止而說，男下女，是以亨，利貞，取女吉也。天地感而萬物化生，聖人感人心而天下和平。觀其所感，而天地萬物之情可見矣。

象曰：山上有澤，咸。君子以虛受人。

朱子曰：得男女之正，婚姻之時，故其卦為咸，其占亨而利貞，取女則吉。

注釋

①王昭君知和番不回：王昭君（約前52年—約15年），名嬙，字昭君，漢族，南郡秭歸（今湖北省宜昌市興山縣）人，西漢元帝時和親宮女，與貂蟬、西施、楊玉環並稱中國古代四大美女。漢元帝建昭元年（前38年），王昭君被選入宮，成為宮女。竟寧元年（前33年）正月，時為匈奴單于的呼韓邪第三次朝漢自請為婿，王昭君奉命嫁與其為妻，號為寧胡閼氏。二人共同生活三年，育有一子伊屠智伢師，後為匈奴右日逐王。建始二年（前31年），呼韓邪單于去世，昭君向漢廷上書求歸，漢成帝敕令「從胡俗」，依遊牧民族收繼婚制，復嫁呼韓邪單于長子復株累單于，兩人

共同生活十一年，育有二女。王昭君去世後，葬於呼和浩特市南郊，墓依大青山，傍黃河水；後人稱之為「青塚」；到了晉朝，為避晉太祖司馬昭的諱，改稱明君，史稱「明妃」。參閱《漢書・匈奴傳》、《後漢書・南匈奴傳》。

校勘記

㈠「萬物和平」，原本作「天下和平」，疑誤，據《卜筮全書・卦爻呈象・澤山咸》原文改。
㈡「夫婦康寧」，原本作「夫婦安寧」，疑誤，據《卜筮全書・卦爻呈象・澤山咸》原文改。

六甲旬斷

甲子旬：子孫空，身無氣。
甲戌旬：兄弟世空，不宜興訟。
甲申旬：父母應空，鬼空，訟、病吉。
甲午旬：鬼旺，身無氣，訟、病忌。
甲辰旬：福德入墓，求財不利。
甲寅旬：求財得，病未安。

日六神斷

第三爻丙申金，兄弟持世。

甲乙：勾陳持世，財合身，爭財勾連。

丙丁：騰蛇持世，主虛驚。

戊己：白虎持世，遠信或疾病。

庚辛：青龍持世，遷官，婚姻喜㊀。

壬癸：朱雀持世，主印信，文字，或憂口舌。

校勘記

㊀「婚姻喜」，原本作「婚姻喜，庚日空亡」，疑誤，據其卦理及文意改。

十干詩斷

甲丙戊庚壬：未遇東風變化時，潛身須且待雲魂，山梅開後雷聲發，此際榮華亦未遲。

乙丁己辛癸：相感本無心，須知夙契深，此時宜娶婦，遇喜見珠金。

六爻詩斷

初六：咸其拇。【吉】

象曰：咸其拇，志在外也。

詩斷：咸為相感象，欲速未堪行，大抵宜安靜，方能保吉亨。

占斷：官事宜和，婚不成，求財不遂。

六二：咸其腓，凶，居吉。【平】

象曰：雖凶居吉，順不害也。

詩斷：不宜輕進動，燥妄反為災，守靜宜安分，居然吉慶逢。

占斷：官事無氣，行人至，病安痊，用謝灶神，香火吉。

九三：咸其股，執其隨，往吝。【平】

象曰：咸其股，亦不處也。志在隨人，所執下也。

詩斷：不宜專自用，通變在於人，所占百事合，大抵利婚姻。

占斷：財失終不失，謀事有頭無尾，諸事平。

九四：貞吉，悔亡，憧憧①往來，朋從爾思。【平】

象曰：貞吉悔亡，未感害也。憧憧往來，未光大也。

詩斷：情人初會日，感動在於勤，貞正宜堅守，忠誠久不渝㊀。

占斷：百事大吉也。
九五：咸其脢②，无悔。【平】
象曰：咸其脢，志末也。
詩斷：進退無拘束，中心不涉私，雖然無所感，無是亦無非。
占斷：口舌不時生，喜中多不足，只宜空門中用事。
上六：咸其輔頰③舌。【凶】
象曰：咸其輔頰舌，縢口④說也。
詩斷：多言本招辱，圖事竟難明，尊山行由阻，都緣無實成。
占斷：婚和合，有人阻隔，事不利也。

注釋

①憧憧（chōng chōng）：往來不絕貌。
②脢（méi）：背脊肉。
③輔頰（jiá）：上頜與面頰。泛指面頰。
④縢（téng）口：張口放言。

校勘記

㊀「渝」，原本作「偷」，疑誤，據其文意改。

分類占斷

占天時：雨雖有不久，過三日後即晴。

占求官：有舊恩人為力，必有遷官，榮達得之。後有文書動，宜進不宜退，必有一失之憂。

占見貴：遂順意也。

占謀望：必成也，只有些口舌，不妨。若口字人在內，為福。

占家宅：得外姓人為主成家，添人口。上下有屋相圍，有香火在外。

占風水：有二山包圍，外不見穴。亦有二穴，一高一低，有龍宮之分。

占婚姻：當成。有口字、姓張人為媒。其婦曉事，但不單，帶子來。

占胎產：生男也。若三四爻動，不足為喜也。

占求財：不用出屋，乃同他人求之。有口字同事，有望，難入手。

占交易：必成，只用些力。

占田蠶：如常年也。

占出行：有相識人阻隔，難動。應在申子日，方可出。

占行人：不久則見，在途中有小可口舌，無財，與買賣人同行。
占尋人：他在家，身動不得。若尋他，則有些口舌，不成官事。
占遺失：生物在坑圳中，可近水尋。死物在房中，及鍋灶中可尋，非是人來偷也。
占捕盜：難捉。在東北方山下，近賊㊀窩之所，左右有石岩。目下未見，應在酉戌日得見。
占疾病：因往西南方旺處，回歸經㊁神廟前過，沖著馬頭，被小鬼攪去魂魄。
主見寒多熱少，內熱外冷，頭痛作渴，不思飲食，及有小便不通，或血膿災。
用設家先、傷亡、半天午酉神，謝灶司，退墓煞，還神願，開鎖甲，解咒咀。
小兒用設家先、前生父母、五路童子、半天午酉神、床公床母、化公化婆，送星辰。
占詞訟：雖有鬼，不見官，只宜和。有帶疾美色人在內，可仔細。口字人，是貴人。

校勘記

㊀「賊」，原本作「窄」，疑誤，據其文意改。
㊁「經」，原本作「猛」，疑誤，據其文意改。

水山蹇

䷦兌上艮下，兌金四世，內卦伏藏。（兌宮第五卦）

爻位	卦　形	六親	納甲五行	世應	世下伏神
上六	▅▅　▅▅	子孫	戊子水		
九五	▅▅▅▅▅	父母	戊戌土		
六四	▅▅　▅▅	兄弟	戊申金	世	丁亥水
九三	▅▅▅▅▅	兄弟	丙申金		
六二	▅▅　▅▅	官鬼	丙午火		
初六	▅▅　▅▅	父母	丙辰土	應	

八月卦：春凶，夏自如，秋吉，冬疾病。

評曰：蹇者，難也。利往西南㊀，不利東北，背明向暗，多有迍蹇。求事未遂，尚多疑惑。

此卦鍾離末①將收楚卜得之，乃知身不王矣。

解曰：日當天，乃光明之象。旗一面，上有使字。乃使旗也。鼓五面者，乃是更鼓也。中有一鹿者，乃具旺之祿也。堆子千里字。遠大也。

飛雁銜②蘆之卦，背明向暗之象。

蹇：利西南，不利東北，利見大人，貞吉。

彖曰：蹇，難也，險在前也。見險而能止，知矣哉。蹇利西南，往得中也。不利東北，其道窮也。利見大人，往有功也。當位貞吉，以正邦也。蹇之時用大矣哉。

象曰：山上有水，蹇。君子以反身修德。

朱子曰：蹇，難也。足不能進，行之難也。為卦艮下坎上，見險而止，故為蹇。西南平易，東北險阻。又，艮，方也，方在蹇中，不宜走險。故其占曰，利西南而不利東北。當蹇之時，必見大人，然後可以濟難。

注釋

①鍾離未：項王亡將鍾離未家在伊盧，素與信善。項王敗，未亡歸信。漢怨未，聞在楚，詔楚捕之。信初之國，行縣邑，陳兵出入。有變告信欲反，書聞，上患之。用陳平謀，僞遊於雲夢者，實欲襲信，信弗知。高祖且至楚，信欲發兵，自度無罪，欲謁上，恐見禽。人或說信曰：「斬未謁上，上必喜，亡患」。信見未計事，未曰：「漢所以不擊取楚，以未在。公若欲捕我處媚漢，吾今死，公隨手亡矣」。乃罵信曰：「公非長者！」卒自剄。參閱《漢書•韓彭英盧吳傳》。

②銜（xián）：用嘴含，用嘴叼。

校勘記

㈠「利往西南」，原本作「蹇利西南」，疑誤，據《卜筮全書・卦爻呈象・水山蹇》原文改。

六甲旬斷

甲子旬：外㈠父母空，福德旺，訟、病不妨。

甲戌旬：兄弟世空，求謀未遂，百事艱難。

甲申旬：鬼空，訟吉。

甲午旬：內㈡父母空，鬼旺，身㈢無氣。

甲辰旬：求財費力，鬼賊旺，福德無氣。

甲寅旬：子孫空，訟、病出旬吉。

校勘記

㈠「外」，原本脫漏，據其卦理及文意補入。

㈡「內」，原本脫漏，據其卦理及文意補入。

㈢「身」，原本脫漏，據其文意補入。

日六神斷

第四爻戊申金，兄弟持世。

甲乙：騰蛇持世，遠信，驚變，財合身。

丙丁：白虎持世，出行遠道，動主疾病、凶喪。

戊己：玄武持世，防財物損失。

庚辛：朱雀持世，官中公事。

壬癸：勾陳持世，田土事。

十干詩斷

甲丙戊庚壬：一對鴛鴦水上飛，菱荷風暖日初時，山前山后故人會，始覺從茲路不迷。

乙丁己辛癸：蹇語有誰知，逢羊始是時，彸㊀頭方見立，終到鳳凰池①。

注釋

①鳳凰池：古代禁苑中池沼，魏晉南北朝時設中書省於禁苑，掌管機要，接近皇帝，故稱中書省為「鳳凰池」。唐代宰相稱同中書門下平章事，故多以「鳳凰池」指宰相職位。

校勘記

㊀「⿰彳光」，此字查無音、義。

六爻詩斷

初六：往蹇，來譽。【平】
象曰：往蹇來譽，宜待也。
詩斷：人方逢蹇難，戒莫強施為，英譽將來報，何如①且待時。
占斷：陰人不足，步履艱難，事有阻隔。
六二：王臣蹇蹇，匪躬之故。【平】
象曰：王臣蹇蹇，終无尤也。
詩斷：蹇中仍遇蹇，臣子盡忠謀，雖未成功業，終當免悔尤。
占斷：慎口舌，病未安，訟未決㊀，行人動。
九三：往蹇，來反。【凶】
象曰：往蹇來反，內喜之也。
詩斷：進而還遇險，蹇難更多憎，內喜宜遄②反，方能保興安。
占斷：不宜動用，失物在，行人至，婚姻遂。

六四：往蹇，來連。【平】

象曰：往蹇來連，當位實也。

詩斷：與人逢患難，其志不謀同，大抵當誠實，方能濟難中。

占斷：宜出往，病未安，防鬼賊。

九五：大蹇，朋來。【吉】

象曰：大蹇朋來，以中節也。

詩斷：處世方多蹇，那居坎險中，朋來相應助，省難可成功。

占斷：謀事不成，官事他人有氣，婚姻不成，病安。

上六：往蹇，來碩③吉，利見大人。【吉】

象曰：往蹇來碩，志在內也。利見大人，以從貴也。

詩斷：前進逢屯蹇，難當且順從，貴人相濟助，轉禍可為功。

占斷：婚成，求財無，失物空，病難安，謀事不成。

注釋

①何如：不如。

②遄（chuán）：快，迅速。

③碩（shuò）：引申為大。

校勘記

㊀「泱」，原本作「央」，疑誤，據其文意改。

分類占斷

占天時：久雨，三日方住，應在巳申日晴。

占求官：先難後遂，有兩貴人在內方可。應在辰戌日，有的信。

占見貴：難見，用力方可遂。

占謀望：用隔手，託他人說方就，自不可去。求之若急，則有憂。遲則無慮。有口字人在內。

占家宅：屋左後有牛欄，有井，出人多有足疾。困遁，香火無力，士主無位。

占風水：前有路，後有窯窟，及有小水在兩邊，主有腳氣疾。

占婚姻：難成，虛多實少，別改一處說方利，原處縱成，亦有口舌。

占胎產：生女，未產。腳下不足，產母有災。水火不通，不可近井。

占求財：反覆，是非口舌，用市井中求則可。

占交易：有阻不成。
占田蠶：大吉。
占出行：欲動不成，不宜動。有疾病，破財，阻隔，口舌，遲則有利。
占行人：欲動有阻，或少路費。亥日占之，必有信。
占尋人：有井及水圳邊，難尋之，不見。亦有足病人見。
占遺失：在井邊、茅屋、糞下可尋。如死物在天井、水溝內尋。
占捕盜：難逃。在東北方山下人家，前有水或有井，其處人煙稀少，在申酉日敗。
占疾病：因往東北方水邊，大樹下，沖著木下三聖、古廟大王、小鬼攬去魂魄。
主見寒熱，足疾之災。
用設家先、山司、木下三聖、古廟大王、灶司，退土殺，瘟神、鎖甲神。
小兒用設家先、前生父母、五路童子、半天午酉神、床公床母、化公化母，送星辰，退土殺。
占詞訟：不宜見官，只宜逃避，有井處可逃，用求口字姓人。主事留連未了，不出則不為害。

地山謙

䷎ 坤上艮下，兌金五世，內卦伏藏。（兌宮第六卦）

爻位	卦　形	六親	納甲五行	世應	世下伏神
上六	▅▅　▅▅	兄弟	癸酉金		
六五	▅▅　▅▅	子孫	癸亥水	世	丁酉金
六四	▅▅　▅▅	父母	癸丑土		
九三	▅▅▅▅▅	兄弟	丙申金		
六二	▅▅　▅▅	官鬼	丙午火	應	
初六	▅▅　▅▅	父母	丙辰土		

九月卦：春平，夏吉，秋吉，冬吉。

評曰：謙者，退也。謙而受益，滿而受虧㊀，謙謙君子，尊人自卑。利用謙遜，萬事無違。

此卦唐玄宗因祿山亂①卜得之，乃知干戈必息也。

解曰：月當天，無私也。一人騎鹿，財祿俱至也。三人腳下亂絲，乃牽連未得解也。貴人捧鏡，乃遇清正官人也。文字上有公字。公事得理也。

地中有山之卦，仰高就下之象。

謙：亨，君子有終。

象曰：謙亨，天道下濟而光明，地道卑而上行。天道虧盈而益謙，地道變盈而流謙，鬼神害盈而福謙，人道惡盈而好謙。謙尊而光，卑而不可踰②，君子之終也。

象曰：地中有山，謙。君子以裒多益寡③，稱物平施。

朱子曰：山至高而地至卑，乃屈而止於其下，謙之象也。占者如是，則亨通而有終矣。

注釋

①唐玄宗因祿山亂：參見「唐玄宗避祿山」「安祿山」「唐明皇」等注釋。

②踰（yú）：同「逾」。超過。

③裒（póu）多益寡：裒，減少。益，增補。拿多餘的一方，增加給缺少的一方。比喻多接受別人的意見，彌補自己的不足。

校勘記

㊀「謙而受益，滿而受虧」，原本作「日月有盈，謙而有虧」，疑誤，據《卜筮全書・卦爻呈象・地山謙》原文改。

六甲旬斷

甲子旬：福德世空，求謀不利。
甲戌旬：兄弟空，不宜訟，本宮衰。
甲申旬：官鬼應空，他人不實。
甲午旬：鬼旺，訟、病出旬吉。
甲辰旬：財空㈠，求財少。
甲寅旬：外㈡父母空，本宮無氣，鬼長生㈢。

校勘記

㈠「財空」，原本作「福德空」，疑誤，據其卦理及文意改。
㈡「外」，原本脫漏，據其卦理及文意補入。
㈢「鬼長生」，原本作「鬼旺」，疑誤，據其卦理及文意改。

日六神斷

第五爻癸亥水，子孫持世。
甲乙：白虎持世，兄弟扶身，剋退財。
丙丁：玄武持世，辰與鬼合，福德扶持。

戊己：青龍持世，財合身，主婚姻財喜。
庚辛：勾陳持世，爭競事。
壬癸：騰蛇持世，陰私，恐亡遺。

虎易按：「辰與鬼合」，指丙丁日辰屬火，為卦中官鬼。

十干詩斷

甲丙戊庚壬：眾裡事牽連，憂疑滿目前，若逢明鑒照，撓括任虛傳。
乙丁己辛癸：運蹇時乖莫強謀，得安身處且優遊，若逢天上人開口，便有生涯著意求。

六爻詩斷

初六：謙謙君子，用涉大川，吉。【吉】
象曰：謙謙君子，卑以自牧也。
詩斷：常吉真君子，謙謙自處卑，大川雖至險，利涉亦無危。
占斷：訟凶，婚不成，謀不遂，行人至。
六二：鳴謙，貞吉。【吉】
象曰：鳴謙貞吉，中心得也。
詩斷：柔順行謙道，純誠貴內充，有吉皆正順，吉慶自相隨。

占斷：訟失理，病凶，婚不成，百事不利也。
九三：勞謙，君子有終，吉。【吉】
象曰：勞謙君子，萬民服也。
詩斷：有功而不成，君子保成功，以此行謙道，何人不聽從。
占斷：求財有，出往利，謀事成。
六四：无不利，撝謙①。【大吉】
象曰：无不利撝謙，不違則也。
詩斷：舉動皆謙遜㊀，承尊又順卑，施為无不利，凡事合其宜。
占斷：文書利，失物在，望事、求婚成，出往吉。
六五：不富以其鄰，利用侵伐，无不利。【吉】
象曰：利用侵伐，征不服也。
詩斷：以謙而接下，心服眾所歸，或恐謙柔過，尤當濟以威。
占斷：行人至，病凶，失物空，婚不成，求財無。
上六：鳴謙，利用行師，征邑國。
象曰：鳴謙，志未得也。可用行師，征邑國也。
詩斷：行謙今已極，眾所共聞之，未得行其志，乘剛剋己私。
占斷；失物在，求財利，行人不至，婚不成，訟有理。

注釋

①撝（hu ī）謙：謂施行謙德。泛指謙遜。

校勘記

㊀「遜」，原本作「巽」，疑誤，據其文意改。

分類占斷

占天時：未動晴，主有風雷，甲子日方住。

占求官：難求，三五次用心，徒然費力。有草頭人，及口字姓人脫算，應在寅午戌日。

占見貴：可進前也。

占謀望：三人同求，一人在內相讓，再求有成，事有兩三頭。

占家宅：在竹林，居有兩屋，主損兩小兒。人煙少，宜小屋㊀內住則可。

占風水：有竹林，近人家。如無竹林，必茅屋在近。葬後必有破財，口舌。

占婚姻：有二人說，用口字媒人則利，其婦女多淫佚好色。

占胎產：生女，産母無災，小兒難養，是第三胎。

占求財：可言其有財，不可取其財，取則有傷。

占交易：終成，有小是非，不妨。

占田蠶：大吉之兆。
占出行：有阻隔，無災害，雖有口舌，亦不為傷。宜三人行，與草頭人動則吉。
占行人：未動，是非多，防有失脫。如己亥占，即有信至。
占尋人：未見，不可去。若有草頭字人在內，枉勞虛費心力。
占遺失：在茅屋、竹林下，自己人得知，失後更有口舌，生物問草頭人得見。
占捕盜：不遠，易捉。在東南方，近石路處，遲在申戌日得見。在茅屋處，有三人。
占疾病：因往東南方旺處回歸，三人同行，過古廟處，沖著南方廟司大王、木下小鬼，攬去魂魄，鎖縛在㊁地。有猛，神佛不安，小兒病不死，主留連，難脫體，飲食不落，日輕夜重。用設家先、南方廟司大王、二使者及門口傷亡、五瘟神、半天午酉神、鎖甲神、土地、灶司，退土殺，謝灶司。
小兒用設前生父母、五路童子、床公床母、半天午酉神、鎖甲神，退土殺，送星辰。
占詞訟：自二三人在內，大忌草頭人說，口舌及有官事，傷於他人，事有理。

校勘記

㊀「屋」，原本作「源」，疑誤，據其文意改。
㊁「在」，原本作「反」，疑誤，據其文意改。

雷山小過

䷽ 震上艮下，兌金遊魂，內卦伏藏。（兌宮遊魂卦）

爻位	卦　形	六親	納甲五行	世應	世下伏神
上六	▅▅　▅▅	父母	庚戌土		
六五	▅▅　▅▅	兄弟	庚申金		
九四	▅▅▅▅▅	官鬼	庚午火	世	癸丑土
九三	▅▅▅▅▅	兄弟	丙申金		
六二	▅▅　▅▅	官鬼	丙午火		
初六	▅▅　▅▅	父母	丙辰土	應	

二月卦：春吉，夏吉，秋凶，冬平。

評曰：小過者，過也。飛鳥翩翩，翱翔于天，進則有咎，退則無愆。多憂過失，疾病相纏，出入不利，必有迍邅①。

此卦漢君有難②卜得之，後果能脫難。

解曰：明月當空，得太陰照臨之也。林下一人彈冠，乃彈冠出仕也。人在網中，一人割網。得脫罪愆也。堠③在山頭出。又可進程，定得貴人力也。

飛鳥遺音之卦，上逆下順之象。

小過：亨，利貞。可小事，不可大事。飛鳥遺之音，不宜上，宜下，大吉。

彖曰：小過，小者，過而亨也。過以利貞，與時行也。柔得中，是以小事吉也。剛失位而不中，是以不可大事也。有飛鳥之象焉，飛鳥遺之音，不宜上，宜下，大吉，上逆而下順也。

象曰：山上有雷，小過。君子以行過乎恭，喪過乎哀，用過乎儉。

朱子曰：小，謂陰也。為卦四陰在外，二陽在內，陰多於陽，小者過也。既過於陽，可以亨矣。然必利於守貞，則又不可以不戒也。卦之二五，皆以柔而得中，故可小事。三四皆以剛失位而不中，故不可大事。卦體內實外虛，如鳥之飛，其聲下而不上，故能致飛鳥遺音之應，則宜下而大吉，亦不可大事之類也。

注釋

①迍邅（zhūn zhān）：處境不利，困頓。

②漢君有難：此處「漢君」不知指那一代的漢王。

③堠子：古時築在路旁用以分界或計里數的土壇。每五里築單堠，十里築雙堠。

六甲旬斷

甲子旬：外㊀父母空，財少，福德旺㊁。
甲戌旬：兄弟空，不宜訟。
甲申旬：鬼世空，憂疑散，訟事不成。
甲午旬：父母應空，鬼旺。
甲辰旬：財空㊂，子孫無氣。
甲寅旬：鬼長生㊃，財吉，病㊄出旬好。

校勘記

㊀「外」，原本脱漏，據其卦理及文意補入。
㊁「財少，福德旺」，原本作「財少，身空，福德旺」，疑誤，據其卦理及文意改。
㊂「財空」，原本作「財衰」，疑誤，據其卦理及文意改。
㊃「鬼長生」，原本作「鬼旺」，疑誤，據其卦理及文意改。
㊄「病」，原本脱漏，據其文意補入。

日六神斷

遊魂，第四爻庚午火，官鬼持世。
甲乙：螣蛇持世，財合，驚恐。
丙丁：白虎持世，遠行，並凶疾病。
戊己：玄武持世，鬼賊，陰私，口舌。
庚辛：朱雀持世，官事，口舌。
壬癸：勾陳持世，墓田訟事。

十干詩斷

甲丙戊庚壬：躁進將成妄，往圖恐見災，寧身須待命，福祿自然來。
乙丁己辛癸：子午年中喜，逢豬先立根，祿從天上至，氣象滿柴門①。

注釋

①柴門：用柴木做的門。言其簡陋。代指貧寒之家；陋室。

六爻詩斷

初六：飛鳥以凶。【凶】

象曰：飛鳥以凶，不可如何也。

詩斷：羽蟲能致尊，或恐有飛災，為事亦求下，凶消吉自來。

占斷：病留連，訟有恐，求財不得，謀事不成，諸事不利也。

六二：過其祖，遇其妣①，不及其君，遇其臣无咎。【平】

象曰：不及其君，臣不可過也。

詩斷：凡人於小事，不可過其常，守正行中道，自然免災㊀殃。

占斷：行人至，不宜婚，官訟失理，出往不利，病未安。

九三：弗過防之，從或戕②之，凶。【凶】

象曰：從或戕之，凶如何也。

詩斷：小人方道長，當預過於防，自己先為正，深慮反我傷。

占斷：宜求財，望事遂，行人未至，婚不成，病不死。

九四：无咎，弗過遇之，往厲必戒，勿用永貞。【平】

象曰：弗過遇之，位不當也。往厲必戒，終不可長也。

詩斷：九四原无咎，乘剛得所宜，百堪貞固守，必也在隨時。

占斷：求財無，宜尋人。謀事、出往不利。失物不在。

六五：密雲不雨，自我西郊，公弋③取彼在穴。【凶】
象曰：密雲不雨，已上也。
詩斷：所作多迍滯，人皆未順從，密雲何不雨，終是未成功。
占斷：訟宜和，婚成，求財未有，謀事未遂，病散。
上六：弗遇過之，飛鳥離之，凶，是謂災眚。【凶】
象曰：弗遇過之，已亢也。
詩斷：得理違常道，至持信不回，兆惟有人眚，抑且見天災。
占斷：求官利，失物在，謀事成，行人至，出往吉。

注釋

①妣（bǐ）：母親。
②戕（qiāng）：殘殺、殺害。
③弋（yì）：射。用帶繩子的箭射獵。

校勘記

㊀「災」，原本作「客」，疑誤，據其文意改。

分類占斷

占天時：雨止開晴，應在寅卯日。

占求官：難遂。得本路官職，一仕兩權，上任不久有遷改，無虞。

占見貴：不利也。

占謀望：必成，只用再求他人則可。回去急，則有口舌之兆。

占家宅：若非兩頭居，當有外姓人同房住，前後有屋。

占風水：主有一山當穴，左邊有斜路。下一穴，當作丙壬㊀向。直掘窟，甲庚向，風水不可改。

占婚姻：其親不遠，只在門房，近人家，口字人為媒，先難後易。

占胎產：腹中有胎，當便見災，過後有小阻難，謝灶司得安。

占求財：雖出外求，亦未分曉，小望則可，大望則必有失也。

占交易：難成。

占田蠶：不利也。

占出行：見憂疑，破財後方可行動。亦主在外有阻，幹事反覆。

占行人：在途中，身動便至。

占尋人：只在原處逃避，定當得見，有他人邀，同往則可。

占遺失：死物在屋內，用三兩次尋，是外人藏也。生物在山頭，有二小屋，近橋處。

占捕盜：難捉。在重樓人家，左邊有水。假㈡如無水，當有曲尺路，亦可去東北寺觀處尋。

占疾病：因往東南方，回歸橋頭、斜路、過庵前，沖著南方廟司大王、半天午酉神、攬去魂魄，鎖縛在鐵鐘下，食物不落，行止不遂，或門口傷亡神為禍。

主見心疼，腹疼，番吐，如吞鐵丸在腹中，日輕夜重，進退留連。

用設家先、南方廟司大王、半天午酉神、草野五通、五道神、五瘟神、鎖甲神，謝灶司，還土地舊願。

小兒用設家先、前生父母、五路童子、床公床母，退土殺，送星辰吉。

占詞訟：有外姓人為鬼，宜和，不為害。

校勘記

㈠「壬」，原本作「寅」，疑誤，據「二十四山向」體例改。

㈡「假」，原本作「過」，疑誤，據其文意改。

雷澤歸妹

䷵ 上兌下，兌金歸魂，內卦出現。（兌宮歸魂卦）					
爻位	卦　形	六親	納甲五行	世應	世下伏神
上六	▅▅　▅▅	父母	庚戌土	應	
六五	▅▅　▅▅	兄弟	庚申金		
九四	▅▅▅▅▅	官鬼	庚午火		
六三	▅▅　▅▅	父母	丁丑土	世	丙申金
九二	▅▅▅▅▅	妻財	丁卯木		
初九	▅▅▅▅▅	官鬼	丁巳火		

七月卦：春凶，夏吉，秋凶，冬吉。

評曰：歸妹者，大也㊀。歸妹未吉，其道將窮，天地不交，閉塞不通。有殃①有咎，無始無終，所作不順，必見其凶。

此卦舜娶堯二女②卜得之，乃知卑幼不寧也。

解曰：官人騎鹿指雲，志在霄漢也。小鹿子在後，祿位重重。望竿上有文字，望信得至也。人落刺中，一人拔出。一人救脫難，變凶為吉也。

浮雲蔽日之卦，陰陽不交之象。

歸妹：征凶，无攸利。

彖曰：歸妹，天地之大義也。天地不交，而萬物不興；歸妹，人之終始也。說以動，所歸妹也。征凶，位不當也。无攸利，柔乘剛也。

象曰：澤上有雷，歸妹。君子以永終知敝。

朱子曰：婦人謂嫁曰歸。妹，少女也。兌以少女而從震之長男，而其情又為以說而動，皆非正也，故卦為歸妹。而卦之諸爻，自二至五，皆不得正，三五又皆以柔乘剛，故其占征凶，而無所利也。

注釋

①殃（yāng）：禍害，災難。

②舜娶堯二女：舜為傳說中的部落聯盟首領，歷來被列入「五帝」之中，奉為華夏至聖。傳其稱號為有虞氏，姓姚又姓嬀，名重華，字都君，謚曰「舜」。因國名「虞」，故又稱虞舜。他是帝顓頊的六世孫，自五世祖窮蟬起都是平民。從小受父親瞽叟、後母和後母所生之子象的迫害，屢經磨難，仍和善相對，孝敬父母，愛護異母弟弟象，故深得百姓讚譽。帝堯年事已高，欲選繼承人，四

嶽一致推舉舜，於是，堯分別將自己的兩個女兒娥皇、女英嫁給舜，讓九名男子侍奉於舜的左右，以觀其德；又讓舜職掌五典、管理百官、負責迎賓禮儀，以觀其能。皆治，乃命舜攝行政務。最後堯把帝位禪讓給舜。參閱《史記•五帝本紀》。

校勘記

㊀「歸妹者，大也」，原本脫漏，據《卜筮全書•卦爻呈象•雷澤歸妹》原文補入。

六甲旬斷

甲子旬：應空，求人反覆。

甲戌旬：本宮無氣，鬼墓，不宜占病。

甲申旬：福德長生，病、訟吉。

甲午旬：內鬼空，財無氣。

甲辰旬：財空，徒用心。

甲寅旬：世空，凡事不利。

日六神斷

歸魂，第三爻丁丑土，父母持世。
甲乙：勾陳持世，遠信，疾病。
丙丁：騰蛇持世，怪異，火燭。
戊己：白虎持世，憂喜並至。
庚辛：青龍持世，訟，喜信。
壬癸：朱雀持世，空中印信至。

十干詩斷

甲丙戊庚壬：春花秋月兩相宜，好展眉頭折故枝，幸得一重恩信及，須知車馬慶回歸。
乙丁己辛癸：喜合閨㈠門慶吉祥，因歡成橈也須防，閨門女子宜防禍，水厄消時又火殃。

校勘記

㈠「閨」，原本作「閏」，疑誤，據其文意改。

六爻詩斷

初九：歸妹以娣①，跛能履，征吉。【吉】
象曰：歸妹以娣，以恒也。跛能履吉，相承也。
詩斷：人存貞正德，征吉可無迍，如跛能行履，猶堪獨善身。
占斷：求財遂，謀事成，失物在，行人至，婚吉。
九二：眇能視，利幽人之貞。【平】
象曰：利幽人之貞，未變常也。
詩斷：眇者雖能視，安能及遠方，但宜幽靜守，不變乃為常。
占斷：婚不成，失物空，訟和，百事半吉。
六三：歸妹以須，反歸以娣。【平】
象曰：歸妹以須，未當也。
詩斷：妄動非為吉，因而失所依，所行元未順，但可順平卑。
占斷：九二同斷。
九四：歸妹愆期，遲歸有時。【吉】
象曰：愆期之志，有待而行也。
詩斷：既有賢明德，何須憂用遲，道同相遇合，必有待乎時。

占斷：文書必利，謀事必成，失物在，宜尋人，百事利。
六五：帝乙歸妹，其君之袂②，不如其娣之袂良。月幾望，吉。【吉】
象曰：帝乙歸妹，不如其娣之袂良也，其位在中，以貴行也。
詩斷：心存柔順德，中正以謙行，如月方幾望，惟當戒蕩盈。
占斷：婚成，訟有頭無尾，謀事、求財遂。
上六：女承筐无實，士刲③羊无血，无攸利。
象曰：上六无實，承虛筐也。
詩斷：祖宗當祭祀，筐籠可無成，必也有誠敬，中心若戰兢。
占斷：訟有理，求事、婚姻皆成，失物在，求財無。

注釋

①娣（dì）：古代姐妹共嫁一夫，幼為娣，長為姒（sì）。
②袂（mèi）：衣袖，袖口。
③刲（ku ī）：宰殺。

分類占斷

占天時：雨雖少，亦有雷聲，宜待申子日方晴。

占求官：求小遂大，官泥水官，有女人憂，應辰未日。

占見貴：有阻，難見也。

占謀望：多是女人占，事終有成。

占家宅：住在市中，有異姓人來往，不久有失，防則減半免災。

占風水：丁癸向，葬後有女人事。主富，子孫旺，女多男少。

占婚姻：合婚，主幼女重夫之格，女子有容貌，甚秀美。

占胎產：生女，未產。九二、九四、上六爻動，亦生女。生男，母子俱亡。秋占此爻，生男。

占求財：有陰貴人財，或為媒妁得財，在市井中求也。

占交易：有是非，不成就也。

占田蠶：如常。

占出行：遇女人，未可動，主無事。若阻隔，未申日可動。

占行人：在市井中，內外皆有留，不久便見。

占尋人：亦在市井中，或尋婦人，則未得。

占遺失：有婦人及口字姓人得，若是白色物，難尋。

占捕盜：女人藏之，難捉。東南方曲尺路，有井處。如無井，則是有茅屋之所，不宜急尋也。

占疾病：因往西南方，沖著南方廟司大王、暗身女鬼，攪去魂魄。主見寒熱往來，昏朦，血光之災。用設前生女鬼傷亡、絕戶傷亡、南方廟司大王、木下三聖，退土墓殺。小兒用設前生父母、五路童子、化公化母，退土殺吉。

占詞訟：有女人在內，事暗昧，未分曉。人婦有信，皆未得實，後用和勸。

新鍥纂集諸家全書大成斷易天機四卷終

新鍥纂集諸家全書大成斷易天機卷之五

作者　劉世傑　編著
清虛子　魏禎　序
豫錦誠　徐紹錦　校正
閩書林　鄭雲齋　梓行

‧總斷門第一

孫臏總斷卦歌

易爻不妄成，
易本天機之事㊀，其爻豈妄成也。
虎易按：人因事而求卦，卦因事而顯爻，爻不虛發，卦不妄成。所成之卦，必然會顯示出與所求測之人和事相關的資訊。
神爻豈亂發？

卦中六爻，一爻有一神主之，神聖靈機，豈有亂發㈡。

虎易按：「發」，指發動。《增刪卜易》曰：「神兆機於動，動必有因」。卦爻發動，必然顯示所測事物的客觀現象，以及各種互相關聯的因素。作者因感卦爻動靜之神奇，故敬稱其為「神爻」。「一爻有一神主之」，每一個爻都據其五行，配置有相應的六親，每一種六親，各自表示不同的人物和事。

體象或既成，

本卦為體，支卦為象。或既成之，當審禍福。

虎易按：「體」，指本體，即表示事物本身的卦體。「象」，指由卦體所顯示出來的卦象、爻象、爻位、六親、六神、五行生剋等各種現象。「之卦為象」，此說不太合理，請讀者注意分辨。

無者形憂色㈢。

看所占何事，若無上卦，定可憂也。

虎易按：「無者」，指主卦無用神，即無主事爻。用神不上卦，也預示事物不會很順利，可能會出現反覆，所以有憂疑。

始須論天喜，

鬼谷論天喜詩云：「春戌夏丑為天喜，秋辰冬未三三止，世上遇此必歡欣，百事得之皆有理」。如正月起戌，二月起亥㊃，順行十二位是也。

次看貴人方，

論貴人詩云：「甲戊見牛羊，乙己鼠猴鄉，丙丁豬雞位，壬癸兔蛇藏，庚辛逢馬虎，此是貴人方」。如甲日占卦，丑爻是。餘皆倣此。

虎易按：「甲戊見牛羊」。《卜筮全書・神殺歌例・天乙貴人》曰：「甲戊兼牛羊」。雖然個別文字有些差異，但意思是一樣的。

三合百事吉，

論三合詩云：「寅午戌兮巳酉丑，亥卯未兮申子辰，若還世應來相剋，雖然有合也難成」。如世是申，應是子辰。其餘仿此。

虎易按：三合，即寅午戌合成火局，巳酉丑合成金局，申子辰合成水局，亥卯未合成木局。用神或世爻逢三合，就形成了一股合力，是有利的。但是，求測不同的事情，用神或世爻遇三合，也是有喜有忌的，不可一概而論。讀者應當根據所測之事，具體分析為宜。具體的運用方法，可參考後面的分章論述。

祿馬最為良。

定祿訣詩云：「甲祿在寅，乙祿在卯，丙戊祿在巳，丁己祿居午，庚祿居申，辛祿在酉，壬祿在亥，癸祿在子」。

定驛馬訣云：「申子辰馬居寅，寅午戌馬居申，巳酉丑馬在亥，亥卯未馬在巳」。

假如甲日有寅爻，則是祿也。申子辰日有寅爻，則是馬也。

若有此爻臨世應，求官可進步，名利俱成㊄。更要發動有氣，不落空亡，大吉之兆也。

虎易按：有祿有馬，是利於求官升職之象，所以為良。

爻動始為定，

細看卦中何爻動，以動者而定吉凶。

虎易按：卦中動爻，生助用神為吉，剋制用神為凶。

次急論空亡。

吉神忌空，凶殺喜空㊅。

論空亡訣例云：「甲子旬中無戌亥，甲寅旬中無子丑，甲辰旬中無寅卯，甲午旬中無辰巳，

甲申旬中無午未，甲戌旬中無申酉，是也」。如占得卦象俱吉，值一位空亡，必主一事無氣。

彭城①有密訣，切記不可忘。

彭城論空亡訣云：「男值空亡憂遠行，女值空亡憂病生，暴病空亡宜作福，久病空亡身不真。財若空亡難把捉，鬼遇空亡官事停㊆，被他空亡徒事縷，賊來不至空有聲。妻值空亡妻有孕，室女空亡有外情，宅值空亡急作福，父母空亡憂病生。兄弟空亡不得力，子孫空亡主伶仃㊇②，此是彭城細密訣，切須仔細灼其情」。此訣屢試屢效，故為密訣，切不可忘也。

四沖主沖並。

袁天罡論四沖詩云：「辰戌丑未為四沖，縱然占吉也成凶，或是相生或兄弟，也須被破事無終」。如沖、並，有凶有吉，用之切須審詳，可知也。

虎易按：沖，指日月或卦爻地支相沖。並，指卦爻地支與動爻地支或者日辰地支相同，稱為並。例如丑日占卦，卦中有丑爻，稱為並。

刑極俱主傷。

天罡論四刑詩云：「寅申巳亥為四刑，凡作十事無一成，婚姻官事俱不吉，縱得相生也不寧」。

又論四極詩云：「子午卯酉為四極，凡百所遇皆無益，雖然世應得相生，決定主凶斷無吉」。假如世子應午，即是極位。沖與刑仿此。

虎易按：「刑」，指「三刑」。「極」，指「四極」。「三刑」，即子卯刑，寅巳申刑，丑戌未刑，辰午酉亥自刑等四種相刑。「四極」，實質是「子午」、「卯酉」對沖。《卜筮元龜》始有「四沖」、「四刑」、「四極」之說，是將「子午、卯酉、寅申、巳亥、辰戌、丑未」六對相沖的地支，分成「子午卯酉」、「寅申巳亥」、「辰戌丑未」三組，每組四個地支，兩兩相沖。其所論，都屬於「六沖」內容。因此，「四沖」、「四刑」、「四極」這三個名詞應取消為宜，其內容可歸於「六沖」之內。

世應俱發動，必然有改張㊴。

值世應二爻動，必主有變更也。

龍動家有喜。

青龍乃福慶之神，遇動，必主有喜。

虎動主有喪。

白虎本凶神，遇動，定主有喪禍。

勾陳朱雀動，須忌有文章。

勾陳朱雀，皆主文字，遇動立至。

虎易按：以上「龍動家有喜，虎動主有喪。勾陳朱雀動，須忌有文章」兩句，是指六神臨爻發動的一般表示意義。六親占法當以用神為主，神殺只是附和描述之神，讀者可參考《黃金策》相關論述，不致被誤。

日動憂尊長。

看所卜之日辰屬何爻，遇動，則尊長有災咎㊵。

辰動損兒郎。

看所卜之時辰屬何爻，遇動，則㊶小兒有損。

虎易按：「日動憂尊長，辰動損兒郎」，此說不太合理。妻財爻動剋父母，則父母尊長可能有憂。父母爻動剋子孫，則子孫可能有損。因此，宜修改為「財動憂尊長，父動損兒郎」。

陽動男人滯。

卦上陽爻動，多主男人滯。

陰動女人殃。

卦上陰爻動，多主女人災。

虎易按：「陽動男人滯，陰動女人殃」，此說也不太合理。女占夫用官，子孫爻動剋官，則男人有阻滯或疾病。男占妻用財，兄弟爻動剋財，則女人有災禍。因此，宜修改為「子動男人滯，兄動女人殃」。

出行宜世動。

若占出行，世動則吉，斷然離得，且無阻隔⑫。

歸魂不出疆。

若占出行，得歸魂卦，斷主躊躇④不進⑬。

應動值三合，行人立回莊。

應爻若動，行人主在三合日到家⑭。

占宅青龍旺，豪富冠一鄉。

大凡占宅，若值龍爻旺，定主富貴。
父母爻興旺，為官至侯王。
鬼谷云：「父母爻乃為印綬，若旺定貴」。
天喜若持世，公事定無妨。
公訟最愛天喜，若持世，定主無妨。
勾陳剋玄武，捕賊不須忙。
鬼谷云：「若勾陳剋玄武，捕賊必獲得」。
　虎易按：官鬼爻臨玄武屬水，主盜賊。子孫爻臨勾陳屬土，主捕人（員警）。土剋水，子孫剋制官鬼，捕賊易獲。
父病嫌大殺。
父病，遇大殺爻上卦，定死。詳見占病門。
空亡母不長。
母病，若值空亡，定主喪亡。
　虎易按：「父病嫌大殺」，此句及注釋，不太合理。測父母病，以父母爻為用神，卦中若財動，則剋制父母。「空亡母不長」，近病逢空則愈，久病逢空則死。
無鬼病難療。

探玄歌云：「卦中無鬼病難療」。如卜病遇無鬼，定主難治。

虎易按：占病，官鬼爻不上卦，表示不能確定病因，無法對症施治。

鬼旺主發狂。

探玄歌云：「鬼旺財興難保命」。

虎易按：如果鬼旺，或財動助鬼，剋世爻、用神，主病情嚴重。

請看考鬼曆，禱謝得安康。

若人問病，有鬼，須看後占祟，問考鬼曆，看屬何鬼，宜令問卜者，祭之則吉。

虎易按：現代醫學十分發達，凡遇預測疾病，應該首先建議求測人找醫生去檢查、治療為宜。只有醫生確實無法確診，或採用各種科學手段都無法確認的所謂「神鬼之氣」所致的病症，或者醫生確認無法治療的疾病，方可採用占卦的方式輔助分析，判斷，輔助化解。讀者可參考後面疾病章的內容，用以分析其病症，病源，以及產生病症的原因。並根據其客觀的具體狀態，說明求測者選擇可以剋、泄、合、化官鬼的醫生、藥物、食物、時間、方位等方法。對於可以確認的，根據需要，也可採用相應的祭祀化解的方法，幫助病人求保平安。特別需要提醒讀者，對於選擇的各種方法，必須另外起卦分析、檢驗、確認所選用的方法是否有效，只有能確認有效的情況下，方可建議人家進行。否則，如果還不會此方法的讀者，千萬不可濫用，以免誤導求測者，造成間接謀殺病人，那就等同於犯罪，慎之！慎之！

占婚嫌財死，

凡占婚，財爻生旺吉，死墓婚不利㊴。看卦身屬何位，則就其上起長生，看死位在何爻，若值財死，起而婚定不成。

占產看陰陽。

若占生產，須看子孫爻，若屬陰則是女，陽則男子也。萬無一失。

虎易按：占產以子孫爻為用神，按子孫爻所屬五行的陰陽判斷，五行屬陽（子寅辰午申戌）則為男，五行屬陰（丑卯巳未酉亥）則為女。如果子孫爻發動，則按陰動變為男，陽動變為女來判斷。我認為，這種判斷方法，大多數情況下是能對應的，但也並非所有的都能對應，讀者可以作為一種分析的參考。

若要問風水，三四世吉昌。

卜葬最喜三世、四世卦，若值此定吉。

長生沐浴訣，

秘訣：凡十二位，長生、沐浴、冠帶、臨官、帝旺、衰、病、死、墓、絕、胎、養。金生在巳，火生在寅，木生在亥，水土共生申。十二位，當周而復始用之。

假如占求財，看財爻在何位，若是金爻，則就巳上起長生，午沐浴，順數去。若值生旺墓日，主有財。

大抵前雙字日有氣，後單字除墓日皆無氣，内有胎養二日自如，餘並仿此例而行也。

虎易按：「大抵前雙字日有氣」，指「長生、沐浴、冠帶、臨官、帝旺」五種狀態。「後單字除墓日皆無氣」，指「衰、病、死、絕」四種狀態。

卦卦要審詳。

言前長生法極驗，一卦不憑此則不可。

萬千言不盡，

萬千言豈能盡也㈥。

略舉其大綱。

天地之機，豈一訣能盡，但舉其大綱耳。

分別各有類，

門凡有四十一，後卷至詳，茲不贅具。

無物不包藏。

謂門類既多，無物不包藏也。

虎易按：本節内容，作者將一些基本的知識和概念，用歌賦的形式進行編排，讓讀者容易理解和記憶。此歌賦和《黃金策•總斷千金賦》一樣，是根據各種條件下，對不同預測，占斷方法的一個基本歸納，讀者可以作為參考。

本書標題為「孫臏總斷卦歌」，《卜筮全書》標題為「斷易通玄賦」。兩書賦文內容相同，但注釋大同小異，校勘時擇善而從，對兩書合理的內容，予以保留，不另說明。

注釋

①彭城，又名彭城邑、彭城縣，曾為古都涿鹿和今江蘇徐州的舊稱。據先秦典籍《世本》記載：「涿鹿在彭城，黃帝都之」。西元前221年，秦統一六國，實行郡縣制，改彭城邑為彭城縣。

②伶仃（líng d ī ng）：孤苦無依靠。

③改張：改變，變更。

④躊躇（chóu chú）：猶豫，遲疑不決。

校勘記

㈠「易本天機之事」，原本作「易本先天之數」，疑誤，據《卜筮全書•斷易通玄賦》原文改。

㈡「卦中六爻，一爻有一神主之，神聖靈機，豈有亂發」，原本作「卦名有六爻，一爻有一神主之，豈妄發也」，疑誤，據《卜筮全書•斷易通玄賦》原文改。

㈢「無者形憂色」，原本作「無者憂形色」，疑誤，據《卜筮全書•斷易通玄賦》原文改。

㈣「二月起亥」，原本脫漏，據其文意補入。

㊄「名利俱成」，原本脫漏，據《卜筮全書·斷易通玄賦》原文補入。

㊅「吉神忌空，凶殺喜空」，原本脫漏，據《卜筮全書·斷易通玄賦》原文補入。

㊆「財若空亡難把捉，鬼遇空亡官事停」，原本作「財被空亡難把捉，鬼值空亡官士停」，疑誤，據《卜筮全書·斷易通玄賦》原文改。

㊇「伶仃」，原本作「伶行」，疑誤，據《卜筮全書·斷易通玄賦》原文改。

㊈「必然有改張」，原本作「不然有改（yǐ）張」，疑誤，據《卜筮全書·斷易通玄賦》原文改。

㊉「則尊長有災咎」，原本作「尊長有災」，疑誤，據《卜筮全書·斷易通玄賦》原文改。

⑪「則」，原本脫漏，據《卜筮全書·斷易通玄賦》原文補入。

⑫「若占出行，世動則吉，斷然離得，且無阻隔」，原本作「若占出行，世動，斷然離得」，疑誤，據《卜筮全書·斷易通玄賦》原文改。

⑬「斷主躊躇不進」，原本作「斷主躊躇」，疑誤，據《卜筮全書·斷易通玄賦》原文改。

⑭「應爻若動，行人主在三合日到家」，原本作「若應爻動值生旺，墓日行人定主歸也」，疑誤，據《卜筮全書·斷易通玄賦》原文改。

⑮「財爻生旺吉，死墓婚不利」，原本脫漏，據《卜筮全書·斷易通玄賦》原文補入。

⑯「萬千言豈能盡也」，原本作「太陽之用無窮，豈萬千言所能盡也」，疑誤，據《卜筮全書·斷易通玄賦》原文改。

吉安道人曰

占卦須占用是誰，卻將出現伏藏推，凶中得吉逢生救，吉裡成凶被剋欺。若被剋欺宜制伏，如逢生救要扶持，有人會得其中意，卦理雖深可盡知。

•占天時第二

鬼谷辨爻法				
晴	雨	爻位	晴	雨
天	不久	六爻	盈	天
太陽	滂沱	五爻	口	雨師
露	連日	四爻	聚	雷
煙	不停	三爻	散	電
露	微細	二爻	生	口
風	動佈	初爻	霧	雲

虎易按：「鬼谷辨爻法」所列內容，是以用爻所處的爻位，對應各種現象，以及身體各個部位。後面各章「鬼谷辨爻法」內容同此，不再另行說明。原本中有兩字模糊，無法辨識，以「口」標識。

提請讀者注意，各章節「鬼谷辨爻法」所列內容，並非完全合理，讀者可以結合客觀現象，參考其他資料，合理應用為宜。

孫臏探玄歌

玄武若居壬癸水，

如甲乙日占得《天水訟》、《地水師》卦是也：

淋淋苦雨無休息，

玄武屬陰，那更入水，定主雨水淋淋也。

《坎》為雨師《巽》為風㈠，

《坎》卦屬水，故為雨師。《巽》東㈡南方之卦，故為風㈢。

若逢發動雨濛濛。

若值《坎》、《巽》二卦發動，定主雨澤濛濛也。

木世土身主晴霽①，

李淳風定身位詩云：「亥子持世身居初，丑戌持世二爻扶，寅申持世三爻覓，卯酉持世四爻居，辰未持世身居五，巳午六位定無殊」。

如世爻屬木，身爻屬土，定主晴明。

虎易按：「李淳風定身位」與「定身例」不同，除寅申和

《新鍥斷易天機》教例：016			
時間：甲乙日			
離宮：天水訟（遊魂）			
六神	本　卦		
玄武	子孫壬戌土	▅▅▅▅▅	
白虎	妻財壬申金	▅▅▅▅▅	
騰蛇	兄弟壬午火	▅▅▅▅▅	世
勾陳	兄弟戊午火	▅▅ ▅▅	
朱雀	子孫戊辰土	▅▅▅▅▅	
青龍	父母戊寅木	▅▅ ▅▅	應

《新鍥斷易天機》教例：017			
時間：甲乙日			
坎宮：地水師（歸魂）			
六神	本　卦		
玄武	父母癸酉金	▅▅ ▅▅	應
白虎	兄弟癸亥水	▅▅ ▅▅	
騰蛇	官鬼癸丑土	▅▅ ▅▅	
勾陳	妻財戊午火	▅▅ ▅▅	世
朱雀	官鬼戊辰土	▅▅▅▅▅	
青龍	子孫戊寅木	▅▅ ▅▅	

卯酉相同外，其餘都不一樣，提請讀者注意分辨。

甲乙相應和風生，

甲屬《乾》宮，乙屬《坤》宮。《乾為天》屬金，《坤為地》屬土，土能生金，故曰相應。天地相應，則其和風必然而至矣。

丙壬相治掣金蛇，

丙屬火，壬屬水，水剋火，故曰相治。若值世是丙，應是壬，定見掣電。

虎易按：丙屬艮宮，壬屬乾宮外卦。世丙應壬，惟《天山遯》卦。

世庚應乙轟雷車。

世爻屬庚，應爻屬乙，故雷震。

虎易按：「世庚應乙轟雷車」，指世爻天干屬庚，應爻天干屬乙。按納甲，天干庚屬震宮，天干乙屬坤宮內卦。《震》有雷象，《坤》有車象。以《震》、《坤》二單卦組成的卦，只有《雷地豫》

虎易附例：003		
乾宮：天山遯		
本	卦	
父母壬戌土	▅▅▅▅▅	
兄弟壬申金	▅▅▅▅▅	應
官鬼壬午火	▅▅▅▅▅	
兄弟丙申金	▅▅▅▅▅	
官鬼丙午火	▅▅　▅▅	世
父母丙辰土	▅▅　▅▅	

虎易附例：004		
時間：夏至後		
坤宮：地雷復（六合）		
本	卦	
子孫乙酉金	▅▅　▅▅	
妻財乙亥水	▅▅　▅▅	
兄弟乙丑土	▅▅　▅▅	應
兄弟庚辰土	▅▅　▅▅	
官鬼庚寅木	▅▅　▅▅	
妻財庚子水	▅▅▅▅▅	世
世庚應乙		

與《地雷復》卦符合此象。再以納甲分析，《雷地豫》卦為世乙應庚，《地雷復》卦為世庚應癸，均與「世庚應乙」不符。因此，按納甲法，世庚應乙的卦是不存在的。

《易林補遺》曰：「夏至後陰升之節，《乾》者內壬外甲，《坤》者內癸外乙」。那麼只有一種可能，就是夏至後得《地雷復》卦，既具有《震》、《坤》之象，又與「世庚應乙」能對應，也僅此一卦。請讀者參考所附的兩個卦，進行比較。

世從火出烏輪璨，

若世爻屬火，定見太陽璀璨也。

純陽定主多亢旱，

卦值純陽定旱，如《天風姤》，《天山遯》是也：

虎易按：《天風姤》卦，並非純陽卦，內卦《巽》為陰卦，世爻辛丑也是陰爻。提請讀者注意分辨。

《新鍥斷易天機》教例：018		
乾宮：天風姤		
本　　卦		
父母壬戌土	———	
兄弟壬申金	———	
官鬼壬午火	———	應
兄弟辛酉金	———	
子孫辛亥水	———	
父母辛丑土	— —	世

虎易附例：005		
時間：		
震宮：雷地豫（六合）		
本　　卦		
妻財庚戌土	— —	
官鬼庚申金	— —	
子孫庚午火	———	應
兄弟乙卯木	— —	
子孫乙巳火	— —	
妻財乙未土	— —	世
世乙應庚		

《艮》若之《坤》即陰沉，

若《艮》卦之《坤》：

主陰沉也。

應爻剋日即收雲。

如應爻剋日辰，雲即收也。如應㊃爻甲子水，日辰值丙午㊄火，是也。餘仿此。

《新鍥斷易天機》教例：019

乾宮：天山遯

本　卦		
父母壬戌土	▅▅▅	
兄弟壬申金	▅▅▅	應
官鬼壬午火	▅▅▅	
兄弟丙申金	▅▅▅	
官鬼丙午火	▅ ▅	世
父母丙辰土	▅ ▅	

《新鍥斷易天機》教例：020

艮宮：艮為山（六沖）				坤宮：坤為地（六沖）		
本　卦				變　卦		
官鬼丙寅木	▅▅▅	世	○→	子孫癸酉金	▅ ▅	世
妻財丙子水	▅ ▅			妻財癸亥水	▅ ▅	
兄弟丙戌土	▅ ▅			兄弟癸丑土	▅ ▅	
子孫丙申金	▅▅▅	應	○→	官鬼乙卯木	▅ ▅	應
父母丙午火	▅ ▅			父母乙巳火	▅ ▅	
兄弟丙辰土	▅ ▅			兄弟乙未土	▅ ▅	

虎易附例：006		
時間：丙午日		
巽宮：風天小畜		
本　　卦		
兄弟辛卯木	▅▅▅▅▅	
子孫辛巳火	▅▅▅▅▅	
妻財辛未土	▅▅　▅▅	應
妻財甲辰土	▅▅▅▅▅	
兄弟甲寅木	▅▅▅▅▅	
父母甲子水	▅▅▅▅▅	世

虎易附例：007		
時間：丙午日		
坤宮：雷天大壯（六沖）		
本　　卦		
兄弟庚戌土	▅▅　▅▅	
子孫庚申金	▅▅　▅▅	
父母庚午火	▅▅▅▅▅	世
兄弟甲辰土	▅▅▅▅▅	
官鬼甲寅木	▅▅▅▅▅	
妻財甲子水	▅▅▅▅▅	應

虎易附例：008		
時間：丙午日		
坤宮：水天需（遊魂）		
本　　卦		
妻財戊子水	▅▅　▅▅	
兄弟戊戌土	▅▅▅▅▅	
子孫戊申金	▅▅　▅▅	世
兄弟甲辰土	▅▅▅▅▅	
官鬼甲寅木	▅▅▅▅▅	
妻財甲子水	▅▅▅▅▅	應

虎易按：「世爻甲子水」，惟《風天小畜》一卦。「應爻甲子水」，惟《雷天大壯》與《水天需》兩卦，附例於上，供讀者參考。

《離》入木宮彩霞見，

《離》屬火，反入木，所以霞出。如《噬嗑》卦是也：

鬼臨玄武雨已遍，

玄武屬水，更值鬼臨，則主雨澤遍滿天下。

《新鍥斷易天機》教例：021		
巽宮：火雷噬嗑		
本　　卦		
子孫己巳火	▅▅▅▅▅	
妻財己未土	▅▅　▅▅	世
官鬼己酉金	▅▅▅▅▅	
妻財庚辰土	▅▅　▅▅	
兄弟庚寅木	▅▅　▅▅	應
父母庚子水	▅▅▅▅▅	

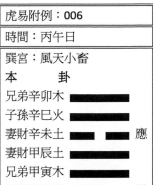

陽化為陰雨又來，

若陽卦化陰，主雨再至。如《坎》卦之《兌》是也：

《新鍥斷易天機》教例：022

坎宮：坎為水（六沖）				兌宮：兌為澤（六沖）		
本　　卦				**變　　卦**		
兄弟戊子水	▅▅　▅▅	世		官鬼丁未土	▅▅　▅▅	世
官鬼戊戌土	▅▅▅▅▅			父母丁酉金	▅▅▅▅▅	
父母戊申金	▅▅　▅▅		╳→	兄弟丁亥水	▅▅▅▅▅	
妻財戊午火	▅▅　▅▅	應		官鬼丁丑土	▅▅　▅▅	應
官鬼戊辰土	▅▅▅▅▅			子孫丁卯木	▅▅▅▅▅	
子孫戊寅木	▅▅　▅▅		╳→	妻財丁巳火	▅▅▅▅▅	

陰入陽宮斗轉魁。

若陰卦化陽，主星斗燦。如《兌》卦之《艮》是也：

《新鍥斷易天機》教例：023

兌宮：兌為澤（六沖）				艮宮：艮為山（六沖）		
本　　卦				**變　　卦**		
父母丁未土	⚋	世	╳→	妻財丙寅木	⚊	世
兄弟丁酉金	⚊		○→	子孫丙子水	⚋	
子孫丁亥水	⚊		○→	父母丙戌土	⚋	
父母丁丑土	⚋	應	╳→	兄弟丙申金	⚊	應
妻財丁卯木	⚊		○→	官鬼丙午火	⚋	
官鬼丁巳火	⚊		○→	父母丙辰土	⚋	

亥子爻中有玄武，

如壬癸日㈥得八純《乾》，丙丁日㈦得八純《坤》是也：

《新鍥斷易天機》教例：024

時間：王癸日

乾宮：乾為天（六沖）

六神	本	卦	
白虎	父母壬戌土	▅▅▅▅▅	世
騰蛇	兄弟壬申金	▅▅▅▅▅	
勾陳	官鬼壬午火	▅▅▅▅▅	
朱雀	父母甲辰土	▅▅▅▅▅	應
青龍	妻財甲寅木	▅▅▅▅▅	
玄武	子孫甲子水	▅▅▅▅▅	

《新鍥斷易天機》教例：025

時間：丙丁日

坤宮：坤為地（六沖）

六神	本	卦	
青龍	子孫癸酉金	▅▅　▅▅	世
玄武	妻財癸亥水	▅▅　▅▅	
白虎	兄弟癸丑土	▅▅　▅▅	
騰蛇	官鬼乙卯木	▅▅　▅▅	應
勾陳	父母乙巳火	▅▅　▅▅	
朱雀	兄弟乙未土	▅▅　▅▅	

虎易按：「如甲日得八純《乾》」，則甲子爻臨青龍，不可能是玄武。據「亥子爻中有玄武」之意，修改為「如壬癸日得八純《乾》」，就符合「亥子爻中有玄武」之意了。

四海盡沾天雨露，

若值玄武臨亥子爻，主雨露齊澤天下也。

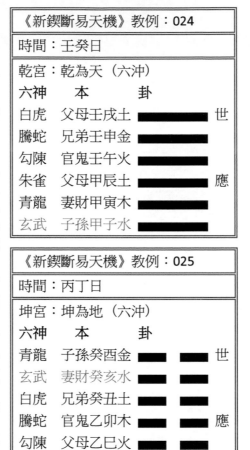

《離》卦本是晴之原，

《離》為火，本為晴之原，若值動，決先見晴明。

《坤》即微陰薄潤天。

《坤》本陰卦，故其象如此。

《坎》、《巽》先雨後風飄，

《坎》屬水，故為雨；《巽》屬木，故為風。《坎》若入《巽》，定主先雨後風。如《水風井》之《風水渙》是也。

《新鍥斷易天機》教例：026

震宮：水風井				離宮：風水渙		
本　　卦				**變　　卦**		
父母戊子水	▅▅　▅▅		╳→	兄弟辛卯木	▅▅▅▅▅	
妻財戊戌土	▅▅▅▅▅	世		子孫辛巳火	▅▅▅▅▅	世
官鬼戊申金	▅▅　▅▅			妻財辛未土	▅▅　▅▅	
官鬼辛酉金	▅▅▅▅▅		○→	子孫戊午火	▅▅　▅▅	
父母辛亥水	▅▅▅▅▅	應		妻財戊辰土	▅▅▅▅▅	應
妻財辛丑土	▅▅　▅▅			兄弟戊寅木	▅▅　▅▅	

入《坎》雷霆震九霄，

《震》屬木，為雷；《坎》屬水，故為雨。《震》若入《坎》，定主雷雨交作。如《雷水解》之《水雷屯》是也：

《新鍥斷易天機》教例：027

震宮：雷水解				坎宮：水雷屯		
本　　卦				**變　　卦**		
妻財庚戌土	▅▅　▅▅			父母戊子水	▅▅　▅▅	
官鬼庚申金	▅▅　▅▅	應	╳→	妻財戊戌土	▅▅▅▅▅	應
子孫庚午火	▅▅▅▅▅		○→	官鬼戊申金	▅▅　▅▅	
子孫戊午火	▅▅　▅▅			妻財庚辰土	▅▅　▅▅	
妻財戊辰土	▅▅▅▅▅	世	○→	兄弟庚寅木	▅▅　▅▅	世
兄弟戊寅木	▅▅　▅▅		╳→	父母庚子水	▅▅▅▅▅	

《震》若歸《艮》雷即住，

《震》為雷動也，《艮》者止也。《震》若歸《艮》，雷聲即止。如《雷山小過》之《山雷頤》是也：

《新鍥斷易天機》教例：028

兌宮：雷山小過（遊魂）				巽宮：山雷頤（遊魂）		
本　卦				變　卦		
父母庚戌土	▅▅ ▅▅		╳→	妻財丙寅木	▅▅▅▅▅	
兄弟庚申金	▅▅ ▅▅			子孫丙子水	▅▅ ▅▅	
官鬼庚午火	▅▅▅▅▅	世	○→	父母丙戌土	▅▅ ▅▅	世
兄弟丙申金	▅▅▅▅▅		○→	父母庚辰土	▅▅ ▅▅	
官鬼丙午火	▅▅ ▅▅			妻財庚寅木	▅▅ ▅▅	
父母丙辰土	▅▅ ▅▅	應	╳→	子孫庚子水	▅▅▅▅▅	應

《坎》、《離》交變晴雨注。

或內《坎》外《離》，或內《離》外《坎》，如《水火既濟》卦，《火水未濟》卦是：

若此二卦動，主日出雨下也。

《新鍥斷易天機》教例：029

離宮：火水未濟				坎宮：水火既濟		
本　卦				**變　卦**		
兄弟己巳火	▅▅▅	應	○→	官鬼戊子水	▅ ▅	應
子孫己未土	▅ ▅		╳→	子孫戊戌土	▅▅▅	
妻財己酉金	▅▅▅		○→	妻財戊申金	▅ ▅	
兄弟戊午火	▅ ▅	世	╳→	官鬼己亥水	▅▅▅	世
子孫戊辰土	▅▅▅		○→	子孫己丑土	▅ ▅	
父母戊寅木	▅ ▅		╳→	父母己卯木	▅▅▅	

《離》、《震》往來雷電光，

《離》為火，《震》為雷，若值往來，主雷電交光，

如《火雷噬嗑》之《雷火豐》是也：

《新鍥斷易天機》教例：030

巽宮：火雷噬嗑				坎宮：雷火豐		
本卦				**變卦**		
子孫己巳火	▅▅▅▅▅		○→	妻財庚戌土	▅▅　▅▅	
妻財己未土	▅▅　▅▅	世		官鬼庚申金	▅▅　▅▅	世
官鬼己酉金	▅▅▅▅▅			子孫庚午火	▅▅▅▅▅	
妻財庚辰土	▅▅　▅▅		╳→	父母己亥水	▅▅▅▅▅	
兄弟庚寅木	▅▅　▅▅	應		妻財己丑土	▅▅　▅▅	應
父母庚子水	▅▅▅▅▅			兄弟己卯木	▅▅▅▅▅	

外無《坎》、《兌》龍深藏，

若外卦無《坎》卦《兌》卦，龍則深藏，定無雨也。

陰變一宮天雨澤，

《乾》卦屬陽，乃第一宮之卦，或變為《坤》：

《坤》卦㊇屬陰，故天必降雨澤也。

《坤》、《兌》相須①煙霧寒。

《坤》卦屬土，《兌》卦屬金，故曰相須。若遇此二卦，主煙霧起，如《地澤臨》卦是也：

《新鍥斷易天機》教例：032

坤宮：地澤臨

本卦		
子孫癸酉金	▅▅ ▅▅	
妻財癸亥水	▅▅ ▅▅	應
兄弟癸丑土	▅▅ ▅▅	
兄弟丁丑土	▅▅ ▅▅	
官鬼丁卯木	▅▅▅▅▅	世
父母丁巳火	▅▅▅▅▅	

《新鍥斷易天機》教例：031

乾宮：乾為天（六沖）　　坤宮：坤為地（六沖）

本卦				變卦		
父母壬戌土	▅▅▅▅▅	世	○→	兄弟癸酉金	▅▅ ▅▅	世
兄弟壬申金	▅▅▅▅▅		○→	子孫癸亥水	▅▅ ▅▅	
官鬼壬午火	▅▅▅▅▅		○→	父母癸丑土	▅▅ ▅▅	
父母甲辰土	▅▅▅▅▅	應	○→	妻財乙卯木	▅▅ ▅▅	應
妻財甲寅木	▅▅▅▅▅		○→	官鬼乙巳火	▅▅ ▅▅	
子孫甲子水	▅▅▅▅▅		○→	父母乙未土	▅▅ ▅▅	

更將鬼谷六爻看，
鬼谷六爻，見本門首，可互觀之。
遇動依爻仔細論，
如風爻動，主風起。雷爻動，主雷震。餘仿此。
大凡水多終是雨，
若卦爻多屬水，定主多雨。
晴明定向火爻取。
若卦爻多屬火，定見晴明。
君能熟此一篇詩，
謂此篇詩，關乎上天，不可不熟也。
天機推測不難知。
若能熟此一詩，天地機德②不難推測矣。

虎易按：此歌訣是早期占天氣的一種方法，但其注釋多有不當，請讀者注意分辨，理解作者原意。

注釋

①相須：亦作「相需」。互相依存，互相配合。

②天地機德：天地所給與的機會和恩惠。

校勘記

㈠㈢「風」，原本作「龍」，疑誤，據《易經•說卦傳》原文改。

㈡「東」，原本脫漏，據《易經•說卦傳》原文補入。

㈣「應」，原本作「世」，疑誤，據前文之意原文改。

㈤「午」，原本作「寅」，疑誤，據前文之意原文改。

㈥「如壬癸日」，原本作「如甲日」，疑誤，據其卦理及文意改。

㈦「丙丁日」，原本作「丙日」，疑誤，據其卦理及文意改。

㈧「卦」，原本作「蓋」，疑誤，據「《乾》卦屬陽」行文體例改。

天玄賦曰

雖言地利之廣博，必假天時以發榮。

若問陰晴，全憑水火。

若占晴雨，水火二爻乃一卦之主宰。六爻無水必無雨，六爻無火不開晴。若見水爻動來㊀剋世，驟雨忽然至，生世乃細雨。

又云：水爻旺動是驟雨，無氣是細雨。若水動土亦動，雖雨亦無多。卦中雖有水，若逢土動，決是無雨，只是雨意。若水化水，冬可言冰雪。若火動剋世，必遭亢旱㊁，旺動不吉。若水火兼動，乃雨順風調之象。水化火，驟雨晴明。火化水，晴天變雨。六爻無水火、逢空，不晴不雨陰天氣。餘仿此。故曰：「若問陰晴，全憑水火」㊂。

動靜生剋，測天上之風雲。

蒼屏云：「世為地，應為天㊃。應剋世無雨，世剋應大雨。世動則急，靜則緩，空則無」。

占雨㊄，初爻為雲，二電，三風，四雷，五雨，六天。

初動雲奔鐵騎，二動電掣①金蛇，三動狂風折木，四動雷撼㊅山川，五動驟雨傾盆，六動必多雨水。

若占晴，以初爻為雲，二為露，三為霞，四為虹，五

天玄賦爻位	
天	六爻
雨	五爻
雷	四爻
風	三爻
電	二爻
雲	初爻

為日月，六為天。

初動雲歸岩穴，二動露滴花稍，三動霞明錦繡，四動長虹架梁，五動日張火傘，六動天浸冰壺。五爻若遇陰，月開鏡匣。若遇靜，不以此言。

旺相休囚，決人間之晴雨。

以前所論，言其大概，必須別其衰旺淺深，庶幾陰陽有準。

占雨，初爻旺，濃雲密佈⑦；無氣，淡⑧煙薄霧。二旺，飛電揚光；無氣，不過雲中虛閃。三旺，大風卷屋；無氣，佈⑨暖微風。四旺，轟雷大震⑩；無氣，隱隱雷聲。五旺，滂沱大⑪雨；無氣，細雨沾濡②。

占晴，初爻旺，天雖晴，雲尚密；無氣，薄雲將散。二旺，草綴露珠；無氣，微施薄露⑫。三旺，朝霞散漫；無氣，日落霞明。四旺，長虹截雨；無氣，半掃⑬浮雲。五旺，大明中照⑭；無氣，日色淡薄。五爻屬陰旺相，月轉冰輪；無氣，如紗罩鏡⑮。

凡動處逢旺即有，靜處逢世旺終有，衰處逢動，雖有不張，靜處逢沖即無。

凡欲決晴雨，但看陰陽之變，水火興衰，自然之理，詳察不差。

三沖六位，佇看③掣電騰空。

三爻動，剋初爻，風捲殘雲散九霄。三爻動，生初爻，風送濃雲六合包⑯。或四爻與二爻相生，俱動，電掣雷轟盡吃驚。三六爻相沖，驟雨傾盆攪六龍⑰。

若卦無雨意，必主閃電空飛，雨終不來。要知有雲無雨，皆初爻旺相，五爻空。其餘依此推詳。

四剋五爻，會見長虹貫日。

卦中遇晴，卻是初爻動，生二爻；或二爻動，剋初爻；必主雲散霧收。五爻動，生三爻，或合三爻，日照霞明。四爻剋五爻，長虹貫日。五爻屬陰，被初爻動來剋㊇，月當明也被雲遮。

此二節，略㊈舉其大綱言耳，後之學者，宜細詳之。

推究六神際會，須知五屬參詳。

青龍臨水動，甘雨即㊉沾濡，若值木爻動，陰雲亦不舒。

朱雀入火動，必然啟大明，飛入土爻發，雲中時漏明。

勾陳臨土動，陰霧接天涯，若遇卯辰動，風狂雲漸開。

螣蛇申酉動，掣電走金蛇，縱使天無雨，陰雲盡日遮。

白虎臨木動，須防折木風，走入坎宮發，滔滔水接空。

玄武臨水動，連朝雨不休，更值鬼爻發，陰雲暗九州。

遇木化木，春問可言黃沙落。金化木，主風雲雷電。

卦值六沖，雲雖凝而復散。

卦值純陽並六沖，雨未可望，雲煙縱合，亦必解散。若陰化為陽，雖有雲意而雨不至，縱有亦少。

凡占：水爻雖動，被日辰並沖，動爻刑害剋沖，雖雨亦微。水爻安靜，見沖則有雨⑪。

爻逢六合，雨未至而可期。

凡遇陰陽相伴，故能六合。更看水爻有氣，雨雖未至，可以預期。

若陽變為陰，雖靜亦當變雨，縱有火動，亦無久晴。若遇純陰卦，靜則有雨，動則生陽，雨未可望，若水動則可許。加大殺白虎，則有暴雨而至⑫。

但逢雨順及風調，自然民安而國泰。

校勘記

㈠「來」，原本脫漏，據《卜筮全書•天玄賦•雨暘章》原文補入。

㈡「必遭亢旱」，原本作「必遭旱漢」，疑誤，據《卜筮全書•天玄賦•雨暘章》原文改。

㈢「故曰：若問陰晴，全憑水火」，原本脫漏，據《卜筮全書•天玄賦•雨暘章》原文補入。

㈣「應為天」，原本脫漏，據《卜筮全書•天玄賦•雨暘章》原文補入。

㈤「占雨」，原本作「初雲」，疑誤，據其文意改。

㈥「撼」，原本作「滅」，疑誤，據《卜筮全書•闡奧歌章•陰晴雨晦章》原文改。

㈦「濃雲密佈」，原本作「悠然之雲」，疑誤，據《卜筮全書•天玄賦•雨暘章》原文改。

㈧「淡」，原本作「後」，疑誤，據《卜筮全書•天玄賦•雨暘章》原文改。

(九)「佈」，原本作「播」，疑誤，據《卜筮全書·天玄賦·雨暘章》原文改。

(十)「轟雷大震」，原本作「震動大雷」，疑誤，據《卜筮全書·天玄賦·雨暘章》原文改。

(十一)「大」，原本作「之」，疑誤，據《卜筮全書·天玄賦·雨暘章》原文改。

(十二)「微施薄露」，原本作「微露沾花」，疑誤，據《卜筮全書·天玄賦·雨暘章》原文改。

(十三)「半掃」，原本作「宇插」，疑誤，據《卜筮全書·天玄賦·雨暘章》原文改。

(十四)「大明中照」，原本作「必啟大明」，疑誤，據《卜筮全書·天玄賦·雨暘章》原文改。

(十五)「如紗罩鏡」，原本作「如開昏鏡」，疑誤，據《卜筮全書·天玄賦·雨暘章》原文改。

(十六)「風送濃雲六合包」，原本作「風送濃雲暗九垓」，疑誤，據《卜筮全書·天玄賦·雨暘章》原文改。

(十七)「電掣雷轟盡吃驚。三六爻相沖，驟雨傾盆攪六龍」，原本作「掣電奔雷。一爻發動，或沖六爻，雨未至而電飛」，疑誤，據《卜筮全書·天玄賦·雨暘章》原文改。

(十八)「被初爻動來剋」，原本作「被初爻相剋」，疑誤，據《卜筮全書·天玄賦·雨暘章》原文改。

(十九)「略」，原本作「時」，疑誤，據其文意改。

(二十)「即」，原本作「亦」，疑誤，據《卜筮全書·天玄賦·雨暘章》原文改。

(二十一)「雖雨亦微。水爻安靜，見沖則有雨」，原本作「雖雨無大雨，水靜見沖則有雨」，疑誤，據《卜筮全書·天玄賦·雨暘章》原文改。

(二十二)「則有暴雨而至」，原本作「暴雨而至」，疑誤，據《卜筮全書·天玄賦·雨暘章》原文改。

卜筮元龜曰

世貞為地並行年，應悔為雨及為天，天剋地兮天無雨，地剋天兮雨霈然。

注：內卦為貞，外卦為晦。外剋內無雨，內剋外有雨。

坎為雨師巽為風㊀，雲行雨施震之坎，坎離離坎互相支，乍晴乍雨猶反掌。

坎入巽宮雨後風，艮之坤卦陰迷㊁蒙，坤震往來雷電至，坤兌相資煙霧濃。

注：八卦互相支變，取《兌》澤，《坎》水，《離》日，《震》雷，《巽》風之義。

青龍屬水定為雨，若是天陰屬金土，入木之時雨便晴，寅動風生須白虎。

玄武本是陰滯神，雨時尤怕鬼爻臨，若逢壬癸定雱霈①㊂，亥子同途憂霖霪②。

注：青龍玄武帶殺，主大水損物，白虎帶殺，大風折木。

純陽旺相憂亢旱，人望雨期若為斷，卦臨寅子合為期，亥日丑時預推算。

注：值空亡則不斷。《乾》、《坎》、《艮》、《震》為陽，遇旺相主旱。《巽》、《離》、《坤》、《兌》為陰，遇旺相主水。動爻取合，故寅與亥，子與丑。他仿此。

陽變為陰雨未㊃來，陰變為陽雲忽開，應爻剋日雲便散，世從火出掃陰㊄霾③。

離宮乃是晴之原，外無坎兌雲歸山，火爻剋世日還出㊅，木世土身晴可言。

辰戌丑未勾陳發，土能剋水晴堪說，風雲晴雨及陰晦，造化機緣㊆先漏泄。

虎易按：此節原本均無注釋，據《卜筮元龜·風雲晴雨陰晦章》，補入注釋原本，供讀者參考。讀者也可參閱《卜筮元龜·風雲晴雨陰晦章》原著，理解此段內容。

注釋

①霶霈（pāng pèi）：大雨。
②霖霪（lín yín）：久雨。
③陰霾（mái）：天氣陰晦、昏暗。

校勘記

㈠「風」，原本作「龍」，疑誤，據《卜筮元龜·風雲晴雨陰晦章》原文改。
㈡「迷」，原本作「達」，疑誤，據《卜筮元龜·風雲晴雨陰晦章》原文改。
㈢「霶霈」，原本作「霧露」，疑誤，據《卜筮元龜·風雲晴雨陰晦章》原文改。
㈣「未」，原本作「又」，疑誤，據《卜筮元龜·風雲晴雨陰晦章》原文改。
㈥「出」，原本作「也」，疑誤，據《卜筮元龜·風雲晴雨陰晦章》原文改。
㈦「緣」，原本作「緎」，疑誤，據《卜筮元龜·風雲晴雨陰晦章》原文改。

洞林秘訣云

水爻為雨火為日，皆是卜推時下沖，朱雀有氣火爻同，自中玄武有水凶。
遠論晴時離作日，坎卦為雨旺須疾，乾象青天兌象雲，坤艮平晴止雨畢。
巽象為風震象雷，支神六爻入卦出，細詳休旺分重輕，若不空亡斷無失。
巽卦殺動風傷物，震卦殺動雷傷人，坎卦動時中雹子，卯辰巳午亦同申。
動時前後分輕重，靜則休旺見知親。

海底眼云

天象陰晴父母推㈠，雨雲擊剝五行隨，子孫霞氣並雲彩，冬水冰寒雪不移。
財動乍晴陰不定，弟動風霧露霜持，鬼興霹靂神龍急，雷雹滂沱閃電飛。
水動雨兮土動陰，木動生風火動晴，卦中無水必無雨，六爻無火不光明。
又云：
坎兌滂沱坤艮陰，震巽風雷雨便晴，但向外宮分㈡緊慢，乾離二象主晴明。
《火珠林•占天時》云㈢：「仰觀天象者，干。俯察地理者，支㈣。先看內卦有合無合，次看外卦定體。甲己化土陰雲，丁壬化木生風㈤，乙庚化金作雨，丙辛化水必雨，戊癸化火主晴。如內外無合，次明定體。定體者，看外卦，取獨發論變。《乾》日月星，《坤》沙石霧，《震》雷霆雹㈥，《巽》風，《離》晴，《坎》雨，《艮》陰，《兌》甘澤㈦」。

校勘記

㈠「天象陰晴父母推」，原本作「天象晴陰父母推」，疑誤，據《海底眼·占陰晴》原文改。

㈡「分」，原本作「看」，疑誤，據《海底眼·占陰晴》原文改。

㈢「《火珠林·占天時》」，原本作「又說云」，疑誤，據其內容來源改。

㈣「仰觀天象者，干。俯察地理者，支」，原本作「仰觀天象，俯察地理，干支」，疑誤，據《火珠林·占天時》原文改。

㈤「甲己化土陰云，丁壬化木生風」，原本作「甲己化土無雨，丁壬化木將晴」，疑誤，據《火珠林·占天時》原文改。

㈥「《震》雷霆雹」，原本作「《震》雷雹雪」，疑誤，據《火珠林·占天時》原文改。

㈦「《艮》陰，《兌》甘澤」，原本作「《艮》陰雲，《兌》甘霖」，疑誤，據《火珠林·占天時》原文改。

吉安道人曰

凡人占卦問陰晴㈠，水動雨兮火動晴，木動風生土陰晦，金爻發動雨沉沉㈡。又云：財興雲雨鬼興雷，子動虹霞霽色①開，父動乍晴還乍雨，兄搖風露雪霜推。

虎易按：占天時的幾篇論述，雖然良莠不齊，但其為後世保存了古代占法的原始資料，對研究占法的演變，以及古人的研究思路，還是有益的，可謂功不可沒。歸納起來，有如下幾類：

以八卦論：《乾》、《離》主晴，《坎》主雨，《震》主雷電、《巽》主風，《坤》、《艮》主陰，《兌》主甘澤。

以天干合化五行論：甲己化土陰雲，丁壬化木生風，乙庚化金作雨，丙辛化水必雨，戊癸化火主晴。

以天干五行論：甲乙主風，丙丁主晴，壬癸主雨等。

以地支五行論：寅卯主風，巳午主晴，亥子主雨等。

以六神論：青龍主風，朱雀主晴，勾陳、螣蛇主陰，玄武主雨。

以爻位論：占雨：初爻為雲，二電，三風，四雷，五雨，六天。占晴：以初爻為雲、二為露、三為霞、四為虹、五為日月、六為天。根據爻位元的高低位置，判斷天氣晴雨的程度。
以世爻和應爻論：應剋世無雨，世剋應大雨。
以六親論：父母爻主雨，妻財爻主晴，子孫爻主虹霞，兄弟爻主風霜，官鬼爻主雷電。

對於晴雨、風雪等現象的程度，一般都是以旺相、休囚的狀態來進行分析。

《火珠林•占天時》曰：「若問天時，須詳內外，互換干合，方明定體」。《火珠林•天道晴雨》又曰：「財為晴，父為雨，兄為風。子為雲霧，在冬為雪。官鬼為雷，冬春為雪，夏為熱」。

《海底眼•占陰晴》曰「天象陰晴父母推」。

《天玄賦•雨暘章》曰：「若問陰晴，全憑水火」。

至明代中後期，《黃金策•天時章》指出：「天時一占，自《卜筮元龜》而下，皆以水火為晴雨之主，而不究六親制化，蓋執一不通之論也。惟《海底眼》有『天象陰晴父母推』之說，深為得旨，然又引而不發。所以學者多泥古法，而不求其理，良可歎也」。

《易林補遺》作者也指出：「占雨，取父母為主，水象為憑。占晴，取子孫為主，火象為憑」。

我以為，《海底眼•占陰晴》「天象陰晴父母推」，《易林補遺》「占雨，取父母為主。占晴，取子孫為主」。占天時以六親為用，從理論上來說，是京氏易六親占法之本體，應該可以作為定論。

讀者可參考以上各種論述，在實踐中去應用，去檢驗，去粗取精，去偽存真。

注釋

①霽（jì）色：晴朗的天色。一種藍色，與雨後天晴的天空一樣的顏色。

校勘記

㈠「陰晴」，原本作「晴陰」，疑誤，據《卜筮全書•闡奧歌章•陰晴雨晦章》原文改。

㈡「金爻發動雨沉沉」，原本作「金爻發動雨將成」，疑誤，據《卜筮全書•闡奧歌章•陰晴雨晦章》原文改。

•占地理第三

鬼谷辨爻法	
六爻	祖墓
五爻	父墓
四爻	妻墓
三爻	兄弟墓
二爻	母墓
初爻	子墓

郭璞論葬吉凶歌

一世二世出侯王，
若《乾》、《震》宮卦出文官，《巽》、《離》宮卦出武弁①。
三四世上出豪強，
豪者富也，強者形勢也。
五世六世主絕嗣，
若值五世六世卦中，主絕嗣。
遊魂後代主為商。
若值遊魂卦，主後代出人為商旅。

歸魂八純是凶兆，

歸魂、八純二卦，占墳墓，主損人丁。

坎卦逢之定不昌，

若逢《坎》卦，主後嗣為盜賊也。

內外㊀相生為大吉，

內卦為死，外卦為生。內外㊁相生，方為吉卜。

殺見動處可推詳。

其殺名三丘，「春丑夏辰秋即未，三冬逢戌是三丘」㊂。自正月起丑，順行十二位。若在五爻動，主父墓不安。餘依辨爻法同。

注釋

①武弁（biàn）：武官。

校勘記

㊀㊁「內外」，原本作「內卦」，疑誤，據《通玄斷易·墳墓章·孫臏探玄歌》原文改。

㊂「春丑夏辰秋即未，三冬逢戌是三丘」，原本脫漏，據《凶神歌訣例·三丘五墓殺》原文補入。

天玄賦曰

陰陽蔭庇于後人，理義合憑其地理。

天地之間，純陰不生，純陽不化，一陰一陽，二氣交感，化生萬物。且如天欲降生人才，必假地之氣脈，陰陽融結，必有賢者出。人之生也，雖出男子之精氣，必須婦人有孕有感成形體。風水之理，亦不外乎是。凡為人子者，生事之以禮，死葬之以禮，必須以親之體下地，而安厝①得所㈠，庶幾亡者得安，生人受蔭。

凡占風水，漫求玄妙與玄微，且把卦爻端詳。是地不是地，六合則風藏氣聚，六沖則水走沙飛。

成地之卦，世爻皆在內象庶得。當有六合，夫六合者，陰陽相配而不相離，初四、二五、三六，更相朝顧，是為有情㈡。凡地理，不過山環水抱，四獸朝迎，拱衛有情，羅城②無缺。似此卦中六合之義也，大吉之地㈢。

若卦無六合，世在內象，四獸有情者，乃次吉之地也。世爻雖在外象，卻得賓主有情，左右回顧，明堂寬廣㈣，水口關欄，乃小結局，亦可用也。

若遇六沖卦，乃山飛水走之地，不必更詳。

龍因地勢詳觀，即得天玄妙理。

此二句，乃一章之要旨。

入山尋水口，不宜六位空亡。

第六爻為水口，與世相生相合，是為有情。若加青龍、貴人、財福者，水口重重關鎖，必有奇峰秀嶺，拱照回環③㊄。

若第六爻與世爻相剋相沖，水口山直無情，地枯無氣㊅。

六爻若值空亡，水口散漫，路無關鎖，不能聚氣㊆。

若得日辰與動爻相沖，帶吉神恐是羅星。

水口若帶土鬼，水口有廟。下水上木，水口有橋。

到穴看明堂，喜見間爻旺相。

間爻者，世應中之二爻也。

旺相則明堂開闊，若臨月建旺，謂之萬馬明堂㊇。有云：「明堂容萬騎，水口不通風，大吉之地㊈」。若無氣，則窄狹。

若應爻生世，明堂亦寬。若沖世，案山逼窄。更兼間爻無氣窄甚，四獸雖備亦局促。

明堂，眾水所聚，宜靜不宜動，靜則聚窩，動則傾瀉。若水爻帶吉神生剋間爻，乃四水入明堂也。

世乃主山之骨，當明九曜④之規模。

世為坐下之山。

又云：初爻、二爻為坐山。生旺㊉，坐山高厚；休廢空亡，坐山微薄。

世持巳亥寅申，必定山雄地壯㊀。世持辰戌丑未，必居廣闊平洋㊁。世持亥子鬼，穴中出水。世持辰巳帶殺，主有地風。白虎帶殺逢空，穴中白蟻。

若臨福德貴人、天喜，並月建逢青龍，坐山尊嚴，則穴中潔淨㊂。

世爻屬木，山林繁茂。屬水，必近池塘井。當類而推之也㊃。

鬼在世上動，坐下有古墓伏屍。鬼動遇空亡，必是廢穴，但空穴雖破，骸骨尚存。

九曜：貪狼、巨門、祿存、文曲、廉貞、武曲、破軍、左輔、右弼也㊄。旺相則吉㊅。

凡占墓，須察九星之格範，庶知形象之規模。

若世貪狼，其山尖秀圓淨，合木星形勢。

或值巨門，山如覆釜⑤，或如鐘，如倉庫。

若臨祿存，山勢繁亂，來脈不明，仿佛類龍蛇勢。

或持文曲，形如圭魚，山環水繞。

值廉貞，山勢無情，或主山不正，或左右凹缺。

值武曲，乃水星勢，亦龍蛇形。

破軍，其山破相，或側或欹，來脈不明，或斷或續。

若逢左輔，其山秀而有情，如飛鳳形。

以上只論坐山，大體格局，具列後耳。

應為賓對之峰，須察五行之定體。

案山帶子孫、貴人旺相，其山聳拔秀麗。若生世合世，端正有情。空亡，則向山不正。帶殺逢沖，乃欹斜⑥破相之山。

若應臨墓絕，必是案山低小㊆。應爻屬金，案山即㊇㊇言金星。屬木，尖山木星，案有文筆峰。屬水，即言水星之類是也㊈，是一起一伏作祥雲案㊉之類。屬火，旗山夾筆；火旺，筆架峰。屬土，方山，或如展誥⑦，或如御屏，低則橫琴。

若與青龍共位，多是盤龍。與玄武共位，或作回龍顧祖。

若應爻旺，勝世爻，案山高，坐山低。若應爻帶殺，沖剋世爻，必作槌胸拭淚⑧之案，大象雖吉，亦不佳。

向列二十四位，事分百千萬端。

木爻持世主東《震》，寅甲卯乙。金爻持世主西《兌》，申庚酉辛。火爻持世主南

《離》，巳丙午丁。水爻持世主北《坎》，亥壬子癸。辰戌丑未，卻言《巽》、《乾》、《艮》、《坤》。各有所宜⑪。

又云：應爻為朝向。

凡占向，若帶吉神生旺，必是迎官就祿，其向聚吉。如逢惡殺當頭，必值凶方作對，其向必凶。二十四向之中，唯辰戌二向犯魁罡⑨，天羅地網⑩，貴人不臨之地，向之不吉。其餘諸向⑫，各有所宜。地之吉凶⑬，憑爻象取。

蒼屏云：以應為向者是也。

虎易按：二十四山向，是將方位分為二十四方，每個方位佔十五度。二十四個方位，在風水上是用來確定坐山和朝向的，所以又叫二十四山向。二十四山向，採用八個天干、十二個地支和四個卦組成，加起來共二十四。其順序為：甲、卯、乙；辰、巽、巳；丙、午、丁；未、坤、申；庚、酉、辛；戌、乾、亥；壬、子、癸；丑、艮、寅。讀者可參考下圖。

發動青龍，剋世須防嫉主⑪。剛強白虎，逢沖切忌昂頭。

山間之龍虎，即卦中之龍虎㉔。青龍雖吉，亦忌剋世，相生乃妙。白虎太旺，便是昂首剛強，皆為不吉㉕。

凡遇青龍財化財、福化福，兩臂青龍。與世相生，就身青龍。如遇空亡，左山凹缺。青龍與世相生合，就起青龍為案㉖。青龍貼身相剋，名為逼穴。若發動剋世，必是龍強嫉主。世剋青龍，青龍須防走竄。

白虎與世相生，就身白虎。白虎剋世剋青龍，虎強龍弱。不然，白虎遇明堂空亡，白虎凹缺受風。旺相逢沖，擎拳昂首。龍虎比和同衰旺，必左右齊到。若相沖，龍虎必鬥，皆不吉。

青龍斷左畔之峰，白虎言右邊之嶂⑫。所喜者，相生相合。所忌者，相剋相沖。

青龍白虎，旺相必高，休囚低小。

與世相生相合，則拱抱有情。相剋相沖，則抱身逼側。卻分左右，可斷吉凶。青龍帶吉神，左山聳秀⑬。白虎加凶殺，右山嶄岩⑭。右山空亡，或有龍無虎。左山空亡，或有虎無龍。左右皆空亡，則無虎無龍。

青龍旺，帶木，主林木蔥蔚⑮。帶土，則山嶺崔巍⑯。其秀氣從左而來。

白虎盛，臨水，主流泉脈遠。加金，則岩石奇麗。其秀氣從右而至。

皆喜其相生，最惡其相剋㉗。

鬼在局中，必有伏屍古墓。

卦中但有四墓鬼，局中必有舊穴。在世爻坐下，有本宮官鬼伏藏，必有舊穴在下㉘。在應爻坐下㉙，對山有古墳。在左則龍臂有穴，在右則虎上曾遷。鬼爻逢空，其穴已破。

空臨左右，豈無凹缺招風。

左右者，龍與虎也㉚。龍虎二爻宜靜不宜動，動則必有眾人行路及凹風。若加木爻，必有寅卯風。若見何爻空亡，便知有凹缺招風之處。主墓穴不安，為不吉也㉛。

勾陳若在世中，一路來龍振起。

勾陳乃龍之祖，若在未爻，或臨世上，來龍必遠也㉜，一起一伏如活龍，活龍亦主坐山高大。

朱雀加臨應上，兩重對案㉝相迎。

朱雀亦為案山，若臨應爻，案山重疊。若臨應外，必有兩重對案㉞。

若問螣蛇，當為穴法。旺相與吉神共位，乃是真龍。空亡或墓絕同鄉，當為絕穴。

卦中以螣蛇為穴法，有旺相貴人帶吉神者為真龍㉟，其穴中必主乾坤。若值墓絕空亡，不宜低下，恐是絕穴。卦中若值白虎空亡，穴中必主白蟻定矣。

論山既備，於水合言。

以上皆論青龍、白虎、朱雀、玄武墓中之事。四獸皆吉，亦要看水法。如何水吉，有情乃十全之地也。

尋亥子，方知有無。觀動靜，可分死活。

卦中無亥子爻，必無池塘溪澗。雖有水爻，卻逢墓絕，乃是乾流之地，亦可用。但看[36]水爻動者活水，靜者死水而已。

要識根源遠近，但看水位興衰[37]。

水爻旺相，根源深遠，流派綿長，四季長流。水位休囚，根源淺近，短淺細微或無。或水爻動依此斷，靜則池塘井沼[38]。

欲推纏繞多情，且察水爻生合[39]。

水爻相生相合[40]，水必來朝亦有情。相剋者，水必割腳，或水破。長生沖世者，或沖心射肋。水在間爻，乃腰帶水。水爻空亡，過穴反跳。世應相沖，乃元辰水直。

若見卦無水位，便當推究玄爻。

倘六爻無水[41]，不可便言無水，必須推究玄武爻，本爻發動旺相者，亦依水例推詳。玄武更值空亡，其地決然無水也。

遇吉則吉，逢凶則凶。

玄武、水爻臨吉神，是水于我有益有情，大吉之兆。若臨凶殺，則無益無氣，其水決凶。大抵凶者旺，不沖剋世亦無害[42]。

注釋

①安厝（cuò）：安葬。

②羅城：城牆外另修的環牆。指城外的大城。

③回環：環繞。

④九曜（yào）：指北斗七星及輔佐二星。其排序為：一白貪狼、二黑巨門、三碧祿存、四綠文曲、五黃廉貞、六白武曲、七赤破軍、八白左輔、九紫右弼。九曜五行屬性：貪狼屬木，武曲、破軍屬金，文曲屬水，廉貞屬火，巨門、祿存、左輔、右弼屬土。

⑤釜（fǔ）：古炊器。斂口圜底，或有二耳。

⑥攲（qī）斜：歪斜不正。

⑦展誥（gào）：風水名詞。兩邊高起，中間長闊，如張開的誥文，軸在兩邊，稱為展誥。

⑧拭（shì）淚：擦眼淚。

⑨魁罡（kuí gāng）：指斗魁與天罡二星。陰陽家謂每年十月，北斗魁星之氣在戌，是為魁罡，不利修造。

⑩天羅地網：《淵海子平》曰：「戌亥為天羅，辰巳為地網」。

⑪嫉（jí）主：忌妒，憎恨主人。

⑫嶂（zhàng）：高險的山，如屏障的山峰。
⑬聳秀（sǒng xiù）：高聳秀麗。
⑭嶄岩：山高而險峻的樣子。
⑮蔥蔚（wèi）：草木青翠而茂盛。
⑯崔巍：指高峻的山。

校勘記

㈠「必須以親之體下地，而安厝得所」，原本作「必須下地而安厝之」，疑誤，據《卜筮全書•天玄賦•地理章》原文改。
㈡「是為有情」，原本作「為有情」，疑誤，據《卜筮全書•天玄賦•地理章》原文改。
㈢「似此卦中六合之義也，大吉之地」，原本作「以此卦中六合之義，大吉之地也」，疑誤，據《卜筮全書•天玄賦•地理章》原文改。
㈣「明堂寬廣」，原本作「明堂寬闊」，疑誤，據《卜筮全書•天玄賦•地理章》原文改。
㈤「拱照回環」，原本作「簇於其所」，疑誤，據《卜筮全書•天玄賦•地理章》原文改。
㈥「若第六爻與世爻相剋相沖，水口山直無情，地枯無氣」，原本作「若與世爻相剋，水口山直無情」，疑誤，據《卜筮全書•天玄賦•地理章》原文改。

㊆「不能聚氣」，原本脫漏，據《卜筮全書·天玄賦·地理章》原文補入。
㊇「謂之萬馬明堂」，原本作「乃萬馬明堂」，疑誤，據《卜筮全書·天玄賦·地理章》原文改。
㊈「有云：明堂容萬騎，水口不通風，大吉之地」，原本脫漏，據《卜筮全書·天玄賦·地理章》原文補入。
㊉「生旺」，原本作「逢旺」，疑誤，據《卜筮全書·天玄賦·地理章》原文改。
⑪「必定山雄地壯」，原本作「必定山雉地牡」，疑誤，據《卜筮全書·天玄賦·地理章》原文改。
⑫「必居廣闊平洋」，原本作「必居平洋闊地」，疑誤，據《卜筮全書·天玄賦·地理章》原文改。
⑬「則穴中潔淨」，原本作「穴中淨潔」，疑誤，據《卜筮全書·天玄賦·地理章》原文改。
⑭「當類而推之也」，原本脫漏，據《卜筮全書·天玄賦·地理章》原文補入。
⑮「九曜：貪狼、巨門、祿存、文曲、廉貞、武曲、破軍、左輔、右弼也」，原本脫漏，據《通玄斷易·墳墓章·天玄賦》原文補入。
⑯「旺相則吉」，原本脫漏，據《卜筮全書·天玄賦·地理章》原文補入。
⑰「必是案山低小」，原本作「案山低小」，疑誤，據《卜筮全書·天玄賦·地理章》原

文改。

⑱「即」，原本作「便」，疑誤，據《卜筮全書•天玄賦•地理章》原文改。

⑲「即言水星之類是也」，原本脫漏，據《卜筮全書•天玄賦•地理章》原文補入。

⑳㉑㉒「案」，原本作「按」，疑誤，據其文意改。

㉒「木爻持世主東《震》，寅甲卯乙。金爻持世主西《兌》，申庚酉辛。火爻持世主南《離》，巳丙午丁。水爻持世主北《坎》，亥壬子癸。辰戌丑未，卻言《巽》、《乾》、《艮》、《坤》。各有所宜」，原本作「木爻持世決主東《震》，寅申卯乙。金爻持世便言西《兌》，申庚酉辛。火居南面，巳丙午丁。水主北方，亥癸子壬。辰戌丑未，卻言《艮》、《巽》、《坤》、《乾》」，疑誤，據《卜筮全書•天玄賦•地理章》原文改。

㉒「向」，原本脫漏，據其文意補入。

㉓「地之吉凶」，原本作「地奪吉凶」，疑誤，據其文意改。

㉔「山間之龍虎，即卦中之龍虎」，原本作「山間龍虎，即卦之龍虎」，疑誤，據《卜筮全書•天玄賦•地理章》原文改。

㉕「青龍雖吉，亦忌剋世，相生乃妙。白虎太旺，便是昂首剛強，皆為不吉」，原本脫漏，據《卜筮全書•天玄賦•地理章》原文補入。

㉗「青龍旺，帶木，主林木蔥蔚。帶土，則山嶺崔巍。其秀氣從左而來。白虎盛，臨

水，主流泉脈遠。加金，則岩石奇麗。其秀氣從右而至。皆喜其相生，最惡其相剋」，原本脫漏，據《卜筮全書·天玄賦·地理章》原文補入。

㉘「在世爻坐下，有本宮官鬼伏藏，必有舊穴在下」，原本作「在世爻坐下，前人已葬」，疑誤，據《卜筮全書·天玄賦·地理章》原文改。

㉙「在應爻坐下」，原本作「應」，疑誤，據「在世爻坐下」體例原文改。

㉚「左右者，龍與虎也」，原本脫漏，據《卜筮全書·天玄賦·地理章》原文補入。

㉛「若見何爻空亡，便知有凹缺招風之處。主墓穴不安，為不吉也」，原本作「若空亡，亦依此斷」，疑誤，據《卜筮全書·天玄賦·地理章》原文改。

㉝「也」，原本脫漏，據《卜筮全書·天玄賦·地理章》原文補入。

㉞「若臨應外，必有兩重對案」，原本作「若臨應外，兩重案山」，疑誤，據《卜筮全書·天玄賦·地理章》原文改。

㉟「卦中以螣蛇為穴法，有旺相貴人帶吉神者為真龍」，原本作「螣蛇為穴法，有旺相貴人帶吉神者」，疑誤，據《卜筮全書·天玄賦·地理章》原文改。

㊱「但看」，原本脫漏，據《卜筮全書·天玄賦·地理章》原文補入。

㊲「但看水位興衰」，原本作「但看興衰」，疑誤，據《卜筮全書·天玄賦·地理章》原文改。

㊳「流派綿長，四季長流。水位休囚，根源淺近，短淺細微或無。或水爻動依此斷，靜則池塘井沼」，原本作「四季長流。休囚，短淺細微或無，或方有動依此斷，靜則池塘井沼」，疑誤，據《卜筮全書·天玄賦·地理章》原文改。

㊴「且察水爻生合」，原本作「須逢生合」，疑誤，據《卜筮全書·天玄賦·地理章》原文改。

㊵「水爻相生相合」，原本作「爻與相生相合」，疑誤，據《卜筮全書·天玄賦·地理章》原文改。

㊶「倘六爻無水」，原本作「無水爻」，疑誤，據《卜筮全書·天玄賦·地理章》原文改。

㊷「玄武、水爻臨吉神，是水于我有益有情，大吉之兆。若臨凶殺，則無益無氣，其水決凶。大抵凶者旺，不沖剋世亦無害」，原本作「且如水爻臨吉神，以水于我有益有情，大吉之兆。若臨凶殺，其水決凶。大抵凶者旺，不遇世亦無害」，疑誤，據《卜筮全書·天玄賦·地理章》原文改。

洞林秘訣云

陰地最宜內生外，陽間占事及消詳①。陰長之卦為上吉，忌於卦體值升陽。

此段係人問久遠財祿子孫事㊀，不可輕信淺學亂說，令人移動，非特所費不少，又且罪禍不輕，縱不搬移，教他致慮。

設若未知正經通變，占知及百十年事，不可將旬中淺文字，全憑納甲，指定吉凶，恐遠年未應也。

緣占陰宅與陽宅反對，占陽宅利，陽長則進文人。占陰宅，最忌陽長，則陰失所。內生外者最為上吉。忌外剋內，則有傷剋。

內若生外看何卦，八卦各定年數當。

如內生外是《乾》，六年進妙馬，或自然入宅，即進文章貴人。

生外是《坎》，一年進妙豬，或自然掎②入宅來，六年進文墨高人。

生外是《艮》，八年進好狗，或自來，主進厚富才人。

生外是《震》，三年進好馬，或自來，主進聲譽高人。

生外是《巽》，四年進美女，久遠進大位，主家富貴。

生外是《離》，二年進好文章，及雉鳥為祥瑞應之，主進美女，久遠富貴。

生外是《坤》，二年進好牛馬，奇異文章，後進貴女，為富才，主為夫人，後妃。

生外是《兌》，十年內進金玉奇祥，及生貴女、三公。

以上如值吉卦，非但只有內生外，其餘皆可將外卦而推。所生進人物，可檢看外屬何卦，《周易•繫辭》中說《乾》為甚物，但說為甚物者，皆主有進。八卦皆同。

乾坤父母眾房吉，震巽二卦長房②推。坎離便作中房論，末房艮兌看祥禧③。所屬何房利不利，進退成敗皆可知。

或凶或吉，看本宮內外所屬何爻而推之也。

乾山似馬及龍奔，平坦如牛勢是坤。巽象如蛇迢遞遠，鳳凰乾馬象其倫。坎山矯揉④多溪澗，兌勢如羊隊隊紛。艮山多石青翠秀，震如龍馬去飛雲。百二十形雖悉具，請看休旺次循輪。

一百二十大形，碎砂不論數目。下卜之道，須在臨時，看旺相胎沒死囚休廢，次循輪桃，即見地勢形狀。且如上《艮》下《兌》，為狗、為虎，《兌》為羊，即有虎趕靡羊之勢也。

乾近祠堂坎近水，坤為平野寬田地。艮為山石與岩崖，震象森森羅列尋。離近窯岩爐冶傍，兌近深溪慈塔位。巽居池畔向尖峰，旺則奇祥休沒瑞。

八卦出形，旺即清秀磊落，休即破缺嵯峨⑤。

五世則恐人丁少，八純乾位貴堪遷。獨有坤卦將宜象，其餘六世恐孤寒。山內時無低下穴，四五高中有對全。八純多是遷峰嶺，土色須將五兆編。遊魂縱吉離鄉發，歸魂須吉有傷殘。

五世久遠多子孫。純《乾》卦，用品官之象下即吉，餘人壓不得。純《坤》卦，眾皆吉。其餘八純卦，多主孤絕，或望作神仙道人事。
遊魂卦雖吉，亦主離鄉入舍再發。歸魂雖為塚墓，緣內外相剋，葬後減損人口，即主富貴。
土色只取世爻屬金、木、水、火、土色推之，深處土色，取伏神是何土色而推之。
卦旺生升得吉地，綿昌遠代子孫賢。

注釋

①消詳：端詳，揣摩。
②掎（jǐ）：【從旁或從後】用力拉住，拖住。
③祥禧（xǐ）吉祥喜慶。
④矯揉（jiǎo róu）：亦作「矯輮」。矯正，整飭（chì）。矯，使曲的變直。揉，使直的變曲。《易•說卦》：「坎……為矯輮」。孔穎達疏：「為矯輮，取其使曲者直為矯，使直者曲為輮」。
⑤嵯峨（cuó é）：山高峻貌。

校勘記

㈠「事」，原本作「深」，疑誤，據其文意改。
㈡「房」，原本作「男」，疑誤，據其文意改。

海底眼云

以父母爻為主

壘㈠土立墳占向後，五事俱全不要傷，父㈡動必是還魂地，在艮亡人可葬山。
巳午離宮宜火化㈢，葬之白蟻不能安，兄動木爻風勢惡，財動家衰禍事幹㈣。
穴中有水泉渠破，穴上安金在石崗㈤，但得子孫無損害，枝枝葉葉永無妨。

未葬之時擇地，以父母爻為主。已葬了時擇屍，以官鬼為主。最凶者，官鬼旺動剋世也㈥，官鬼要休囚安靜。世為家長，應為卑幼，六親財為家業，子孫為祭祀。並宜靜，不可動㈦。一云：以父母爻仔細看，不可亂斷。如父母爻在子午㈧，是子午向。若有寅申，即寅申向之類。兩重父母，必有兩處，不然有舊地雙墳。

遇長生，主生貴子。遇沐浴，主孤單敗絕。遇冠帶，主三兄弟平平。遇臨官，主官職㈨。遇帝旺，主闔家富貴。遇衰，主貧，離鄉出外失祖，東西不定。又主眼昏，主人破落、醉酒、賭錢之類㈩。遇病(十一)，主人破相帶疾，不然腳手疼痛。遇死，主人無壽，婦人因產難。遇墓，主犯官法。遇絕(十二)，主人藝術。遇胎，亦主破相之人。

虎易按：《海底眼•占墳葬》，無「一云：以父母爻仔細看」後的內容，讀者可參閱原著。

校勘記

㈠「壘」，原本作「堆」，疑誤，據《海底眼·占墳葬》原文改。
㈡「父」，原本作「火」，疑誤，據《海底眼·占墳葬》原文改。
㈢「巳午離宮宜火化」，原本作「巳午離宮宜化父」，疑誤，據《海底眼·占墳葬》原文改。
㈣「財動家衰禍事幹」，原本作「財動家衰禍自當」，疑誤，據《海底眼·占墳葬》原文改。
㈤「穴上安金在石崗」，原本作「穴上安金在石岡」，疑誤，據《海底眼·占墳葬》原文改。
㈥「也」，原本脱漏，據《海底眼·占墳葬》補入。
㈦「不可動」，原本作「不宜動」，疑誤，據《海底眼·占墳葬》原文改。
㈧「如父母爻在子午」，原本作「如父母爻在子丑」，疑誤，據其行文體例及文意改。
㈨「遇臨官，主官職」，原本在「不然腳手疼痛」後，疑誤，據十二長生順序，調整在此。
㈩「遇衰，主貧，離鄉出外失祖，東西不定。又主眼昏，主人破落、醉酒、賭錢之類」，原本在「遇臨官，主官職」後，疑誤，據十二長生順序，調整在此。
⑪「遇病」，原本脱漏，據其文意補入。
⑫「遇絕」，原本作「遇胞」，疑誤，據十二長生順序名稱原文改。

卜筮元龜云

占墓地云㈠

占宅先看虛耀場，貞悔相生大吉昌，一二三四歸魂吉，五世遊魂絕不強。地穴高低占其卦，陽爻㈡旺相宜官也，陰爻有氣軍武人，無氣休囚貧賤者。卦休長生處為抱，此法語云父母道，當其地抱處空亡，其地斷之絕㈢不吉。殺並衝破地言凶，鬼爻入墓吉豐隆，純陽旺相多益利，純陰相淩禍稍重。火鬼兩爻同在戌，此名合葬無餘日，本宮兩鬼同墓爻，此例卦之為第一。

虎易按：以上內容，《卜筮元龜•墓地門》原作有注釋，讀者可參閱原著。

校勘記

㈠「占墓地云」，原本脫漏，據《卜筮元龜》•墓地門•占墓地章》及本書標題體例補入。

㈡「陽爻」，原本作「陽入」，疑誤，據《卜筮元龜》•墓地門•占墓地章》原文改。

㈢「絕」，原本作「終」，疑誤，據《卜筮元龜》•墓地門•占墓地章》原文改。